"十四五"职业教育国家规划教材

高等职业教育商务类专业精品课程系列规划教材

现代商务谈判

（第2版）

XIANDAI SHANGWU TANPAN

- 主 编 王 倩 杨晓敏
- 副主编 邹朱翊 黄敏芳
- 编 者 张新颖 汪 宜
  　　　　王晓宁 李子薇

苏州大学出版社
Soochow University Press

图书在版编目(CIP)数据

现代商务谈判／王倩,杨晓敏主编. －－2版. －－苏州：苏州大学出版社,2023.6(2024.12重印)
"十四五"职业教育国家规划教材
ISBN 978-7-5672-4263-0

Ⅰ.①现… Ⅱ.①王… ②杨… Ⅲ.①商务谈判－高等职业教育－教材 Ⅳ.①F715.4

中国国家版本馆 CIP 数据核字(2023)第 106813 号

现代商务谈判(第 2 版)

王 倩 杨晓敏 主编

责任编辑 孙志涛

苏州大学出版社出版发行
(地址：苏州市十梓街1号 邮编：215006)
苏州市越洋印刷有限公司印装
(地址：苏州市南官渡路20号 邮编：215000)

开本 787 mm×1 092 mm 1/16 印张 15 字数 338 千
2023 年 6 月第 2 版 2024 年 12 月第 3 次印刷
ISBN 978-7-5672-4263-0 定价：55.00 元

若有印装错误,本社负责调换
苏州大学出版社营销部 电话：0512-67481020
苏州大学出版社网址 http：∥www.sudapress.com
苏州大学出版社邮箱 sdcbs@suda.edu.cn

前言

为深入贯彻党的二十大精神进教材、进课堂、进头脑要求，根据国家教材委员会办公室《关于做好党的二十大精神进教材工作的通知》，教材编写组在修订过程中深刻领会中国式现代化的中国特色和本质要求，依据行业领域的国家战略、法律法规和价值取向，结合职业技术教育发展的新理念、新逻辑、新共识、新思路、新价值、新举措，坚持战略思维、历史思维、辩证思维、系统思维、创新思维、法治思维、底线思维紧密联系课程性质和特点。

教材以商务谈判实战为背景，以经典案例为支点，以工作过程为基础，以工作任务为主要内容，以职业道德、科学文化与专业知识、技术技能等职业综合素质和行动能力培养为目标，通过将职业的工作过程与专业的学习过程有机结合，构筑有利于学生学习的情景，帮助学生理解谈判合作的交互发展与价值互鉴，增强勇敢大胆、共克时艰、守正创新的责任担当，认同"多元融通、和合共生"的伦理取向，引导学生领会习近平新时代中国特色社会主义思想的真理魅力和实践品质，立志成为担当民族复兴大任的时代新人。

本教材由江苏联合职业技术学院市场营销专业带头人杨晓敏教授提供整体设计思路，由江苏省高校青蓝工程中青年学术带头人王倩教授提供具体编写方案，徐州经贸分院、无锡旅游商贸分院、南京金陵分院、江阴中等专业学校等部分专业教师共同参与编写工作。教材编写分工如下：王倩负责编写项目一、项目二；邹朱翊负责编写项目三、项目四；黄敏芳负责编写项目五、项目六；杨晓敏、张新颖、王晓宁负责编写项目七、项目八；汪宜、李子薇负责编写项目九。教材能力训练项目部分即工作任务的构思与编写由徐州经贸分院王倩、杨晓敏会同徐州金鹰国际购物中心、徐州海天餐饮管理有限公司、徐州鸿越营销策划有限公司、徐州华社信息技术有限公司等多家企业的专业人士共同合作完成。

本教材由王倩负责组织协调，杨晓敏总纂定稿。江苏省职业教育"杨晓敏营销工作室"全体成员通力合作完成全部案例的整理工作。

全书由徐州工程学院管理学院尹彬教授负责主审。

本教材在修订过程中得到了江苏联合职业技术学院领导的关心和支持，也得到了徐州经贸分院各位领导的大力支持。在此一并表示衷心感谢。

本教材主要适用于高等职业教育财经商贸类专业商务谈判课程教学，也可以用于中等职业教育商务谈判课程教学。

由于时间仓促，编者水平有限，不足之处在所难免，恳请各位同行和读者批评、指正。

编　者

CONTENTS

项目一 洞若观火　知常达变——商务谈判概论	1
学习任务一　认清谈判本质与商务谈判特质	2
学习任务二　洞悉商务谈判的构成与类型	10
学习任务三　探索商务谈判的程序及要求	18
学习任务四　探究商务谈判的内容	24
★工作任务一　索赔谈判情景对话训练	37

项目二 练兵秣马　先利其器——商务谈判行为	41
学习任务一　开展商务谈判个性心理分析	42
学习任务二　拓展商务谈判心理应用	52
学习任务三　辨析商务谈判思维	60
学习任务四　构思商务谈判语言	69
学习任务五　展示商务谈判礼仪	80
★工作任务二　个人行为礼仪规范训练	89

项目三 寻消问息　择利行权——商务谈判探询	92
学习任务一　搜集商务谈判信息	93
学习任务二　选择商务谈判对象	100
★工作任务三　选择商务谈判对象训练	106

项目四 深谋远虑 有的放矢——商务谈判准备 110

- 学习任务一 确定商务谈判目标 111
- 学习任务二 拟订商务谈判方案 117
- ★ 工作任务四 确定商务谈判目标训练 126

项目五 协心戮力 杜渐防萌——商务谈判管理 131

- 学习任务一 打造商务谈判队伍 132
- 学习任务二 管理商务谈判过程 140
- ★ 工作任务五 模拟商务谈判训练 146

项目六 珠联璧合 旗开得胜——商务谈判开局 150

- 学习任务一 平稳商务谈判开局 151
- 学习任务二 巧用商务谈判开局策略与技巧 157
- ★ 工作任务六 设计谈判开局方案训练 163

项目七 刀光剑影 互利共赢——商务谈判磋商 167

- 学习任务一 科学商务谈判报价 168
- 学习任务二 灵活商务谈判还价 175
- 学习任务三 交换商务谈判让步 181
- ★ 工作任务七 让步实施训练 188

项目八 识变从宜 克敌制胜——商务谈判排障 192

- 学习任务一 处理商务谈判僵局 193
- 学习任务二 识别商务谈判威胁战术与陷阱 200
- ★ 工作任务八 处理商务谈判僵局训练 206

项目九 运筹帷幄 九转功成——商务谈判定局 210

- 学习任务一 促成商务谈判定局 211
- 学习任务二 签订商务谈判合同 222
- ★ 工作任务九 定局商务谈判训练 230

洞若观火　知常达变

——商务谈判概论

学习目标

【知识目标】

1. 理解商务谈判的内涵及实质内容；
2. 掌握商务谈判的构成要素及其含义；
3. 熟悉商务谈判的程序和要求；
4. 明确商务谈判的主要内容。

【能力目标】

1. 能够联系实际分析谈判和商务谈判的含义；
2. 能够正确分析一项商务谈判所包含的主要构成要素、所属的谈判类型以及所采用的谈判方式；
3. 能够按照商务谈判的程序和要求确定各阶段的工作任务；
4. 能够准确把握各交易条件的内容、规定，并能够进行谈判纠纷的处理。
5. 能够了解"精商明法"是精英商务谈判人才必备的特征，把握行业领域的法律法规和相关政策，分析国际经贸的规则重塑，揭示背后蕴含的原理规律，培养国际视野、家国情怀与战略思维。

学习任务提要

★ 谈判的普遍性、科学性和艺术性；

- ★ 谈判与商务谈判的含义;
- ★ 商务谈判的特征;
- ★ 商务谈判的构成要素;
- ★ 商务谈判的主要类型;
- ★ 商务谈判的程序;
- ★ 商务谈判的要求;
- ★ 商务谈判的内容。

工作任务提要

- ★ 索赔谈判情景对话训练

建议教学时数

- ★ 16学时

学习任务一 认清谈判本质与商务谈判特质

【听一听】 2022年1月1日,《区域全面经济伙伴关系协定》(RCEP)正式生效,文莱、柬埔寨、老挝、新加坡、泰国、越南等6个东盟成员国和中国、日本、新西兰、澳大利亚等4个非东盟成员国正式开始实施协定。历经8年谈判,RCEP于2020年11月15日正式签署,经过各方共同努力,于2021年11月2日达到生效门槛。RCEP的生效实施,标志着全球人口最多、经贸规模最大、最具发展潜力的自由贸易区正式落地,充分体现了各方共同维护多边主义和自由贸易、促进区域经济一体化的信心和决心,将为区域乃至全球贸易投资增长、经济复苏和繁荣发展作出重要贡献。

2022年9月17日,RCEP生效实施后首次部长级会议在柬埔寨暹粒举行。商务部国际贸易谈判代表兼副部长王受文表示,实施好RCEP有助于深化区域经贸合作,巩固区域产业链供应链,提升贸易投资自由化便利化水平,构建更加便利和友好的区域营商环境。中方高度重视RCEP实施工作,推动高质量实施协定,采取一系列举措帮助广大企业更好理解和利用RCEP政策。愿与各方一道,积极开展交流互鉴,共同提高协定实施效果。希望各方按照协定规定为RCEP生效后18个月开放对新成员的加入作好准备。中方支持东盟在RCEP

的中心地位,愿与各方深化经贸合作,推动区域经济繁荣发展,为区域企业和人民带来更多福利。

(资料来源:中国新闻网 https：//www.chinanews.com)

由此可见,商务谈判能力也将成为未来国际化人才的必备技能之一。只有熟悉其他国家的政治、经济、法律和文化,掌握出色的跨文化交际和国际传播能力,才能成为胜任区域合作治理的高端复合型国际化人才。

【想一想】 分析商务谈判能力对于未来国际化人才的重要作用。

【说一说】 复合型国际化人才需要具备什么商务谈判能力?

【议一议】 谈判是现代社会无处不在、随时发生的活动,不仅出现在商务场景中。谈判并非能说会道就一定能取得预期效果,通过分析自身和对方的需求,使用合适的谈判策略才能取得理想结果。当然,这些都是建立在丰富的经验和熟练的谈判技巧基础上。世上无难事,只要肯登攀。多了解、多尝试,方能让自己成为商务谈判高手。

古人说:"夫物之不齐,物之情也。"这句话讲的是事物之间是有差异的,是不同的。和衷共济、和合共生是中华民族的历史基因,也是东方文明的精髓。差异和不同之间可以通过沟通、对话、合作来实现共赢、共生、共存。因此,人们之间要相互交往、改善关系、协商问题,都要进行谈判。我们首先要了解谈判及商务谈判的含义、谈判在现代社会中的作用以及商务谈判的基本特征。

一、正确认识谈判

(一) 谈判是人类普遍的行为

自从有了人类社会,谈判就存在于人类活动的各个领域。无论是在人们日常社会生活中,还是在政治、经济、文化、外交等重大活动中,谈判时时刻刻都会发生。随着社会的发展,谈判正在从简单转向复杂,从局部领域向更广大的领域转变。现实世界就是一个巨大的谈判桌,无论你愿意与否,你都是各种谈判的参与者。

谈判不仅是一种普遍的人类行为,而且是一种必须要予以认真对待的生活现实。谈判不是一种无原则、无规则的游戏,不是尔虞我诈的敌对关系,而是一种有着一定原则和规则指导的、含义丰富的经济和社会活动,是能够深刻影响各种人际关系、对参与各方产生持久利益的复杂的过程。谈判进行的过程如何,取得怎样的结果,对人们的未来生活和工作可能会产生十分重大的影响。著名未来学家约翰·奈斯比特(J. Naisbitt)在评价尤里的《无法说不:从对抗到合作的谈判》一书时认为,"随着世界的变化,谈判正逐步变成主要的决策制定形式"。作为一种决策制定形式,谈判的过程及其结果直接关系到当事各方的有关利益,关系到决策各方的未来关系,关系到有关各方在未来相当长的时期内的活动环境。一次成功的谈判可能帮助企业化解重大危机，一场失败的谈判则可能将企业为开拓一个新的市场所付出的努力付诸东流。

(二) 谈判学是诸多学科交叉的产物,是一门正在成长的年轻学科

1. 谈判学是诸多学科交叉的产物

谈判学是一门综合性较强的应用学科,谈判学科的研究是建立在诸多相关学科的基础上的,是经济学、技术科学、社会科学、法学等学科的交叉产物。也就是说,谈判学本身不是完全独立的学科领域,它是集众多学科综合应用的学科领域。作为谈判者其基本的素质构成体现在:不仅要熟悉经济学的知识,把握经济活动的运行规律,而且要掌握生产管理技术和心理、语言等行为知识,了解国内外各项有关规定、法令、政策以及民族习俗、消费特点等,并且要学会熟练地运用各种谈判的策略和技巧;否则,就难以胜任谈判工作。

谈判与其他人类活动有着密不可分的联系,谈判行为的普遍性及过程和结果的重要性,促使人们去探究谈判活动的内在规律。谈判活动规律的分析借鉴了许多学科的研究成果,推动谈判活动的科学性。从谈判学发展趋势看,由于众多学者采用经济、管理和计量的方法研究谈判问题,建立各种谈判模型,谈判学的研究已由传统的注重社会学、心理学方法的研究转向谈判理论和实践应用的研究,为丰富和发展谈判理论,进一步增强谈判学科的完整性,提供了丰硕的研究成果。

2. 谈判学是一门正在成长的年轻学科

将谈判作为一门学科加以系统地研究是从 20 世纪中期开始的。曾任美国谈判学会会长的美国著名律师杰勒德·尼尔伦伯格(Gerard Nierenberg)在其《谈判的艺术》一书的再版导言中宣称:"当《谈判的艺术》一书于 1968 年初版之时,它开拓了一门新的学科,展示了一个新的研究领域。'谈判'一词,第一次获得了它的社会地位。……作为一门学科……它已被视为一个包罗万象的体系,可以用来解决有关人类存在的一些最为棘手的问题——人际关系、企业间的关系和政府间的关系。"的确,自 20 世纪 60 年代以来,越来越多的学者将他们的研究视角转向谈判及其有关的问题。20 世纪 80 年代中期后,以大量的谈判研究成果为基础,顺应人才培养的需要,谈判课程进入越来越多的美国大学课堂。对谈判基本原理的理解和对某些基本技巧的学习运用已成为许多专业,尤其是商科学生的必修课程。

在我国,随着社会经济发展的不断深入,生活中各个层面的谈判活动大量增加,对谈判理论和实践技巧的需求十分迫切。从 20 世纪 90 年代初起,谈判课程也逐步进入我国一些高等学校的课堂。

谈判学作为一门学科的历史很短,虽然发展十分迅速,但仍然是一门年轻的学科。

(三) 谈判是一门艺术

谈判是一种复杂的、需要运用多种技巧与方法的专项活动,因此也有人称谈判是一门艺术。

首先,谈判的艺术性表现在要求谈判人员具有较高的素质,包括掌握各种专业知识,具有较高的修养,善于与人相处,能灵活地处理各种问题等。实践表明,从来没有两项谈判活动是用同一种方式进行的,人们也不可能事先准确预料谈判的结果。谈判的成功与否在很大程度上取决于谈判双方人员能力和水平的较量,取决于谈判人员策略技巧的应用。这不同于人们练习某一种劳动技能,操作的次数越多,动作越固定、越熟练,劳动技巧越高。谈判的核心在于其灵活性、变通性、创造性。因此,没有较高素质或是缺乏专业训练的人,是很难获得理想的谈判结果的。

其次,谈判也是沟通的艺术。谈判双方的信任与合作是建立在良好的沟通基础上的。沟通的内容十分广泛,包括交流双方的情况,反馈市场信息,维护对方面子,运用幽默语言,活跃谈判气氛,倾听对方的讲话,控制自己的情绪,建立双方的友谊与信任等。谈判专家认为只有善于沟通的谈判者才是真正的谈判高手,所以,谙熟沟通谋略、善用沟通手段也是谈判者必备的专业素养。此外,谈判地点、时间和时机的选择,谈判场所的布置、安排,都有一定的策略性,善于谋划和利用这些,会收到事半功倍的效果。

最后,谈判的艺术性表现在人们的语言运用上。谈判是一种交际活动,语言则是沟通的工具。怎样清晰、准确地表达自己的立场、观点,了解对方的需要、利益,巧妙地说服对方,以及体现各种社交场合的礼仪、礼貌,都需要运用沟通的艺术。

综上所述,谈判既是一门学科,又是一门艺术。这是因为它广泛地运用和借鉴了当今世界最新的学科理论与研究成果,总结了适合于谈判活动的原则与方法,从而形成了较为完整的学科体系。它的艺术性则充分表现在谈判策略、谈判语言及各种方法的综合运用与发挥上。

(四) 谈判的一般概念

为了提高实际谈判的效率,人们需要弄清楚什么是谈判。

所谓谈判,是指人们为了协调彼此之间的关系,满足各自的需要,通过协商而争取达到意见一致的行为和过程。它是一项既充满智慧、勇气,又充满艺术和技巧的人类活动。

综上所述,谈判是参与各方通过协商达到各方利益均衡的活动。

(五) 谈判的基本特征

1. 谈判必须有参与的主体

这是谈判的首要特征。谈判必须要有两方或多方参与,当谈判参与方为两个以上时,则称为三方谈判、四方谈判或多方谈判等。例如,2004 年在我国举行的关于朝鲜问题的"六方会谈"就是由朝、韩、中、美、俄、日六国参与的。

2. 谈判必须有明确的目标

谈判产生的直接动因就是谈判的参与者有需求并希望得到满足,这种需求无法自我满足,必须有他人的许可。谈判者参与谈判的最终目的是为了实现和满足各自的利益需求,

而这种需求的满足又不能无视他方需求的存在。满足利益的需求越强烈，谈判的需求也越强烈。没有明确的目标，谈判就没有产生的理由。

3. 谈判是一个协商交流的过程

谈判不能由一方说了算。谈判各方的目的和需求都会涉及和影响他方需要的满足。对于谈判而言，谈判的开始意味着某种需求希望得到满足或某个问题需要得到解决。由于谈判参与者的各自利益、思维方式不尽相同，存在一定的差异和冲突，因而谈判的过程实际上就是各方相互作用、磋商和沟通的过程，在此过程中不断调整各方的利益关系，直至最后达成一致意见。

二、正确理解商务谈判

（一）商务

商务是指商业上的事务，是参与市场活动的主体（政府、厂商、家庭与个人）围绕卖方以盈利为目的的出售和买方以生存与发展为目的的购买商品的各种相关经济活动的集合。

一般对"商务"概念的解释，大致可归纳如下：

（1）商务是涉及买卖商品的事务。一切买卖商品和为买卖商品服务的相关活动都是商务活动，一切旨在达成商品交易的相关行为都是商务行为。

（2）商务即是市场营销。一切买卖商品的活动都属于市场活动，都要以销售活动为中心开展市场营销活动。市场营销是商务概念的另一种方式的表述。

（3）商务涉及各种经济资源，包括物质产品、劳务、土地、资本、信息等有偿转让的相关活动，这种资源通过交换方式实现所有权的转移就是商务活动过程。

（4）商务泛指涉及绝大多数营利性的行业。人们从事经济活动是以盈利为目的的，那么这种活动就是商务活动，它包括了商品生产与买卖活动、其他营利性服务活动，法律服务中的经济法范畴的服务也包括其中。

（5）商务涉及企业、政府部门（包括事业单位）、家庭和个人的市场交换活动。这些商务主体在市场中的所有往来活动、进行的各种交换活动，有信息的，如贸易信函、合同文书等；有物质的，如商品、资金、房地产等；有服务的，如法律、生活服务、运输、金融与保险等，都属于商务。

（二）商务谈判的含义

1. 商务谈判的概念

商务谈判是指在商务活动中，具备一定条件和资格的交易各方，为了满足各自的某种经济需要，实现各自的目标，就涉及各方利益的标的物（包括无形与有形资产）进行洽谈磋商，通过不断调整各自提出的交易条件以达成一致协议的过程。

2. 商务谈判的含义

（1）需要是商务谈判的基本动因，商务谈判是建立在人们需要的基础上的。

商务谈判的直接原因是谈判双方都有自己的需求，商务谈判是基于一定的需求而进行的活动。如果交易的一方或双方认识到有可能从对方获得需要的满足，就可能萌发谈判的动机。需要是一个心理学概念，它指个体和社会生活中必需的事物在人脑中的反映。也就是说，需要是谈判的内在动因，谈判者只有为了保护和寻求某种利益才会去谈判。需要的具体内容极为广泛，如物质的需要、精神的需要，或者低级的需要和高级的需要等。需要推动人们进行谈判，需要越强烈，谈判的动因就越明确。

例如，在商贸谈判中，买方希望在最有利的条件下购买货物或服务，以满足自己的消费需要；而卖方则希望在最有利的条件下出售货物或服务，以满足自己对货币的需要。因此，需要和对需要的满足是谈判的共同基础和动因。

（2）不同经济主体的各方在观点、利益和行为方式等方面既相互联系又存在冲突或差别，冲突或差别是商务谈判产生的前提。

商务谈判的各方都期望从对方获得某种需要的满足，这就构成了它们之间的相互联系。但是，谈判双方又都希望能在己方最有利的条件下实现自身的需要，因此彼此间在观点、利益和行为方式等方面必定存在冲突或差别。如果不存在这种冲突或差别，双方就无须进行谈判。正是因为这种冲突或差别的存在，才使谈判成为可能。

（3）商务谈判的内容，是涉及买卖双方利益的标的物和与标的物交易有关的各项交易条件。

以有形商品交易为例，主要的交易条件有商品的品质、数量、包装、价格、支付方式、保险、商检、索赔、仲裁和不可抗力等。商务谈判就是对商品的交易条件所进行的协商活动。

（4）商务谈判是一方企图说服另一方或理解、或允许、或接受自己所提出的观点、所追求的基本利益以及所采取的行为方式，说服是商务谈判的核心任务。

商务谈判双方是在既相互联系又相互冲突的前提下进行谈判的。由于各方的主客观条件的差别和待实现的需要不同，对这项交易就产生了各自的观点、所追求的基本利益和行为方式的差别或冲突。谈判是解决双方冲突的有效途径，通过谈判，有可能使一方理解、允许或接受另一方的观点，使双方的需要和基本利益得到协调和适应，使双方在行为方式方面取得谅解和协调。

谈判是借助于思维、语言、文字及态势进行磋商并达成一致的过程。在此过程中双方都站在某种角度上表明自己的立场、观点、意图和要求，并进行不断的磋商，争取使双方的想法和意见趋于一致。为此，谈判者必须借助思维、语言、文字、态势来传递和交流信息，通过摆事实、讲道理，以理服人的说服活动来实现谈判目标。当然，说服不是乞求，更不是欺骗，而是要讲究策略和运用技巧。一般来说，谈判者的思维能力和运用语言、文字、态势的能力越强，其谈判能力也就越强。

（5）商务谈判的结果是使谈判者的部分或全部需要得到实现，或取得实现的基础，商务谈判成果是谈判效果的体现。

交易双方之所以要进行谈判,都是为了从对方那里满足自己的某种需要,因此,双方不仅都要有所"取",而且都要有所"给",也就是各方在满足自身需要的同时,使对方的需要也得到满足。可见,商务谈判的结局表现为互利互惠。一场成功的商务谈判,会使每一方都成为胜利者。

商务谈判的成果,必须如实反映在具有法律效力的书面协议中,商务谈判的过程,实际上就是订立协议的过程。协议是双方意志的体现,是双方履约义务的依据,也是一方一旦违约时另一方追究其法律责任的根据。

（三）商务谈判的特征

商务谈判既有一般谈判所表现出来的基本特征,又具有其自身的特征。

1. 商务谈判具有明确的经济目的性

商务谈判是一种经济活动,其核心是以追求和实现交易目标的经济利益为目的。当事人谈判方案的制定、谈判计划的编制和谈判过程中对策略的调整,都是以追求和实现既定的经济利益为出发点。离开了经济利益,谈判也就丧失了继续的可能和意义。在现实的商务活动中,商品的买卖、劳务的进出、技术的转让,甚至是投资、兼并等类型的谈判,无一不是如此。因此,经济目的性是商务谈判的主要特征。

2. 商务谈判对象具有广泛性和不确定性

在买方市场形成的条件下,贸易的主动权和贸易空间都发生了变化,不同经济实体之间的经济依赖性不断增强,一方面使各个地区发展程度不同的经济成为开放型的经济,另一方面又使生产和交换国际化,许多经济实体的对外经济联系在国民经济中的地位显著提高。各个地区都把贸易当作经济发展的动力,把世界市场当作重要原料、燃料和先进技术的来源地和本地区产品的售出地。因此,就表现为：

（1）各个经济主体作为卖者,其商品销售对象可以是众多的买方经济主体,具有较广泛的销售范围；作为买者,其采购商品的范围也可以是不同的卖者,商务谈判的对象遍及各地,为了使交易更加有利,需要广泛接触交易对象,所以选择的范围十分广泛。

（2）不论是卖者还是买者,每一笔交易都是同具体的交易对象成交的,而具体的谈判对象在市场竞争和多变的条件下又不是固定的,因而使谈判对象又表现出不确定性的特征。

3. 商务谈判环境具有复杂性

现代经济条件下,不同的经济主体双方进行商务谈判,所遇到的环境是多种多样和复杂变化的,使谈判环境表现出复杂性的特征：

（1）谈判的环境因素是复杂的。不同地区的经济形势、政治状况、法律制度、社会文化、商业习惯、财税金融情况及基础设施条件等方面都具有复杂性。

（2）市场因素是复杂的。包括国内外市场分布情况、市场商品需求情况、市场商品供应情况、市场商品销售情况及市场竞争情况等多层面都具有复杂性。

（3）供求关系是复杂的。生产企业之间，生产与销售之间，零售企业与消费者之间，国际市场与国内市场之间的关系都具有复杂性。

4. 商务谈判的条件具有原则性和可伸缩性

商务谈判的目的在于不同经济主体都要实现自己的目标和利益，这些谈判目标或利益是经济主体自身确定的，并具体体现在各种交易条件上。由于谈判各方都希望能在对己方最有利的条件下获得自身需要的满足，各方都以自身的目标和利益作为底线，所以，追求谈判的目标，维护自身的利益，是谈判者坚持的基本原则。

在谈判中，为了使谈判能够达成协议，谈判各方必须具备一定程度的合作性，所提出的交易条件又必须通过谈判才能达成一致，因而谈判的条件又具有一定的伸缩性。

5. 商务谈判具有进攻和让步的统一性

谈判双方由于具有利益互斥性，在商务洽谈时总是力图使本企业利益得到完全实现或利益最大化，因而都容易采取进攻策略，提出较高或最高条件。但是，又由于双方利益的共融性，在洽谈过程中，交易双方都必须考虑对方的要求，作出己方某种利益的牺牲，才能完成谈判。所以，只有将进攻、让步艺术地统一在谈判的过程中，才会取得双方认可的满意结果。

6. 商务谈判具有机会与临界点的一致性

商务谈判涉及企业内外关系的方方面面，谈判双方都处于激烈竞争与频繁波动的市场体系中，因此商务谈判的分歧点、格局、态势、环境和策略也常常发生迅速而微妙的变化，而洽谈成功的机会则寓于其中。抓住机会，以变应变，则会获得意外的成功；失去机会，则失去对洽谈趋势的控制，使本方处于被动地位。临界点是指达成协议的最低交易条件，如价格条款中的保利、保本临界点。一般地说，在每一轮商务谈判中都客观存在着双方各自恪守的临界点，若一方抓住了机会，另一方严防的临界点必然会被攻破。对抓住机会、掌握主动的一方来说，应该正确认识到，本身最大利益的基点只能是对方的临界点，否则可能会适得其反，导致谈判失败。

7. 商务谈判是"合作"与"冲突"的统一

谈判双方利益的获得是相互的，双方应为实现共同的目标而努力，这是商务谈判合作性的一面。参与谈判的双方都是合作者，而不是你死我活的敌对关系。另一方面，参加谈判的双方又都存在利益矛盾，因而必须与对方进行针锋相对的据理力争，否则自己的利益就会受损，这是商务谈判冲突的一面。谈判中的合作与冲突是辩证的统一，合作与冲突会发生相互转换，冲突可能会转化为合作，合作也可能会转化为冲突。如果谈判者只看到合作性的一面，而害怕发生冲突，为了避免冲突而一再退让，不敢争取自己的利益，在那些善于制造冲突的强硬对手面前就会常常吃亏受损。也有的谈判人员，只注重冲突性的一面，将谈判看成是你死我活的战争，一味地进攻或保持强硬立场，最终将对方逼出谈判场，自己也徒劳无获。因此，对谈判者来讲，应该提倡遵循"合作的利己主义"，即在保持合作的基础上追求自己的利益最大化。

案例赏析

美国纽约印刷工会领导人伯特伦·波厄斯以"经济谈判毫不让步"而闻名全国。他在一次与报业主进行的谈判中，不顾客观情况，坚持强硬立场，甚至两次号召报业工人罢工，迫使报业主满足了他提出的全部要求。报社被迫同意为印刷工人大幅度增加工资，并且承诺不采用排版自动化等先进技术，防止工人失业。结果是以伯特伦·波厄斯为首的工会一方大获全胜，但是使报业主陷入困境。首先是三家大报被迫合并，接下来便是倒闭。最后全市只剩下一家晚报和两家晨报，数千名报业工人失业。这结果清楚地说明，由于一方贪求谈判桌上的彻底胜利，导致了两方实际利益的完全损失。由于双方都把对方看作是自己的对手，两方各自的利益互不相容，一方多得就意味着另一方少得，一方获利就意味着另一方让利，因此，双方互相攻击，互相指责。

【扫一扫】
更多信息

（资料来源：方其.商务谈判：理论、技巧、案例[M].3版.北京：中国人民大学出版社，2011.）

学习任务二 | 洞悉商务谈判的构成与类型

案例导入

【听一听】 美国代理商代理甲工程公司与中国乙公司谈判出口工程设备的交易。中方根据其报价提出了意见，建议对方根据中国市场的竞争情况和中国的经济环境，认真考虑降低价格。该代理商做了一番解释后仍不肯降价并表示其委托人的价格非常合理。中方对其条件又做了分析，代理人也做了解释，最终仍无法达成一致。中方认为其过于傲慢固执，代理商认为中方毫无购买诚意且没有理解力，双方相互埋怨之后，谈判不欢而散。

【想一想】 美国代理人进行的是哪种类型的谈判？

【说一说】 谈判的构成因素有哪些？

【议一议】 商务谈判的目的是促成谈判双方达成共识，但是往往谈判代表的态度和沟通方式如果无法根据当前形势进行适当调整，会导致谈判难以继续，错失良机。因此，在充分了解谈判类型的基础上，采取合适的策略显得尤为重要。

一、商务谈判的构成要素

商务谈判的构成要素是指从静态的角度分析构成谈判活动的必要因素。没有这些构成要素,谈判就无从进行。一场完整的商务谈判的构成要素是多方面的,包括谈判主体、客体、时间、地点、目标等。其中最基本的有以下几方面的要素:

(一)商务谈判主体

商务谈判主体具有双重性:

一是指参加谈判的当事人,即谈判的行为主体。商务谈判的结果直接决定交易双方的经济利益,因此,商务谈判主体必须是具有谈判资格及谈判行为能力的当事人,或受双方当事人委托的代理人。商务谈判中的行为主体,是谈判主要的构成要素。商务谈判成功与否在很大程度上取决于谈判行为主体的素质状况及其主观能动性和创造性的发挥程度。谈判的行为主体只有正确反映关系主体意志,在谈判关系主体授权范围内所进行的谈判行为才是有效的。在现代社会生活中,为了实现成功圆满的谈判,谈判人员应当具备多方面的良好素质与修养,例如充满自信、刚毅果断、有理有节、精明机智、豁达大度、深谙专业、知识广博、能言善辩等。

二是指谈判组织,也就是谈判当事人所代表的组织,即谈判的关系主体。比如,在商品购销谈判中,参与实际谈判的往往是企业中的有关人员,或通过其代理商来谈判,但谈判的最终结果则是由双方企业承担,双方企业是商务谈判的关系主体。

谈判的主体是指在商务谈判中参与谈判交易的双方或代理人。认识谈判主体,需要在谈判中分清谈判关系主体与谈判行为主体的关系。谈判主体是谈判的前提,在谈判中要十分注意避免因谈判的关系主体和行为主体不合格而造成谈判失败的损失。如果谈判的关系主体不合格,便无法承担谈判的后果;如果未经授权,或超越代理权的谈判行为主体则为不合格,谈判的关系主体也不能承担谈判的后果。在现实生活中,由于忽视了事先考察己方或对方的主体资格,而使谈判归于无效,并遭受经济损失的事例常有发生。例如,某药厂与所在地经济开发区的一个公司签订了代理向香港出口中药酒的合同。虽然由该公司代理与港商签订了药品销售合同,但产品出关时被海关扣下,因为这家公司没有药品进出口权。结果不仅使本方利益受损,而且还受到港商的索赔。

因此,在商务谈判中,一般要求对方提供必备的证件和材料,如自然人身份方面的证件、法人资格方面的证件、资信方面的证件、代理权方面的证件、对方的设备状况、履约能力等证明。

(二)商务谈判客体

商务谈判的客体是指商务谈判的议题和各种物质要素结合而成的内容。不同经济特点的商务谈判的客体具有不同的内容,这些内容可能是立场观点方面的、资金方面的、技术

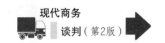

合作方面的、商品方面的,也可以是基本利益方面的。总之,涉及交易双方利益的一切问题,都可以成为谈判的议题,如价格、付款方式、商品质量、数量、包装、装运保险、检验、仲裁、索赔等。

所谓商务谈判议题就是指在谈判中双方所要协商解决的问题。一个问题要成为谈判议题,大致上需要具备如下条件:一是它对于双方的共同性,亦即这一问题是双方共同关心并希望得到解决的,如果不具备这一点,就构不成谈判议题。二是它要具备可谈性,也就是说,谈判的时机要成熟。不难看到,在现实生活中,本该坐下来谈判的事,一直未能真正去做,这主要就是因为谈判的条件尚未成熟。这样的情形是不少见的。两伊战争打了八年,其间许多国家都呼吁双方不要诉诸武力而应用和平谈判的方式解决争端,然而,交战双方的代表真正坐到谈判桌上时已经过去了八个春秋。成熟的谈判时机是谈判各方得以沟通的前提,当然,成熟的时机也是人们经过努力才可以逐步达到的。三是谈判议题必然涉及双方或多方的利害关系。

商务谈判的客体是双方的经济利益关系的集中体现,也是双方谈判必须解决的问题。因此,谈判必须十分认真、谨慎地解决这些问题,使双方意见一致,理解认识一致。

(三) 商务谈判行为

商务谈判行为主要是指谈判的行为主体围绕谈判的议题(客体内容)进行的信息交流和观点磋商。如果说谈判主体是指谈判"谁来谈",谈判客体指谈判"谈什么"的话,谈判行为则是指谈判中"怎么谈"。其内容包括谈判各方的信息交流,评判谈判成败标准,谈判策略、方式、方法等。

(四) 商务谈判方式

商务谈判方式指的是谈判人员之间对解决谈判议题所持的态度或方法。谈判的方式很多,依据不同的标准,可以做出不同的分类。

以心理倾向性为标准,谈判方式可划分为常规式(多用于固定客户之间的交易)、利导式(通常使用将计就计、投其所好的谋略)、迂回式(利用某些外在条件间接地作用于对手)和冲击式(使用强制手段给对方施加压力)。

以谈判者所采取的策略、态度为标准,则谈判方式可划分为软弱型、强硬型和软硬兼施型三种。软弱的谈判者希望避免冲突,随时准备为达成协议而让步,他希望圆满达成协议,却总是为遭受对方的剥削而深感其苦;强硬的谈判者对己方提出的每一项条件都坚守不让,他们采取的是寸利必争的策略,以获得最大利益的满足;软硬兼施的谈判方式也可以看作是"原则谈判法",它是根据价值达成协议,根据公平的标准做出决定,采取灵活变通的方法,以寻求谈判双方互惠互利的最佳方案。正因为如此,现代谈判学认为,原则谈判法是一种理想的、广泛适用的策略。

（五）谈判约束条件

谈判活动作为一个有机整体，除了以上四个方面的要素之外还得考虑其他一些对谈判具有重大影响的因素。有的学者把这些因素称为谈判约束条件。谈判约束条件归纳起来大体有如下几个方面：谈判是个人之间举行的谈判还是小组之间举行的谈判？谈判的参加者是两方还是多于两方？某一方的谈判组织内部意见是否一致？作为谈判的代表人物，其谈判的权限究竟有多大？谈判的最终协议是否需要批准？是否还有与谈判议题相关联的问题？谈判有没有时间上的限制？谈判是秘密谈判还是公开谈判？如此等等。以上几个方面，不同程度地影响、制约着谈判的进行，所以，通常也把谈判约束条件作为谈判活动的构成要素。

二、商务谈判的主要类型

根据不同的标准，从不同的角度，我们可以将商务谈判划分为各种不同的类型。划分的意义在于：根据不同类型的商务谈判做好相应的谈判准备，确定相应的谈判内容，采取不同的谈判方式和方法，制定不同的谈判策略，从而把握谈判，驾驭谈判。

（一）按参加谈判的人数规模划分

按参加谈判的人数规模划分，可以将谈判分为一对一的个体谈判，以及各方都有多人参加的集体谈判。一对一的个体谈判在企业谈判中所占的比重较大，一般关系重大而又比较复杂的谈判才进行集体谈判。

由于谈判的人数、规模不同，谈判人员的选择、谈判本身的组织与管理有着很大的区别。如果是一对一的个体谈判，那么所选择的谈判人员必须是全能型的，也就是说，他必须具备本次谈判所涉及的各个方面的知识和能力，如金融、贸易、商品、技术、法律等方面的知识。因为在谈判中他只有一个人独立应对全局，难以得到他人的帮助，整个谈判始终是以一个人为中心进行的。他必须根据自己的经验和知识，对整个谈判进行分析、判断和决策。个体谈判尽管有谈判者不易得到他人帮助之不足，但其也有有利之处，这就是他可以随时有效地把自己的谈判设想和意图贯彻到谈判中去，不存在集体谈判时内部意见协调困难，以及某种程度上的内耗的问题。

（二）按参加谈判的利益主体的数量划分

按参加谈判的利益主体的数量划分，可以将谈判分为双方谈判与多方谈判。双方谈判是指只有两个利益主体参加的谈判，多方谈判是指有两个以上的利益主体参加的谈判。很显然，双方谈判利益关系比较明确具体，也比较简单，因而比较容易达成一致意见。相比之下，多方谈判的利益关系则要复杂得多，难以协调一致。比如，在建立中外合资企业的谈判中，如果中方是一家企业，外方也是一家企业，两家企业之间的意见就比较容易协调。如果中方有几家企业，外方也有几家企业，谈判将比前者困难得多。这是因为中方几家企业之间存在着利益上的不一致，需要进行协商谈判；同样，外方几家企业之间也存在利益上的矛盾，需要进行谈判，然后才能在中外企业之间再进行协商谈判。这样矛盾的点和面就大大增加，关系也更为复杂。

（三）按谈判双方接触的方式划分

按谈判双方接触的方式划分，可以将谈判划分为双方面对面的直接的口头谈判与间接的书面谈判两种。

面对面的直接的口头谈判是双方的谈判人员在一起，直接地进行口头交谈协商。这种谈判形式的好处在于，便于双方谈判人员交流思想感情。在一般情况下，面对面的谈判，即使实力再强的谈判者也难以保持整个交易立场的不可动摇性，或者拒绝做出任何让步。面对面的谈判还可以通过观察对方的面部表情和姿态动作，借以判断对方的为人及交易的诚实可靠性。

间接的书面谈判是谈判双方不直接见面，而是通过信函、电报、电传等方式进行商谈。这种谈判方式的好处在于，在阐述自己的主观立场时，书面形式比口头形式显得更为坚定有力；在向对方表示拒绝时，要比面对面的谈判方式方便得多，特别是在与对方人员已经建立起个人交往的情况下。同时，在费用上这种谈判方式也比较节省。缺点是不便于谈判双方的相互了解，并且信函、电报、电传等通信媒介所能传递的信息是有限的。因此，这种谈判方式只适用于交易条件规范、明确，内容比较简单，谈判双方彼此都比较了解的谈判。

谈判双方不同的接触沟通方式对谈判前的准备工作、谈判组织与管理、双方谈判时的心理状态、谈判中所运用的策略和战术都有直接影响。

（四）按谈判进行的地点划分

按谈判进行的地点划分，可以将谈判分为主场谈判、客场谈判、中立地谈判三种类型。

所谓主场谈判是指对谈判的某一方来讲，如果谈判是在其所在地进行（涉外谈判即在所在国进行）即为主场谈判，该方即为东道主方；相应地，对谈判的另一方来讲，这就是客场谈判，该方即为客方。

所谓中立地谈判是指在谈判双方所在地以外的其他地点进行的谈判（涉外谈判即在第三国进行的谈判），在中立地进行谈判，对谈判双方来讲无宾主之分。

不同的谈判地点使得谈判双方具有不同的身份（主人身份和客人身份，或者无宾主之分）。谈判双方在谈判过程中都可以借此身份和条件，选择运用某些谈判策略和战术来影响谈判，争取主动。

（五）按谈判中双方所采取的态度与方针划分

按谈判中双方所采取的态度与方针划分，可以将谈判划分为让步型谈判（或称软式谈判)、立场型谈判(或称硬式谈判)、原则型谈判(或称价值型谈判)三种类型。

1. 让步型谈判(软式谈判)

让步型谈判者希望避免冲突,随时准备为达成协议而让步,希望通过谈判能够签订一个皆大欢喜的协议。采取这种谈判方法的人,他们不是把对方当作敌人,而是当作朋友相对待。他们的目的是要达成协议而不是获取胜利。因此,在一场让步型的谈判中,一般的做法是:提议、让步、信任对方、保持友善,以及为了避免冲突对抗而屈服于对方。让步型谈判者较之利益的获取者更为强调建立和维护双方的关系。从这个意义上讲,让步型谈判可以说是一种关系型谈判。

如果谈判双方都能以宽大及让步的心态进行谈判,那么达成协议的可能性、速度以及谈判的成本与效率会比较令人满意的,并且双方的关系也会得到进一步加强。然而,由于利益的驱使,加上价值观及个性方面的不同,并非人人在谈判中都会采用这种谈判的方法。因此,这种方法并不一定是最明智的、最合适的,在遇到强硬的谈判者时,极易受到伤害。该方法一般只适用于双方的合作关系非常友好,并有长期的业务往来的情况。

2. 立场型谈判(硬式谈判)

立场型谈判者将任何情况都看作是一场意志力的竞赛和搏斗,认为在这样的竞赛中,立场越坚定,最后的收获也越多。

在立场型的谈判中,双方把注意力都投入到如何维护自己的立场、否定对方的立场上,而忽视了双方在谈判中真正的需要,忽视了寻求兼顾双方需要的解决办法。

立场型的谈判者往往在谈判开始时提出一个极端的立场,进而固执地加以坚持。只有在谈判难以维持的情况下,才会作出极小的松动和让步。在双方都采取这种态度和方针的情况下,必然导致双方的关系紧张,增加谈判的时间和成本,降低谈判的效率。即使某一方屈服于对方的意志力而被迫让步签订协议,其内心仍旧是不满的。因为在这场谈判中,他的需要没能得到应有的满足,这会导致他在以后协议的履行过程中产生消极行为,甚至是想方设法阻碍和破坏协议的执行。从这个角度来讲,立场型的谈判者没有得到真正的胜利。

3. 原则型谈判(价值型谈判)

原则型谈判要求谈判双方首先将对方作为与自己并肩合作的同事对待,而不是作为敌人来对待。也就是说,要首先注意与对方的人际关系。但是,原则型谈判并不像让步型谈判那样只强调双方的关系而忽视己方利益的获取。它要求谈判的双方相互尊重对方的基本需要,寻求双方利益的共同点,设想各种使双方各有所获的方案。当双方的利益发生冲突时,坚持根据公平的标准做出决定,而不是通过双方意志力的比赛一决胜负。

原则型谈判认为,在谈判双方对立立场的背后,存在着共同性利益和冲突性利益。我们常常因为对方的立场与我们的立场相对立,就认为对方的全部利益与己方的利益都是冲突的。事实上,在许多谈判中,深入地分析双方对立的立场背后所隐含的或代表的利益,就会发现双方共同性利益要多于冲突性利益。如果双方能认识和看重共同性利益,调解冲突性利益也就比较容易了。

原则型谈判强调通过谈判所取得的价值。这个价值既包括经济上的价值，又包括人际关系的价值，因而是一种既理性又富有人情味的谈判，为世界各国的谈判人员所推崇。

上述三种方法都是比较理论化的谈判方法，现实中的谈判往往与上述三种方法有所差别，或者是三种方法的综合。影响和制约它们运用的因素有：

第一，今后与对方继续保持业务关系的可能性。如果本方想与对方保持长期的业务关系，并且具有这样的可能性，那么就不能采取立场型谈判，而要采取比较注意建立和维护双方关系的原则型谈判与让步型谈判。反之，如果是一次性的、偶然的业务关系，则可以适当地考虑使用立场型谈判法。

第二，对方的谈判实力与本方的谈判实力的对比。如果双方实力接近，可以采取原则型谈判；如果本方的谈判实力比对方强许多，则可以考虑适当采用立场型谈判。

第三，该笔交易的重要性。如果交易很重要，可以考虑采用原则型谈判或立场型谈判。

第四，谈判在人力、物力、财力和时间方面的限制。如果谈判的花费很大，在人力、物力、财力上支出较多，谈判时间一长，必然难以负担，故应考虑采用让步型谈判或原则型谈判。

第五，双方的谈判艺术与技巧。在任何一场谈判中，并非限定只能采用一种谈判方法，可以综合地利用多种方法，这就要看谈判者本身的艺术与技巧了。

第六，谈判人员的个性与谈判风格。有些谈判人员天性要强好斗，做任何事情都喜欢拼搏一番，这样谈判中的竞争性就比较强，在谈判的方法上也就比较多地偏向采用立场型方法。有的谈判人员性格比较随和，在谈判中就比较多地偏向让步型谈判。

三、商务谈判的方式

商务谈判的方式，也可以理解为商务谈判的形式，也就是商务谈判各方如何进行沟通，即用什么形式、手段进行对话和协商。

（一）按议题展开的方向划分

1. 横向谈判方式

横向谈判方式，是指把拟谈判的议题全部横向铺开，也就是几个议题同时讨论，同时取得进展，然后再同时向前推进，直到所有问题谈妥为止。例如，谈一笔进出口贸易，双方先确定品质、价格、数量、支付、装运、保险和索赔等议题或条款。按顺序先开始谈其中一个条款，待稍有进展后就去谈第二个条款，等到这几项条款都轮流谈到后，再回过头来进一步谈第一个条款、第二个条款……以此类推，如有必要可再进行第三轮以至更多轮的磋商。

横向谈判方式的基本特点是：按议题横向展开，一轮一轮地洽谈，每轮谈及所有条款。

横向谈判方式比较适合于对并列式复合问题的洽谈。所谓复合问题，是指那些自身还能分解出若干小问题的问题。而并列式的复合问题，是指复合问题中包含的若干小问题各自独立存在,相互之间没有隶属关系。正由于它们是相互并列的,因此可以分别进行讨论。

2. 纵向谈判方式

纵向谈判方式,是指在议题或条款确定之后,逐个将每项条款所涉及的内容全部谈完,第一个条款不彻底解决就不谈第二个。例如,同样是上面那笔交易,在纵向谈判方式下,双方首先会把商品品质确定下来,品质问题解决不了,达不成一致意见,双方就不谈价格条款。

纵向谈判方式的基本特点,就在于按议题纵向展开,每次只洽谈一个问题,谈透为止。纵向谈判方式比较适合于对链条式复合问题的洽谈。所谓链条式复合问题,就是指复合问题中分解出若干小问题,并不处在同一个层次上,而是像链条一样,一环扣一环,逐层展开的。因此,使用纵向谈判方式时,把要谈的若干议题,按它们之间的内在逻辑,整理成一个系列,依顺序逐个地进行谈判。

(二) 按心理的倾向性划分

1. 常规式谈判

常规式谈判,是指经反复往来,双方交易条件已趋固定,主客方之间以过去交涉的程序、条件、经验为基础所进行商务谈判的方式。常规式谈判的心理特点是循规蹈矩,每次谈判的内容及形式均无重大变化。它多用于固定客户之间的洽谈,对于情况复杂多变的商务谈判则不太适合。

2. 利导式谈判

利导式谈判,是指一方谈判人员在研究了对方谈判人员心理动态的基础上,迎合、利用对手的主体意愿,诱发其向本方谈判目标靠拢的商务谈判方式。例如,将计就计、投其所好等就属于利导式谈判中通常使用的谋略。谈判高手在谈判时,经常首先提出一些双方能够接受或双方有共同点的议题,给对手造成一种双方立场相近的印象,以赢得对手的好感,借此再推进交易的成功。

3. 迂回式谈判

迂回式谈判,是指一方谈判人员在全面调查、分析谈判对手所处的环境和洽谈条件的基础上,不与对手直接就交易的内容进行协商,而是抓住要害或利用某些外在条件间接地作用于对手的商务谈判方式。例如,买方采购时,通常的做法是"货比三家",目的是利用不同谈判对手的不同报价,将其中最低的报价作为筹码,迫使对方把价格压下来,从而取得最有利的成交条件。

4. 冲激式谈判

冲激式谈判,是指一方谈判人员采用正面对抗或冲突方法,使用强硬手段给对方施加压力,以实现自己目的的商务谈判方式。例如,当谈判处于僵持状态时,采用最后通牒式的方式,要求对方要么接受己方的条件,要么停止谈判,迫使对方就范。又如发生争端时,据理力争,都属于冲激式谈判方式。在一般的商务谈判中,冲激式谈判用得较少。确实需要使用时，要做到深思熟虑和有的放矢，并有相应的备用方案作为补救措施。如果使用不当，则往往事与愿违，造成僵局，甚至导致谈判破裂。

在实际商务谈判中，谈判人员要纵观全局，从双方实力对比、事态趋向、对手的心理动态、发展转机等多种因素出发，选择一种或多种谈判方式，灵活配合使用，以获得最有利的、最佳的谈判结果。

案例赏析

有两个人在图书馆里争吵，一位想要开窗，另一位想要关窗。他们为了是否应该打开窗户，以及应该开多大而争吵不休，没有一种解决办法能使双方满意。这时图书馆馆员进来了，她问其中的一位为什么希望开窗户，对方回答说："使空气流通。"她又问另一位为什么希望关上窗户，对方回答说："想避免噪声。"馆员思考了一会儿后，走到对面的房间将那里的窗户打开，这样既可以使空气流通，又能避免噪声，双方的需要都得到满足。

【扫一扫】
更多信息

学习任务三 | 探索商务谈判的程序及要求

案例导入

【听一听】 我国某冶金公司要从美国购买一套先进的冶金组合炉。在和美方谈判前，我方做了充分的准备工作，找了大量关于冶金组合炉的材料，将国际市场上冶金组合炉的行情及美国这家公司的历史和现状调查得一清二楚。谈判开始，美方一开口要价 230 万美元，经过讨价还价降到 130 万美元，我方仍不同意，坚持出价 100 万美元。美方表示不愿意继续谈下去，扬言要回国，但我方并未阻拦。冶金公司的其他人有点着急了，甚至埋怨我方谈判人员出价太低。我方谈判人员却胸有成竹。果然，一个星期后，美方又回来继续谈判。这次我方列举了各国的成交价格，特别点明了他们与法国的成交价格，美方愣住了，在事实面前不得不让步，最后以 101 万美元达成了这笔交易。

（资料来源：杜焕香.商务谈判[M].北京：北京大学出版社，2009.）

【想一想】 我方取得谈判胜利的关键是什么？

【说一说】 商务谈判各种事项的次序安排是什么？

【议一议】 很多人认为商务谈判的重点环节是谈判交流的过程，但是往往在谈判前的准备以及谈判后的分析是决定谈判是否成功的要素之一。充分的准备、合适的方法、适当的时机都是决定谈判成败的关键因素。

一、商务谈判的程序

商务谈判是一个循序渐进的过程,商务谈判内容不一,种类繁多,它们的过程也因此各不相同。但一般来讲,都有一个基本谈判程序,即准备阶段、开局阶段、报价阶段、磋商阶段和交易达成阶段。商务谈判的程序是指导有关谈判的各种事项的次序安排,也是处理好各项谈判活动的重要依据。

(一) 商务谈判准备阶段

准备阶段是商务谈判的基础阶段,人们常说"不打无准备之仗",谈判也是这样。事实证明,很多谈判的失败都是因为事前没有做好充分准备,商务谈判能否取得成功,不仅取决于谈判桌上的唇枪舌剑、讨价还价,而且有赖于谈判前充分、细致的准备工作。可以说,任何成功的谈判都是建立在良好的准备工作的基础之上的。在这个阶段,谈判者需要完成这样一些主要任务:

一是确定谈判中本方要达到的目标和应实施的方针,明确所有谈判人员以及随行辅助人员各自的任务和责任。

二是做好谈判环境的调查与分析,做到"知己知彼,百战不殆"。谈判环境的调查与分析是商务谈判准备阶段的重要内容。在对外商务谈判中,不同的社会背景对具体的谈判项目的确立,对谈判的进程和谈判的结果具有相当重要的影响。谈判环境调查与分析的主要内容包括:政治状况、法律制度、商业习惯、社会文化、财政金融等方面。

三是选择谈判对象,并充分了解所选择谈判对手个人特征和组织的情况,特别要弄清楚对方组织的资信情况、组织内部的决策过程和机制、对方谈判人员的代理权限,从而避免徒劳的谈判。一个成功的谈判者要能够尽快地直达对方组织的权力中枢,找到那些有权回答"是"与"不是",有权决定"行"与"不行"的人,并与之进行谈判。

四是在知己知彼的基础上,制订切实可行的谈判方案,找到能获得"出其不意,攻其不备"效果的方法,实施能使对方措手不及的绝招。一个合格的谈判者应该具备超前思维的能力,即事先充分考虑谈判中对方可能做出的各种反应,并预先准备好应对之策。

五是组建一支精明强干的谈判队伍。坚持适用和效率的原则、性格特质协调的原则、专业知识和谈判经验并重的原则选择谈判人员,根据对方参加谈判的人数来决定谈判团队的人员数量和结构。一般而言,完整的商务谈判团队应由谈判专家或称首席谈判代表、专业谈判人员、法律专业人员、专业技术人员、翻译人员和记录人员等组成。

六是做好相关谈判的物质准备工作。这些物质准备工作包括谈判场所及必要的设施准备,与谈判有关的各种文件、数据和资料、通信设备和办公用品,与谈判有关的各种生活行政管理事务,等等。

（二）商务谈判开局阶段

商务谈判开局阶段是实质性谈判的前奏，主要指谈判双方进入具体交易内容的讨论之前，见面、介绍、寒暄以及就谈判内容以外的话题进行交谈的那段时间。开局阶段虽然时间不长，所涉及的内容似乎与整个谈判的主题无关至少是关系不大，但是它却十分重要，因为非实质性谈判是在营造谈判气氛，为整个谈判定下基调。

每一场商务谈判都有其独特的气氛，有的谈判气氛十分热烈、积极、友好，双方都抱着互谅互让的态度参加谈判，通过共同努力去签订一个皆大欢喜的协议，使双方的需要都能得到满足；有的谈判气氛却很冷淡、对立、紧张，双方抱着寸土必夺、寸利必争的态度参加谈判，针锋相对，毫不相让，使谈判变成了一场"没有硝烟的战斗"。有的谈判简洁明快，节奏紧凑，速战速决；有的谈判则咬文嚼字，慢条斯理，旷日持久。不过，更多的谈判气氛介于上述几个极端之间。

开局阶段的主要工作：

一是确定开局目标，根据实现谈判终极目标的需要，设计和选择好开局目标，积极营造一种热烈、友好的谈判气氛。

二是了解对方的期望，窥测对方的意图，做到知己、知彼，搞清最终成交的大致轮廓，为进入实质性谈判创造条件。

三是协商谈判议程，商务谈判议程的安排是谈判开局阶段的重要部分，它决定着谈判效率，是谈判必不可少的环节，应根据实现谈判终极目标的需要，协商确定一个完整、对等、无明显错漏和偏向的谈判议程。

（三）商务谈判报价阶段

报价阶段是指商务谈判过程中一方或双方提出自己的价格和其他交易条件的阶段。报价阶段是商务谈判的实质性谈判的开始。

报价阶段的主要工作：

一是确定和修正报价的标准，确定开盘价。

二是确定报价的方式。包括不做口头补充的书面报价、口头补充的书面报价、口头报价三种方式。报价时要坚持报价的原则，即报价数据要准确无误，报价表达要明确清楚，报价过程不解释说明，报价态度严肃果断。

三是选择报价的时机。可以是根据所掌握的价格信息情况选择报价时机，先行报价；可以是根据买卖双方的心理表现选择报价时机，先行报价；可以是为了对谈判结果产生实质性的影响，先行报价；也可以是根据一般商业惯例，商务谈判发起人先行报价；等等。

四是充分发挥谈判者自身的思考能力和言谈技巧，而且要鼓足勇气。因为谈判中双方都有压力，减少压力，充分发挥自己的主观能动性，正确地应用语言技巧，有时会收到意想不到的效果。

(四) 商务谈判磋商阶段

磋商阶段又称讨价还价阶段,是商务谈判的关键性阶段,是谈判双方争取利益的交锋阶段。磋商阶段的实质是商务谈判双方为了实现各自的期望利益,寻求双方利益的共同点,而就商品交易过程中的各种条件进行切磋和商讨。

磋商阶段的任务主要是谈判双方通过公开争论并施展策略手段,迫使对方改变其产品价格及其他交易条件,使谈判向寻找双方共同利益的方向进行。这一阶段是谈判中时间最长、困难最多、地位最重要的阶段。

(五) 商务谈判成交阶段

成交阶段是商务谈判的尾声阶段。它是指商务谈判双方经过反复磋商,对各项交易条款已达成一致的意见,拍板定案,并采取一定的交易行动的阶段。

成交阶段的任务主要是采取一定的策略和方法,促成交易的实现,对主要交易内容达成原则性的协议。

成交阶段的工作主要有:

一是密切注意成交信号,并认真进行最后的回顾分析,其内容包括商务谈判的目标、内容、交易条件、最后的让步项目与幅度等。

二是把握好让步的分寸,不要做无端的让步,不要承诺同等幅度的让步,一次让步幅度不宜太大,节奏也不宜太快,争取做到己方较小的让步能给对方较大的满足,价格让步后,如事后认为考虑欠周到,收回让步要当机立断。

三是沉着地做最后一次报价,应明确最后的报价对卖主来说,是最低的价格,对买主来说,则是最高的出价,两者都没有回旋的余地。

四是明确地表达成交意图,应对成交作肯定的表达和正式的表达。

(六) 商务谈判签约阶段

签约阶段是商务谈判的最后阶段,它是指交易双方通过谈判协商,一方的报价或再报价被另一方有效地接受,双方以达成的原则性协议为基础,对其内容加以整理,并用准确、规范的文字加以表述,最终形成由谈判双方代表正式盖章或签字的具有法律效力的合同的工作阶段。签约阶段的重要任务是明确合同成立的条件,注意合同资格和规范的审查,尤其应注意的是签订的合同必须是有效合同。

二、商务谈判的要求

由于商务谈判是一项综合性的活动,它要求谈判人员必须全面认识商务谈判的基本要求,正确处理各方面和各种复杂微妙的关系,并使这些关系处于相对均衡与统一之中。

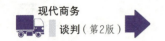

（一）实现经济活动与社会活动的统一

从本质上来看，商务谈判既是一种经济活动又是一种社会活动。首先，商务谈判是人们或经济组织为了谋求一定的经济利益而展开的一种经济交往活动。对于谈判各方来说，经济利益能否实现，是谈判的主要目的和核心内容。其次，商务谈判也是一种社会活动，是企业与企业、企业与社会以及谈判者之间人际关系的一种特殊表现形式。在谈判中，谋求良好的社会关系和人际关系是保证谈判有效进行、实现各方长远利益的条件和基础，即使出现各种棘手的问题或与对方再无进行任何商务活动的可能性，也要保持与谈判对手之间以及社会各方面的和谐友好关系。

（二）实现目标与效率的统一

谈判目标的实现与否和效率的高低，是衡量商务谈判成败的两个主要标志。其中，谈判目标的实现，理所当然地是谈判最重要的任务。但是，一场以付出过多的时间、精力和财力为代价来达到预定目标的谈判，不能认为是非常成功的。尽管目标的顺利实现与效率从结果来看是一致的，但目标的合理性和实现目标的指导思想与策略都会影响谈判效率。我们毫不怀疑谈判技能的作用，同时也应看到谈判目标越不合理（或者说交易条件越苛刻），就越不利于提高谈判效率。这就要求谈判者在恰当的目标和效率之间进行平衡，实现两者的合理转换。只有这样，才能高效率地实现预定的谈判目标。

（三）实现合作与冲突的统一

商务谈判是建立在谈判各方都具有某种需求而又期望得以实现的基础上，是以互惠互利为基本条件的。因此，谈判各方必须树立合作的观念，表示出合作的诚意，尽可能使各方寻找到提供最大满足的交易方式。然而，由于谈判各方存在着利益差异，各方又都希望能在比较有利的条件下获得自身需要的满足，这就可能使谈判处于某种利益冲突状态之中。这就要求谈判者不仅要有合作的愿望和表示，还要有实现合作以及解决冲突的有效措施，使合作在解决冲突的过程中成为现实。

（四）实现要求与让步的统一

商务谈判的目的是谈判各方都能够实现各自的经济利益。谈判各方提出各种要求，既是谈判人员所享有的正当权利，也是整个谈判得以顺利进行的先导。然而，商务谈判是一种"给"与"取"兼而有之的互动过程，如果各方一味坚持要求，互不相让，谈判往往无法深入进行。所以，商务谈判在为各方的要求提供时空条件的同时，也要使让步成为对要求的"要求"。当然，让步应注意让步的时机、尺度和频率，应注意保持自己坚定的信心和良好的信誉，并尽可能地取得对方的回报。否则，就会陷入使对方提出进一步要求的"怪圈"。可见，谈判者在整个谈判过程中，合理而适度地提出要求，并正确地使用让步技巧，使要求反映需要,让步使需要得到现实的满足,要求反过来又使让步更合理、更现实,无疑会促使商务谈判不断深入。谈判过程正是由"不断的要求和不断的让步"构成的。如果只有要求,而缺乏让步,要求就可能无所得;如果只有让步,而不提出要求,就会损害己方的利益。

（五）实现信息的传递与加工处理的统一

从一定意义上说,整个商务谈判活动是一个信息转换的过程。从形式上看,谈判主要是信息的传输,即一方不断地把信息传递给对方,同时又不断地把对方的信息接收过来,如此循环反复。没有谈判各方之间的信息传递与交换,就不可能产生新的信息,也就无法取得各方共同认可和接受的谈判结果。从这个角度来说,信息传递与接收的全面性和准确性是谈判成功的基础。谈判者应注意提高思维能力和语言（包括体态语）的表现能力。通过思维—语言—行为链来顺利实现信息的交换。但是,我们还应当看到,谈判过程中的信息传递绝不是简单的重复,还存在着一个信息即时加工处理的问题。在谈判中不仅信息传递的准确性依赖于加工处理的及时性和正确性,而且谈判活动本身的特点也决定了信息加工处理无处不有、无时不在,这就需要谈判者在较短或规定的时间内做好信息加工和处理工作,完成科学决策的全过程,从而使谈判者在动态的信息流动中合理而灵活地实现预期的目标。

（六）把握机会与风险的统一

在商务谈判中机会与风险是同时并存的。首先,谈判中客观存在着有利于自身的各种条件和机会,关键是谈判者要充分认识机会的客观性、时效性、可创性的特征,不断地把握和捕捉机会,通过主观努力,不断协商,调整交易条件,影响或改变谈判气氛和格局,创造各种机会,使谈判取得成功。然而,在寻求机会的同时也伴随着多种多样的风险,包括由于谈判人员素质不高、决策失误、策略不当而给己方带来利益损失的风险,因为对方毁约、不守合同、诓骗等产生的风险,一些难以预料和不可控制的客观因素（如标的物价格的调整、政策调整、金融和税制改革、货币发行量调整等政治、社会、法律诸方面因素）对谈判结果履行所造成的风险。所以,谈判者不仅要在抓住各种机会的同时,避免或减少所面临的风险,而且要具有灵活调整谈判目标以及对机会成本与效益进行比较的能力,同时要注意收集和掌握有关风险的信息,预测发生各种风险的频率、程度和概率,制订防范风险的各种措施和计划。

案例赏析

某县负责人来到某部研究所,洽谈转让某项科研成果并协助办厂事宜。在对可行性论证双方都认同的情况下,谈及成果转让费用问题。这时,县负责人话锋一转说:"我县是全国闻名的贫困县,我们那里是山区,这次省里拨下来扶贫款数量不多,摊到每人头上也不过几十元,我们县的领导不好当啊!这不是,刚换届……我们可不敢走弯路,不然老百姓要骂我们祖宗的。"研究所的负责同志听了这些话,心想:这是一种表白,但也可能言外有意,一是能否少要点钱,二是对产品能否打响有疑虑。于是提出在意向合同的基础上再减少转让费用5万元;在项目完成之前先付2/3转让费,另外1/3作为风险责任承担金,产品打不响不提取。这样的话一出,县负责人十分高兴,很快就签订了合同。

【扫一扫】
更多信息

学习任务四 探究商务谈判的内容

案例导入

【听一听】 A国贸易公司在与B国经销商进行大米贸易谈判前,进行了全面而细致的调查分析,准备工作做得十分充分。他们首先了解到该地区正遇上农业歉收,需要大量进口大米以保证供应。在正常情况下,大米价格为720美元/吨,也了解到对方目前存在外汇短缺的现状,想要大幅度地提高售价是不可能的,因此经过周密的研究后,A方采用了以该地所产的优质咖啡豆和可可等商品作为补偿的条件。选择的战略是先要求对方用现汇付款,再转而要求对方用咖啡豆和可可作为支付条件,并趁机要对方将咖啡豆和可可以低价卖给A方。

在谈判桌前,A方公司谈判代表并没有摆出一副救世主的姿态,而是采取了一种低姿态战略。他们言谈谦逊,态度诚恳热忱,目的在于赢得对方的好感,为以后的谈判打下一个好的基础。

A方公司代表说:"我方大米的质量是世界一流的,价格也是极有竞争力的。目前市场行情一直在看涨,所以价款要用美元来支付,付款方式采用即期汇票、信用证付款方式。"B方公司代表说:"我方正推行外汇管制计划,美元用汇一直很紧张,看能否采用一种变通办法付款或推迟付款时间。"

A方公司代表说:"不行,这是我们的先决条件。"

B方公司代表说:"如果用国际市场上现在很好销的咖啡豆和可可来支付怎么样?"

A方公司代表说:"这要看如何作价。"

B方公司代表说:"当然可以优惠一些了。"

A方公司代表说:"那么我们就认真地来谈一下吧!"

从B方代表谈判时的焦急心情,A方代表发现对方求购心切,因而一方面敞开大门,另一方面则狮子大开口,拼命压低对方咖啡豆和可可的价格。

A方原计划按国际市场成交价50%的价格来换咖啡豆和可可,可是对方虽然急需大米,但并不想按如此价格成交。他们已经准备了变通的方法,准备在关键时刻干脆向第三国购买。A方公司不得不对其原先的提案进行修正,以咖啡豆和可可低于国际市场成交价30%的价格取得易货贸易权。同时,在双方商谈运输条款时,A方发现对方对租船市场并不了解,便提出由本方租船运输采用CIF价格成交,从而趁机增加了产品的报价,用这种变通的方式达到了以前谈判中所没有直接达到的目的。

A方对议题的不断修正引起了B方的警觉,使B方有意放慢了谈判的步调。

A方公司没有因对方的反应而乱了阵脚,而采取了稳扎稳打的战略。这时对方开始承受不住国内需求转旺的压力,在这个关键时候,A方公司提出再提高5%的价格,否则准备马上退出谈判,对方因此也就拍板成交。

谈判结束的第一天,双方马上进行了书面合同的签订工作,并约定在下个月进行首批大米的交货,对方也要同时运出咖啡豆和可可到A方在欧洲的客户。

后来的实际履约证明,双方的合作是成功的,A方在这次谈判中体现出了非凡的谈判能力。

(资料来源:王晓.现代商务谈判[M].2版.北京:高等教育出版社,2013.)

【想一想】 该案例包括了谈判的哪些内容?

【说一说】 确定谈判内容需要注意什么?

【议一议】 在商务谈判中往往需要解决的问题不止一个,因此在谈判前要对主要问题、次要问题充分了解,理清主次关系,将核心问题解决,兼顾其他,这样才能让谈判高效。

商务谈判内容是指与标的物有关的各项交易条件。从谈判的具体内容来看,由于谈判标的物不同,谈判的具体内容和要求也就不同。但从谈判的过程来看,谈判的内容又大体相同,通常包括合同之外的谈判和合同之内的谈判。作为谈判人员要避免因谈判环节及谈判内容上的任何疏漏而造成困难与损失,就必须熟知合同之外谈判与合同之内谈判的内容以及各项具体的交易条件。

一、合同之外及合同之内的谈判

(一) 合同之外的谈判

合同之外的谈判,是指关于合同内容以外事项的谈判,它是谈判的一个重要组成部分,为具体交易条件的谈判奠定基础,影响着合同本身的谈判结果。合同之外的谈判主要包括以下内容:

1. 谈判时间的谈判

谈判时间的谈判是关于谈判何时举行的磋商。谈判时间不同,对双方的影响也不同。

谈判时间可能是一方决定的结果,也可能是双方协商的结果。一般情况下,谈判时间是由双方协商而确定的。在谈判时间的谈判中,谈判者要尽量争取于己方有利的时间,这一点对将要举行的谈判非常重要。

2. 谈判地点的谈判

谈判地点的谈判是关于谈判在何地举行的意见磋商。一般来说,主场谈判比客场谈判对己方更为有利。谈判地点设在哪一方,往往由谈判实力强的一方决定,但也可以通过谈判策略争取主场谈判。

3. 谈判议程的谈判

谈判议程的谈判是关于谈判议题、谈判有关细节安排的磋商。谈判议程的确定对谈判结果有着直接的影响。谈判议程是谈判策略的重要组成部分,它可以由单方确定,也可以由双方协商确定。在谈判中,谈判者应争取有利于己方的议程安排。

4. 其他事宜的谈判

其他事宜的谈判主要是指参加谈判人员的确定、谈判活动的相关规定、谈判场所的布置等,往往也可以通过协商去争取对己方更有利的条件。

(二) 合同之内的谈判

1. 价格的谈判

价格谈判是商务谈判的核心,也是谈判中最敏感、最艰难的部分,是商务谈判策略与技巧的集中体现。商务谈判的失败往往是价格谈判的失败。价格谈判包括价格术语、价格计量、单价与总价、相关费用等方面的内容。

2. 交易条件的谈判

交易条件的谈判是以价格为中心的相关构成条件的谈判,它们与价格相辅相成、相互影响,并可以通过价格体现出来,是谈判者利益的重要组成部分。这里所说的交易条件主要包括交易标的、数量、品质、包装、付款方式、服务内容、交货方式、保险、运输等。

3. 合同条款的谈判

合同条款是构成一份完整、有效的合同所必不可少的部分,是价格和交易条件的补充与完善,是履行合同的保证。它主要包括双方的责权约定、违约责任、纠纷处理、合同期限、补充条款、合同附件等。

二、商品贸易谈判的内容

商品贸易谈判是交易各方就与商品贸易有关的各项交易条件(主要有商品的品质、数量、包装、装运、保险、商品检验、价格、支付、索赔、仲裁和不可抗力等)所进行的洽谈。

(一) 商品的品质

商品品质是指商品的内在质量和外观形态,它是由商品的自然属性决定的。进行商品品质谈判的关键是要掌握商品在品质表示方法及内容上的通用做法，不同种类的商品，有不同的表示方法。

1. 样品表示法

样品指的是最初设计加工出来的或者从一批商品中抽取出来的，能够代表贸易商品品质的少量实物。一般有买方样品、卖方样品和对等样品。样品可由买卖的任何一方提供，只要双方确认，买卖各方就应该按照样品供货和收货。

2. 规格表示法

商品的规格是反映商品品质的技术指标，如成分、含量、纯度、大小、长短、粗细等方面的指标。由于各种商品的品质特性不同，所以其规格也有差异。买卖双方用规格表示商品的品质，并作为谈判的条件，称为凭规格买卖。一般来说，凭规格买卖是比较准确的，在平时的商品交易活动中，大多采用这种方法。

3. 等级表示法

商品等级是对同类商品质量差异的分类，它是表示商品品质的方法之一。这种表示法以规格表示法为基础，同类商品由于厂家不同，有不同的规格，所以同一数码、文字、符号表示的等级的品质内涵不尽相同。买卖双方对商品品质的磋商，可以借助已经制定的商品等级来表示。

4. 标准表示法

商品品质标准，是指经政府机关或有关团体统一制定并公布的规格或等级。商品贸易中常见的有国际上各国公认的通用标准即"国际标准"，我国有"国家标准"和"部颁标准"，此外还有供需双方洽商的"协议标准"。不同的标准反映了商品品质的不同特征和差异，明确商品品质标准，有利于供需双方表达对商品品质提出的要求和认可。

5. 品牌或商标表示法

品牌是商品的名称，商标是商品的标记。有些商品由于品质上优质、稳定，知名度和美誉度都很高，在用户中享有盛名，为广大用户所熟悉和赞誉。在谈判中只要说明品牌或商标，双方就能明确商品品质情况。但磋商时要注意同一品牌或商标的商品是否来自不同的厂家，更要注意假冒商标的商品。

在实际交易中，上述表示商品品质的方法可以结合在一起运用，但要明确以哪种方法为基准，哪种方法为补充。同时还应考虑以下因素：第一，当交易的商品的品质容易发生变化时，应尽量查明其发生变化的原因，以防患于未然。对于允许供货方交付的商品的品质高于或低于品质条款的幅度——品质公差，可以采用同行业所公认的品质公差，也可以在磋商中议定上下差异范围。第二，商品品质标准会随着科技的发展而发生变化。磋商中应注意商品品质标准的最新规定，条款应明确双方认定的交易商品的品质标准是以哪国（地区）、何时、何种版本中的规定为依据，避免日后发生误解和争议。第三，商品品质的其他主要指标，如商品寿命、可靠性、安全性、经济性等条款的磋商，应力求明确，便于检测操作和认定。第四，商品品质条款的磋商应与商品价格条款紧密相连，互相制约。

（二）商品的数量

商品数量的谈判，既关系到买卖双方经营计划的实现又影响到商品价格的高低，如果谈得不好，还会引起纠纷，进而损害买卖双方的经济利益。所以，关于商品数量的谈判，应注意以下一些相关问题：

（1）对方的供货及购买能力。在有关商品数量的谈判中，要了解对方对交易商品在供需上的能力和要求，以防止被对方欺骗或被对方所利用。

（2）价格与数量的关系。在商品数量的谈判中，要试探同类商品因成交数量不同而对其成交价格的影响，以确定最佳采购（或销售）数量。

（3）要根据商品的性质，明确所采用的计量单位。商品的性质不同，采用的计量单位也不同。例如，有表示重量单位的吨、公斤、磅、盎司等；有表示个数的件、双、套、打等；有表示长度的公尺、码、英尺等；有表示面积的平方米、平方英尺等；还有表示体积单位的立方米、立方英尺等。在谈判时要明确计量单位，特别是在合约里计量单位一定要表达清楚，以免引起纠纷。

（4）溢短量的幅度。根据惯例，还要规定"溢短量条款"，它是指对有关商品的溢短量规定一个合理的上下浮动幅度，比如 125 克 ±2%，表示在原来 125 克的基础上，增加 2% 或者减少 2%，买方不应该追究责任。这样做的目的是防止日后纠纷的产生。

（5）重量的计算。常用的重量计算方法有两种：一是按毛重计算；二是按净重计算。在商贸活动中，以重量计量的交易商品，大部分是按净重计价的。因此，在商务谈判中如何计算商品重量，用什么方法扣除皮重，必须协商明确，以免交货时出现纠纷。

（三）商品的包装

包装也是商务谈判的重要内容。在商品交易中，除了散装货、裸货外，绝大多数商品都需要包装。包装具有宣传商品、保护商品、便于储运、方便消费的作用。作为商务谈判者，必须精通包装材料、包装形式、包装设计、包装标识等问题。

为了合理选择商品包装和避免包装问题引起的纠纷，贸易双方在磋商商品包装条款时应注意：

（1）根据交易商品本身的特征明确其包装的种类、材料、规格、成本、技术和方法。商品经营包装有内销包装、出口包装、特种商品包装等；商品流通包装有运输包装（外包装）、销售包装（内包装）；按包装内含商品数量的多少划分，有单个包装、集合包装；按包装使用范围划分，有专用包装、通用包装；按包装材料划分，有纸制、塑料、金属、木制、玻璃、陶瓷、纤维、复合材料、其他材料包装等。这些不同的包装还有体积、容积、尺寸、重量的区别，都影响着商品交易。

（2）根据谈判对方或用户对同类商品在包装种类、材料、规格、装潢上的不同要求或特殊要求及不同时期的变化趋势进行磋商并认定。

（四）商品的运输

在商品交易中，运输方式、运输费用以及交货地点也是商务谈判的重要内容。

（1）运输方式。商品的运输方式是指将商品转移到目的地所采用的方法和形式。目前主要的运输方式有公路运输、水路运输、铁路运输、航空运输和管道运输。在商贸活动中，如何使商品能够多快好省地到达目的地，关键在于选择合理的运输方式。

选择合理的运输方式应考虑以下因素：一是要根据商品的特点、运货量大小、自然条件、装卸地点等具体情况选择运输方式；二是要根据各种运输方式的特点，通过综合分析加以选择。

选择合理的运输方式，应坚持的原则有：最少的费用，最短的时间，最合理的组合，最安全的方式。

（2）运输费用。在运输费用条款的谈判中，一方面，要确定费用的计算标准，是按货物重量计算和物体体积计算，还是按货物件数及商品价格计算等；另一方面，明确双方交货条件，划清各自承担的费用范围和界限。

（3）装运时间、地点和交货时间、地点。该项内容的谈判应对运输条件、市场需求、运输距离、运输工具和码头、车站、港口、机场等的设施，以及货物的自然属性、气候条件进行综合分析，明确装运、交货地点以及装运、交货的具体截止日期。

（五）保险

本内容的保险主要指货物保险。货物保险是以投保人交纳的保险费集中组成保险基金用来补偿因意外事故或自然灾害所造成的货物的经济损失。货物保险的主要内容有贸易双方的保险责任、办理保险的手续和如何支付保险费用以及保险费用由谁来承担。

我国的商品贸易没有明文规定保险责任该由谁来承担，只有通过谈判，双方协商解决。但在国际贸易中，商品价格条款中的价格术语确定后，也就明确了双方的保险责任。例如，外贸中的离岸价格和成本加运费价格，就明确了商品装船交货后，卖方不承担保险责任，由买方承担。而到岸价格就包含了商品装船后运输过程中的保险责任仍由卖方负责的内容。在对外贸易业务中，出口时应尽量采用到岸价格，争取在我国保险，由我国收取保险费。对同类商品，各国在保险的险别、投保方式、投保金额方面的通用做法，或对商品保险方面的特殊要求和规定，谈判双方必须加以明确。而且，谈判各方应对世界各国主要保险公司在投保手续与方式、保险单证的种类、保险费率、保险费用的支付方式、保险的责任期和范围、保险赔偿的原则与手续等方面的有关规定认真考虑、仔细筛选，最后加以确定。对保险业务用语上的差异和同一概念的不同解释，要给予注意，避免出现争议。

（六）商品检验

商品检验是对交易商品的品种、质量、数量、包装等项目按照合同规定的标准进行检查或鉴定。通过检验，由有关检验部门出具证明，作为买卖双方交接货物、支付货款和处理索赔的依据。商品检验主要包括商品检验权、检验机构、检验内容、检验证书、检验时间、检验地点、检验方法和检验标准。

（七）商品价格

商品价格是根据不同的定价依据、定价目标、定价方法和定价策略来制定的，商品价格的构成一般受商品成本、商品质量、成交数量、供求关系、竞争条件、运输方式和价格政策等多种因素的影响。谈判中只有深入了解市场情况，掌握实情，切实注意上述因素的变动情况，才能取得谈判的成功。

价格是价值的货币表现。熟悉成本核算，就可以根据价格的高低，确定对方所获利润的多少，从而有针对性地讨价还价。按质论价是价格谈判中常用的方法。谈判人员应该在确保商品品质的基础上，货比三家，确定合理价格。商品数量的大小是讨价还价的一个筹码。目前，大多数买卖双方均有批量定价。一般来说，商品数量大，价格就低；而数量少，价格就高。

商品的价格还受市场供求状况的影响。当商品供过于求时，价格就下跌；反之，价格就会上涨。谈判人员在谈判中应根据商品在市场上现在和将来的需求状况进行分析。另外谈判人员还要考虑该商品的市场生命周期、市场定位、市场购买力等因素，判断市场供求变化趋势和签约后可能发生的价格变动，以此来确定商品交易价格，并确定价格发生变动的处理办法。一般来说，在合同规定的交货期内交货，不论价格如何变动，仍按合同定价执行（属于国家定价调整的，按调整后的规定执行）。如果逾期交货，交货时市价上涨，按合同价执行；市价下跌，按下跌时的市价执行。总之，应使价格变动造成的损失由有过失的一方承担，以督促合同的按期履行。

竞争者的经营策略也会直接影响商品交易的价格。在市场竞争中，有时企业为了取得货源，商品买入价格就会高一些；有时企业为了抢占市场，提高市场占有率，商品卖出价格就会低一些。谈判人员在进行价格谈判时一定要密切关注市场竞争状况。

各国在不同时期有关价格方面的政策、法令、作价原则，也会影响交易双方有关价格的谈判。买卖双方在谈判时应遵守国家的价格政策、法令，并依照政策、法令来确定价格形式、价格变动幅度和利润率的高低。

在国际商务谈判中，谈判双方还应该明确规定使用何种货币和货币单位。一般来讲，出口贸易时要争取采用"硬通货"，进口贸易时则要力求使用"软货币"或在结算期不会升值的货币。总之，要注意所采用货币的安全性及币值的稳定性、可兑换性。

另外，在国际商务谈判中，谈判人员还应尽量了解各国及国际组织对于价格有关问题的不同解释或规定，并在合同中加以明确，选定对己方有利的价格术语。

价格术语，又称价格条件，是国际贸易中各国长期以来所形成和认可的代表不同价格构成和表示买卖双方各自应负的责任、费用、风险以及划分货币所有权转移线的一种术语。

常见的价格术语有离岸价(又称装运港船上交货价)、离岸加运费价(又称成本加运费价)、到岸价(又称成本加保险、运费价),还有交货港、目的港船上交货价,交货港、目的港码头交货价,工厂交货价,边境交货价,等等。

(八) 货款结算支付方式

在商品贸易中,货款的结算与支付是一个重要问题,直接关系到交易双方的利益,影响双方的生存与发展。在商务谈判中应注意货款结算与支付的方式、期限、地点等。

国内贸易货款结算方式分为现金结算和转账结算。现金结算,即一手交货,一手交钱,直接以现金支付货款的结算方式;转账结算是通过银行在双方账户上划拨款项的非现金结算。非现金结算的付款有两种方式:一种是先货后款,包括异地托收承付、异地委托收款、同城收款等;另一种是先款后货,包括汇款、限额结算、信用证、支票结算等。根据国家规定,各单位之间的商品交易,除按照现金管理办法外,都必须通过银行办理转账结算。这种规定是为了节约现金使用,有利于货币流通,加强经济核算,加速商品流通和加快资金周转。

转账结算可分为异地结算和同城结算。前者主要有托收承付、信用证、汇兑等方式,后者主要有支票、付款委托书、限额结算等方式。

(九) 索赔、仲裁和不可抗力

在商品交易中,买卖双方常常会因彼此的权利和义务发生争议,并由此引起索赔、仲裁等情况的发生。为了使争议顺利处理,买卖双方在洽谈交易中,对由争议引起的索赔和解决争议的仲裁方式,应事先进行充分商谈,并做出明确的规定。此外对于不可抗力及其对合同履行的影响等,也要做出规定。

1. 索赔

索赔是一方认为对方未能履行或部分履行合同规定的责任时,向对方提出索取赔偿的要求。引起索赔的原因除了买卖一方违约外,还有由于合同条款规定不明确,一方对合同某些条款的理解与另一方不一致而认为对方违约。一般来讲,买卖双方在洽谈索赔问题时应同时洽谈索赔依据、索赔期限和索赔金额的确定等内容。

索赔依据是指提出索赔必须具备的证据和出示证据的检测机构。索赔方所提供的违约事实必须与品质、检验等条款相对照,且出证机关要符合合同的规定,否则,很可能遭到对方的拒赔。

索赔期限是指索赔一方提出索赔的有效期限。索赔期限的长短,应根据交易商品的特点来合理商定。

索赔金额包括违约金和赔偿金。只要确认是违约,违约方就得向对方支付违约金,违约金带有惩罚的性质。赔偿金则带有补偿性,如果违约金不够弥补违约给对方造成的损失时,应当用赔偿金补足。

2. 仲裁

仲裁谈判是双方当事人在谈判中磋商约定,在本合同履行过程中发生争议,经协商或调解不成时,自愿把争议提交给双方约定的第三者(仲裁机构)进行裁决的行为。在仲裁谈判时应洽谈的内容有仲裁地点、仲裁机构、仲裁程序规则和裁决的效力等内容。

3. 不可抗力

通常是指合同签订后,不是由于当事人的疏忽过失,而是由于当事人所不可预见也无法事先采取预防措施的事故,如地震、水灾、旱灾等自然原因或战争、政府封锁、禁运、罢工等社会原因造成的不能履行或不能如期履行合同的全部或部分的情况。在这种情况下,遭受事故的一方可以据此免除履行合同的责任或推迟履行合同,另一方无权要求其履行合同或索赔。洽谈不可抗力的内容主要包括不可抗力事故的范围、事故出现的后果和发生事故后的补救方法、手续、出具证明的机构和通知对方的期限。

三、技术贸易谈判的内容

(一) 技术贸易的概念及特征

技术贸易谈判是指技术供应方将某种内容的技术,通过一定的形式,转让给技术接收方使用的一种技术转让谈判。一般来说,技术贸易主要是指以无形的技术知识为交易对象的"软件技术"贸易。

技术贸易与一般商品贸易相比较,具有对象的限制性、时间的延续性、价格弹性大、技术的保密性、政府的管制性和法律的复杂性等特点。

(1) 对象的限制性。技术贸易中所转让的是技术使用权以及有关产品的制造权和销售权。而这些权利有时间、地区和对象的限制规定,非经技术所有者的同意,买方不得以任何形式将技术转让给第三者。

(2) 时间的延续性。一般商品的买卖关系十分明了,一笔交易完成后,该次买卖关系即告结束。而技术贸易往往是一个要延续较长时间的复杂过程。在技术贸易中,每笔交易都要签订合同,合同对技术转让过程中可能出现的争议和细节问题都要明确规定,以便作为日后解决纠纷的依据。

(3) 价格弹性大。技术转让价格的确定是由直接费用(技术供应方为转让技术的支出)、间接费用(技术供应方对技术的研究、开发费用)和利润补偿(由于转让技术使技术供应方蒙受利益损失的补偿)三个部分构成的。由于技术价格构成因素极其复杂,估算困难,往往使技术价格弹性很大,难以明确确定。

(4) 技术的保密性。一般商品在成交前,卖方对买方是不保密的,有的甚至可以先试用。但在技术交易上,技术受让方难以取得详细的技术资料、情报,因而对拟定的交易项目很难进行评估。

(5) 政府的管制性。技术是重要的生产力,是一个国家重要的资源。目前,多数技术贸易是在国际间进行的,因此,各国政府都对技术输出,特别是尖端技术输出采取严格的管理措施。

(6) 法律的复杂性。一般商品贸易应根据国内外货物购买法和合同法来进行。而技术贸易不仅如此,还受到工业产权法、专利权法、商标法、公平贸易法等法律规范的制约。因此,技术贸易所涉及的法律比商品贸易更为广泛、更为复杂。

(二) 技术贸易谈判的主要内容

技术贸易谈判一般包括以下基本内容:

1. 标的

技术贸易谈判的最基本内容是磋商具有技术的供给方能提供哪些技术,引进技术的接受方想买进哪些技术。技术贸易的标的内容主要有专利、商标和专有技术。技术贸易转让的技术或研究成果有些是无形的,难以保留样品作为今后的验收标准,所以,谈判双方应对其技术经济参数采取慎重和负责的态度。技术转让方应如实地介绍情况,技术受让方应认真地调查核实,然后把各种技术经济要求和指标详细地写在合同条款上。

2. 标的使用权和所有权

技术贸易不同于商品贸易,原则上是标的所有权和使用权相分离的。技术供应方在一定条件下只是将标的使用权转让给接受方使用,而不是所有权的转让。在技术的使用权的谈判中,受方要明确该技术是属于专利,还是商标,或是技术诀窍以及供方技术目前的应用状况及潜在效益;供方则需要了解受方拟将该项技术应用的范围与领域,以及对供方所提供技术的利益影响。在此基础上,双方必须明确该项技术转让的使用目的和应用领域以及销售权等事项,进而为确定技术转让价格提供讨价还价的基本依据。

3. 交易当事人的关系

虽然技术协作的完成期限事先往往很难准确地预见,但规定一个较宽的期限还是很有必要的。否则,容易产生纠纷。

技术贸易当事人签订技术合同的履约期限通常较长,有的国家规定5~10年,甚至可达10年以上。由于在合同有效期内,双方当事人在传授和使用技术方面,构成长期的技术合作和技术限制、反限制的关系,所以在谈判中,双方应根据技术转让项目的范围、所需的时间,甚至是有关市场的变化情况,明确规定相应的时间以及有关合作的具体事项和技术限制与反限制的措施与责任。

4. 价格与支付

技术商品的价格是技术贸易谈判中的关键问题。技术贸易接受方通常采用一种利润分成原则作为技术贸易标的的作价原则,即技术接受方在使用该项技术后如果经济效益高,利润大,则技术使用费(价格)也高;反之,则技术使用费低。当然,在具体确定技术使用费(价格)时,还应考虑到技术的先进性、生命力、创利的潜力、转让使用权的年限、范围、支付使用费的方式等因素,才可确定价格。

技术使用费的支付方式一般有三种,即总算偿付、按年产量或销售额或利润提成支付和入门费加提成支付。总算偿付包括技术转让的一切费用(如技术使用费、资料费、专家费、培训费等),其既可以一次性支付,也可以分批支付;提成支付的关键是确定提成的比例;入门费加提成则可以先总算一笔入门费,以后再按规定年限支付提成费。一般以后两种方式为主。

5. 技术改进

在合同有效期内,常常会由于技术的更新和发展,产生一些新的问题。因此,交易各方在进行洽商时,必须规定在技术改进中买卖双方的权利与义务(因为买卖双方均有技术改进的权利与条件)以及对改进和发展后的技术处理,如改进技术的转让和反馈、改进技术专利申请权归属、相互了解对方改进技术的视察权问题,以及技术改进后的利益调整问题等。

6. 对等担保

技术贸易具有保密性的特点,它是确保交易双方权益的重要保证。因此,在谈判中,应就对等担保问题做出相应的规定,供方有权提出专有技术的保密责任和期限,受方也有权要求供方明确所提供的技术是合法有效的,如发生侵权或与合同不符,供方应承担相应责任。

7. 技术服务与人员培训

为了保证转让技术取得预期成果,在谈判中,双方应就供方向受方提供的技术服务和人员培训进行洽商,如技术培训的内容、培训的对象、人数、时间、学习的专业及有关费用,以确保转让技术所发挥的作用和效益,避免日后执行过程中引起不必要的纠纷。

8. 合同期满后的处理

技术贸易谈判还应根据有关法律、法规,就合同期满后的技术使用权问题的处理,做出明确规定。如受方在合同期满后是否继续使用,合同的有效期限、终止和延期的办法,以及技术情报能否公开推广等。

四、劳务贸易谈判的内容

(一)劳务贸易的概念与特点

劳务亦称服务,它是以一定的服务形式,作为一种活动而存在的,它大量地表现为一种"无形"的产品。劳务产品的生产和流通广泛地存在于社会经济之中,从生产过程提供的劳务活动看,它包括直接为物质生产过程服务的运输、通讯、仓储,建筑业中的包工承建、各种专业设备的安装、管道安装,以及直接为生产过程提供科技、经济信息的活动等;从向人民生活消费提供的劳务活动看,它包括饮食、洗理、客运、旅游等各项生活服务;从向流通提供的劳务活动看,它包括市场信息、广告、储存、运输、包装、邮电、金融、保险、信托、租赁等各项服务。当然,劳务活动在实际中存在着大量的相互交错的情况。

一般来说,劳务贸易具有无形性、并存性、差异性和竞争性的特点。劳务贸易的特点导致对其质量与效果的评价较为困难,主要表现在:

(1) 劳务产品大多数是作为一种活动或依附物质产品而存在的。劳务贸易的谈判应对劳务的质量及评价做出明确、详细的规定;否则,一旦产生纠纷将难以解决。

(2) 劳务产品的生产经营与消费的并存性,决定了劳务贸易要紧密结合具体的生产过程以及消费过程。谈判要在分析生产和经营过程以及消费效果的基础上,对劳务产品进行估价,进而确定相应的经营价格。

(3) 劳务产品的广泛性决定了劳务贸易方式和要求的差异性,使得劳务贸易的方式难以一概而论。这就要求谈判人员要熟悉业务并根据具体情况,缜密思考,统筹规划,防止重要问题的疏漏。

(4) 劳务产品产生利益的潜在性决定了劳务贸易的竞争日趋激烈。

(二) 劳务贸易谈判的一般内容

劳务贸易谈判基本上是围绕着某一具体劳动力供给方所能提供的劳动者的情况和需求方所能提供给劳动者的有关生产环境条件和报酬、保障等实质性问题而进行的。具体内容包括以下几个方面:

1. 标的

劳务贸易的内容十分广泛,根据服务和支付的过境流动、目的具体性、交易的连续性、有限的服务时间等标准,劳务贸易的项目可分为运输、旅游、金融服务、保险、信息、咨询、建筑和工程承包等劳务输出,以及电讯服务、广告、设计、会计管理、租赁、维修和保养以及技术指导等售后服务。正是由于劳务活动类型多样,内容广泛,且都有特定的目的、特殊的服务对象和特殊的活动主体,所以在标的物的谈判时,除按行业习惯和标准外,一般都要明确标的的性质、类型、项目、质量标准、时间、地点等。

2. 层次与素质

劳动者的层次是指劳动者由于学历、知识、技能、经验的差别以及职业要求的差异,形成具体的、不同的劳动水平或级别,如科技人员、技术工人、勤杂工、保姆等。

劳动者的素质是指劳动者的智力、体力的总和。目前,只能从劳动者年龄、文化程度、技术水平上加以具体表现。劳动者的体力主要从年龄上来测定,一般对劳动者的体力采用目测认定其强壮还是弱小的方法。文化程度是劳动者受教育的情况,分为大学以上(含大专)、高中(含中专)、职高、技校、初中、小学、半文盲、文盲。技术水平是劳动者社会劳动技能熟练程度和水准高低的体现,具体分为专业技术人员(高、中、低级职称,未评职称)、技术工作人员(3级以下、4—6级、7—8级、8级以上)和其他人员(含非专业技术干部和普通工人)。

3. 价格

每项劳务贸易由于类型和项目不同,都有不同的定价方法。除一些行业习惯定价外,大多数的劳务产品都是以供方的成本作为基本价格,其价格构成因素通常包括材料费、折旧费、设计费、人工费、间接费、行政管理费、风险收入和该行业的平均利润等。在劳务产品的价格谈判中,容易产生分歧的往往是价格构成的主要因素,特别是材料和人工的耗费往往是各方争议的焦点。不同的供方由于其技术力量、采用的工艺以及管理水平的差异,其材料和人工的耗费往往有很大的差别,对此,需方是很难一一了解清楚的。因此,在诸如工程、设备安装以及各种劳务合同的谈判中,需方通常先采用招标的方式,让潜在的供方之间进行技术、工艺和成本竞争,在各种投标方案中选择比较适宜的供方,然后再进行谈判,这样往往会使价格等其他交易条件变得较为合理、简单。

4. 支付

劳务贸易的支付一般包括支付的时间和支付的方式,在对外劳务贸易中还包括支付货币等。劳务贸易的各方一般是根据交易的具体内容确定支付时间和支付方式。如一般性的劳务贸易,既可提前一次性支付,亦可最后一次性支付,还可先预交一部分定金,然后最后清算。工程价款的支付方法,一般都是按工程进度分阶段通过银行支付,支付的时间应根据工程进度表确定。在对外劳务贸易中,应根据我国的有关法规、国际通行的规则以及交易的具体情况来确定支付方式和时间。如来料加工的工缴费和原材料费的支付问题,可以采取对开信用证的支付方式,即外商提供的原材料价款由我方开出信用证支付,而我方出口的制成品价款由外商开出信用证支付,最后提交有关银行结算原材料费和工缴费。

5. 劳务过程与人员的控制

供需各方应根据劳务项目的工作性质、规模、特点,确定劳务项目的进度以及所派人员的类型、人数、时间和需方为供方人员的正常工作应提供的必需的生活和劳动条件等,同时,还应规定供方人员的工作时间、节假日休息、加班加点的报酬和完成时间等内容。

6. 保险

较大的劳务贸易项目(尤其是对外劳务承包工程等)一般都要考虑保险问题,如人身保险、工伤事故保险、设备材料和产品的运输保险等。尤其是在建筑工程承包中,在工程完工并移交给业主以前,工程的一切风险一般应由承包单位负责。因此,承包人必须向保险公司办理投保手续,以便在发生投保险别责任范围内的损失时,由保险公司负责赔偿。有关保险的险别、保险金额和保险的种类,应根据需要由当事人各方商定,并在合同中加以明确规定。

此外,劳务贸易谈判还涉及供方对完成服务项目的保证和担保、验收、争议的解决办法等内容,谈判人员在谈判时应全面掌握。

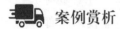 案例赏析

作为全国中小微企业开拓国际市场的重要窗口和平台,义乌小商品市场是外国客商最集中的采购基地之一。

义乌商城集团在义乌市政府的支持下,从推动市场采购贸易向2.0升级入手,2021年12月在Chinagoods体系内,开放了独立工具型产品——采购宝,目前已累计注册认证外贸企业1 800余家。采购宝结合了市场采购贸易的优势,在市场"组货人制度"的基础上,注入数字动能,推动传统外贸数字化转型。采购宝助力采购商便捷找货,保障订单安全,一键"跟单采购""数字验货""装柜出货""智能报关",即把订货单、装箱单、报关单及结汇单"四单"串联在一起,形成整个贸易闭环。

【扫一扫】
更多信息

海外采购商不便来义乌时,传统的"面对面"洽谈模式遭遇挑战,义乌商城集团借助Chinagoods数字化场景,构建高精度、宽纵深、无边界的"云采洽",让义乌市场经营户感受到了拥抱数字化和全球化的魅力。

工作任务一 索赔谈判情景对话训练

【任务要求】 联系实际分析谈判和商务谈判含义,运用对谈判基本知识的认知完成情景对话。

【情景设计】 某旅行社违反合同规定,在旅游过程中未能租赁到交通工具,致使游客被迫在途中滞留一天,而合同中规定,"除不可抗力造成旅客人身及财产安全受到损害外,旅行社有责任进行理赔"。请你扮演游客代表与旅行社进行谈判。谈判中,对你来说最重要的是保证每个游客得到公正合理的赔偿,而旅行社代表与你的想法正好相反,他很可能采用疲惫战术及文字游戏来进行谈判,以保证最低数额的赔偿,还可能借口无此先例来拒绝旅客的要求。

【任务实施】 按班级学生数每六人一组进行分组。其中,三人代表游客,另三人代表旅行社。

【任务实施应具备的知识】 商务谈判的概念;对商务谈判的基本认识;对谈判内容的理解。

【任务完成后达成的能力】 结合知识经济、网络时代的特点,培养学生能够初步认识谈判环境的变化,激发商务谈判学习兴趣和职业情感,培育正确的劳动观念。

【任务完成后呈现的结果】 双方代表分别写出模拟谈判体会;教师对模拟谈判情况做出总结,并对各组的"谈判体会"做出评价。

知识宝典

【商务谈判道德观】 调整从事商务活动的人们相互关系的行为规范,为谈判者的行为提供标准和方向。

【民间谈判】 私营企业、民营企业为自己的经济利益而进行的谈判。

【客座谈判】 谈判者到对方所在地进行有关交易的谈判。

【专利贸易】 拥有专利权的一方将专利技术通过签订专利许可协议或合同方式转让给另一方使用的交易形式。

【商标贸易】 商标所有人通过商标许可协议或合同方式转让给另一方使用的交易形式。

【专有技术贸易】 拥有生产某种产品所需的不公开的技术秘密和经验的一方通过签订专有技术许可协议或合同方式转让给另一方使用的交易形式。

【劳务贸易】 劳务的供给方与需求方通过磋商达成协议,由供给方完成既定的劳务项目,需求方支付价款或费用的交易形式。

【投资谈判】 谈判的双方就双方共同参与或涉及的某项投资活动,对该投资活动所涉及的有关投资周期、投资方向、投资方式、投资内容与条件、投资项目经营及管理,以及投资者在投资活动中的权利、义务、责任和相互关系所进行的谈判。

【服务贸易谈判】 互联网、大数据、云计算、人工智能、区块链等技术加速创新,持续推动服务贸易等传统行业发展变革。服务贸易涉及的常常不是货物,也不是有形的企业、工程,它涉及的主要是无形的贸易,是以提供某一方面的服务为特征的。随着第三产业的发展和国际交流的频繁,服务贸易在国家之间的开展越来越经常化和多样化,这类谈判所占的比重也越来越大,成为国际经济活动中越来越重要的方面。

服务贸易谈判是目前国际贸易中应用面十分广泛并且发展得较快的谈判,包括:运输、咨询、广告、项目管理、设计、劳务、旅游等方面的商务合作谈判。

项目综合练习

一、不定项选择题

1. 商务谈判成功的标志是( )。

    A. 不惜一切代价,争取己方最大的经济利益

    B. 使对方一败涂地

    C. 以最小的谈判成本,获得最大的经济利益

    D. 既要实现最大的经济效益,也要实现良好的社会效益

2. 商务谈判成功与否很大程度上取决于( )。

    A. 谈判行为主体的素质状况

    B. 谈判行为主体主观能动性的发挥程度

    C. 谈判行为主体创造性的发挥程度

    D. 谈判行为主体的意志

3. 不同经济特点的商务谈判客体的内容有所不同,这些内容大体包括( )。

A. 立场观点方面的　　　　　　　　B. 资金方面的

C. 技术合作方面的　　　　　　　　D. 商品方面的

4. 商务谈判磋商阶段的主要任务是( )。

A. 切磋和商讨各项交易条件

B. 公开争论并施展策略手段

C. 迫使对方变化其产品价格及其他交易条件

D. 寻找双方共同利益的方向

5. 货物保险的主要内容有( )。

A. 贸易双方的保险责任　　　　　　B. 保险手续的办理

C. 保险费用的支付　　　　　　　　D. 保险费用的承担

二、辨析题(判断正误并说明理由)

1. 商务谈判是对涉及各方利益的标的物(包括无形与有形资产)进行洽谈磋商,通过不断调整各自提出的交易条件以达成一致协议的过程。　　　　　　　　　　( )

2. 谈判所体现的是直接的利益关系,而不是生产关系。　　　　　　　　　( )

3. 在商务谈判中,一般要求对方提供必备的证件和材料,如自然人身份方面的证件、法人资格方面的证件、资信方面的证件、代理权方面的证件、对方的设备状况、履约能力等证明。　　　　　　　　　　　　　　　　　　　　　　　　　　　　　　　　　( )

4. 如果在谈判中片面地认为,谋求良好的社会关系和人际关系会影响经济目标的实现,损失目标利益,就难以取得谈判的成功。　　　　　　　　　　　　　　　( )

5. 技术贸易不同于商品贸易,原则上标的所有权和使用权是相分离的。　　( )

三、问答题

1. 商务谈判有哪些分类方法?它们各自分为哪些类型?

2. 商务谈判各阶段所包含的主要工作内容有哪些?

3. 技术和劳务贸易各有何特点?各包括哪些谈判内容?

四、案例分析题(运用所学知识进行分析)

【案例】 格蒂石油公司的老板保罗·格蒂是美国的大富豪,而乔治·米勒是他手下的一名主管,负责监督洛杉矶郊外的一片油田。乔治·米勒勤奋、诚实、懂行,在格蒂眼中"他的薪水跟他所负的责任相称"。但格蒂每次到油田察看钻探现场、油井和装备设施时,总会发现工人工作效率不高,错误迭出,时常出现如经费失控、工序脱节、后勤保障不到位等问题。格蒂认为,症结在于米勒热衷于坐在洛杉矶的办公室里进行遥控指挥,很少亲临现场监督作业情况,没有很好地行使监督人员的职责。于是,他决定和米勒进行一次"认真的谈话"。

交谈刚开始,格蒂便气势夺人地摊牌:"我认为你的工作方式还有不少需要改进的地方,我只在现场待了一个小时,便发现有好多地方需要改进,坦率地说,我不懂你为什么看不出来?"米勒回答说:"先生,您忽略了一点,脚下踩的是您自己的油田,油田的一切跟您都有直接的利益关系,这就足够令您眼光锐利、发现问题。至于解决办法,当然多的是!可是工地上有谁认为我应该像您一样呢?"格蒂只得说:"让我考虑一下",便暂停了谈话。

第二次,格蒂干脆利落地亮出底牌说:"假如我把这片油田交给你,利润按9∶1分享,不再给你薪金,你看怎么样?"米勒说:"我同意这种分配方式,但我想得到由我创造的应得的利润。""那么请你开个价。""你做了基础投资,但管理是我负责的,所以,至少应按8∶2分享利润。""好吧,让我们共同来做一个实验。"格蒂边说边伸出了手,"你不会吃亏的。"米勒也伸出了他的手。

协议达成,变化立即出现。米勒开始真正关心如何降低费用、提高产量,用一种完全不同的眼光看待油田作业,以前的工作效率低、人浮于事的现象有了根本的改观。经米勒的不断努力,油田的产量不断提高,费用却在逐渐降低。

格蒂耐着性子等了两个多月之后,带着挑剔的目光来到油田。他仔细察看了作业情况,却找不出什么毛病,油田状况令他十分满意。就此开始了两个人长久的合作。

(资料来源:李品媛.现代商务谈判[M].2版.大连:东北财经大学出版社,2016.)

思考分析:

1. 请找出谈判各个阶段的关键词。
2. 该案例是如何体现谈判合作与冲突的统一关系的?

项目二 练兵秣马 先利其器

练兵秣马 先利其器

——商务谈判行为

学习目标

【知识目标】
1. 理解谈判者的个性特征在商务谈判中的运用;
2. 掌握商务谈判思维的特点、方法与技巧;
3. 掌握商务谈判中语言运用的要求;
4. 掌握商务谈判中会面、交谈、签字仪式等商务礼仪的应用。

【能力目标】
1. 能够学会分析谈判者不同心理的特点及其相互之间的关系,推动谈判顺利进行;
2. 能够运用谈判思维的方法与技巧解决谈判中的问题,提高自身谈判的应变能力;
3. 能够运用谈判语言能力,掌握谈判主动权,提高谈判成功率;
4. 能够树立正确的谈判行为和交往规范,制定自我管理与提升的计划,养成"干一行、爱一行"的社会主义职业伦理。

学习任务提要

★ 商务谈判个性心理分析;
★ 商务谈判心理应用;

★ 商务谈判的思维；
★ 商务谈判的语言；
★ 商务谈判礼仪。

工作任务提要

★ 个人行为礼仪规范训练

建议教学时数

★ 20 学时

学习任务一　开展商务谈判个性心理分析

【听一听】　美国著名谈判大师荷伯·科恩年轻时曾受雇于一家经营外贸业务的公司，在他接触谈判不久时，公司就派他赴日参加为期 14 天的谈判。

当荷伯·科恩到达东京机场时，已有两位日本代表在等他，并对他非常客气地鞠躬敬礼，使他非常高兴。两位日本代表帮助科恩顺利通过了海关，并为他安排了一辆舒适豪华的轿车，对此，科恩非常感动。

在车上，一位日本代表问："请问，你懂这里的语言吗？"科恩回答："你是指日语吗？"日本代表说："对，就是我们日本语言。"科恩说："噢，不懂，但是我想学几句，我随身带了字典。"日本代表接着又问："你是否关心你返回的乘机时间？我们可以安排车子送你到机场。"科恩心想："多么体贴人呀！"于是，便拿出返程机票给他们看。当时，科恩并不知他们因此知道了他的截止日期，而他却不知他们的截止日期。

下榻以后，日本代表并没有立即开始谈判，而先花了一周多的时间带科恩领略了日本文化，从天皇的宫殿到京都的神社。甚至还为他安排了一次坐禅英语课，以便学习他们的宗教。每晚有 4 个半小时的时间都是用来进餐和欣赏文艺节目的。每当科恩开口要求进行谈判时，日方代表总说："有的是时间，别着急。"

直到第 12 天，谈判总算开始了，但当天提前结束了，以便能打高尔夫球。

到了第 13 天，谈判又提前结束了，因为要举行告别宴会。

终于在第14天早上,他们才恢复了认真的谈判,正当他们深入到问题核心之时,轿车来了,要接科恩去机场。于是,他们全部挤在车里继续洽谈,正好到达机场时,他们达成了交易协议。

(资料来源:祝拥军.商务谈判[M].2版.北京:北京大学出版社,2021.)

【想一想】 日本人在谈判中是如何抓住科恩的心理,最后赢得了成功?

【说一说】 你对利用谈判人的心理和个人需要取得谈判成功有什么见解?

【议一议】 在谈判中,个人需要既有与团体需要直接相关的内容,也有与团体需要并不直接相关的内容。一方面,谈判者在追求团体需要的过程中取得成功体现了个人的成就感;另一方面,在谈判中结交了新的朋友,得到了谈判对方的夸赞和尊重等,体现了个人需要的满足感。

人的心理影响人的行为,商务谈判心理对商务谈判行为有着重要的影响。谈判人员良好的心理素质是谈判取得成功的重要基础条件。认识商务谈判心理发生、发展、变化的规律,对于培养良好的商务谈判心理意识,正确地运用商务谈判的心理技巧,进而应对谈判心理挫折,取得谈判的成功具有重要的意义。

谈判是谈判各方的实力较量,就商务谈判而言,实力主要是经济方面的。毫无疑问,在谈判中,经济实力较强的一方,更有希望达到对自己有利的结果。但是,谈判又是谈判各方的一种心理较量,在既定实力的前提下,更迅速、更准确地把握己方和对方的心理,并能灵活运用心理策略的一方,会在不知不觉之中,演出一幕幕生动活泼的谈判活剧。从根本上讲,谈判的心理活动是谈判活动的起点,谈判的一切技巧,其实都是某种心理策略的运用。

一、商务谈判心理概述

(一) 商务谈判心理的内涵

准确把握商务谈判心理的内涵,是认识商务谈判心理的基础。

心理是人脑对客观现实的主观能动反映。人的心理活动一般有感觉、知觉、记忆、想象、思维、情绪、情感、意志、个性等。人的心理是复杂多样的,人们在不同的活动中会产生各种不同的心理。

商务谈判心理是指在商务谈判活动中谈判者的各种心理活动。它是商务谈判者在谈判活动中对各种情况、条件等客观现实的主观能动的反映。

需要和动机是商务谈判的心理前提,了解和把握谈判各方的需要和动机,是任何一项商务谈判赖以进行和完成的首要的心理前提。

(二) 商务谈判需要

1. 商务谈判需要的内涵

人们之所以会发动、维持和完成某一项活动，是因为这项活动能满足人们的若干需要。就人类而言，需要从来就不是一种纯粹的内心需求，需要具有社会性，它由社会所创造，并以社会的形式得到满足。

在人类的许多活动中，需要和需要的满足都可以被理解为是单方面的，即人们之所以会发动和完成某项活动，只是为了满足其自身的若干需要。但在谈判中，情形就有很大的不同，需要和需要的满足必须是双方的。一项商务谈判如果只能满足一方的需要，则这项谈判就不可能进行。

在商务谈判中，任何一方总是既有获得，也有付出，获得是自身需要的满足，付出则是对方需要的满足。例如，在一项商务谈判中，买方的基本需要是为了获得对方的某种产品，为此，他必须以某种付出（货款或其他付出）作为代价，而这种付出对于卖方来说就成了他所欲获取的基本需要。需要的这种互相依赖性使谈判双方不仅成为对手，也成为互不可缺的伙伴和朋友。

从纯经济的角度来看，谈判的基本出发点应当是以最少的付出获得最多的自身所需。但是从心理的角度考虑，谈判的基点则应当建立在最大限度地满足自身需要的同时，如何更多地满足对方的需要。事实上，以后者作为谈判的指导思想，才有希望达到谈判的最大成功。

国际著名谈判专家尼伯格把谈判中双方的需求情形分成以下六大类：

一是谈判者为对方的需要着想；

二是谈判者让对方为自己的需要着想；

三是谈判者兼及对方和自己的需要；

四是谈判者违背自己的需要；

五是谈判者损害对方的需要；

六是谈判者同时损害自己和对方的需要。

在一项较大的商务谈判中，这六大类或多或少都会涉及，但作为一项谈判的主导情形，第三大类无疑是最为理想的。当然，这并不是说，谈判的双方都应当考虑如何更多地付出以满足对方的需要，而只是意味着，在制定谈判战略和策略时，绝不能忽视对方需求的存在。而应以双方需求的融合为指导思想。所谓商务谈判需要，就是商务谈判人员的谈判客观需求在其头脑中的反映。

2. 商务谈判中的需要种类

（1）商务谈判中的团体需要。

商务谈判中的团体需要指的是在谈判中谈判一方所要达到的目标。谈判一方首先作为一个团体的身份，总有自身的总体目标，这一目标是谈判的根本需要。

商务谈判中团体需要的满足有以下三种不同的情形:

第一,最高水平的满足,它是包括团体的需要在谈判中得到了全部的和完全的满足;

第二,中等水平的满足,它是指谈判一方所追求的中等程度的目标得到了实现;

第三,最低程度的满足,这是指谈判一方接受了他可以接受的最低目标。

团体需要是谈判各方的基本需要,没有这一类需要,谈判就无从进行。

(2) 商务谈判中的个人需要。

在商务谈判中,谈判人员除了追求团体所要达到的目标之外,他们总还有着自己的个人需要。

个人需要既有与团体需要直接相关的内容,也有与团体需要并不直接相关的内容。一方面,谈判者在追求团体需要的过程中取得成功体现了个人的成就感;另一方面,在谈判中结交了新的朋友,得到了谈判对方的夸赞和尊重等,体现了个人需要的满足感。

上述分类给予我们的启示是:谈判各方在谈判中不仅要意识到对方基本的团体需要,还要意识到对方谈判人员可能的个人需要,忽略后者,会给谈判带来意想不到的困难。

(3) 不同层次的需要。

根据马斯洛的需要层次理论,人类的需要分为五种:生理(生存)的需要;安全的需要;社会的需要;尊重的需要;自我实现的需要。根据这一理论,可以将商务谈判的需要划分为以下三个层次:

第一,生存需要和安全需要,这是最低层次的需要。这种需要在谈判中表现为谈判对于一种良好的谈判气氛的需要。它首先表现为谈判者相互间的和谐,不必时时处处警惕对方;其次,表现为双方的谈判人员彼此间始终都有一种平等感,即并不时时感到自己处在对方的高压威胁之下。

对于双方的谈判人员来说,这种良好和谐的谈判气氛满足了他们生存和安全的需要,没有这种最低需求的满足,实质性的会谈就会很难进行或遇到很多障碍。

第二,社会需要,这是中等层次的需要。在谈判中,这一需求的满足包括两方面的内容:其一是尊重需要的满足;其二是成就需要的满足。谈判者得到了谈判团体内其他成员的尊重,得到了企业(公司)领导的尊重,得到了谈判对手的尊重,就会大大激发自身的工作积极性;谈判者实现了谈判目标取得,就会得到强烈的成就满足感。

第三,自我实现的需要,这是最高层次的需要。这种需求的满足表现为谈判者在谈判中所得到的创造欲的满足。这种需求的满足激励着谈判者追求一种超常规的创造性方法,使谈判取得最满意的结果,他们自身也就在这样的谈判中得到了一种创造的乐趣和喜悦。

3. 商务谈判需要的分析

分析谈判者需要,最主要的应从谈判者当前的主导需要、需要的急切程度、需要满足的可替代性等因素进行分析。

(1) 谈判的主导需要因素分析。

任何人或组织,在某一时期一般都会有某一种或几种主导需要。在商务谈判中,要注意分析对手在不同时期、不同条件下的主导需要,采取灵活的策略与措施,刺激其欲望,激发其动机,诱导其谈判心理。例如,卖方考虑到买方的主导性需要是交易上的安全需要,作为卖方可以向买方显示产品的可靠性,做出有关的销售以及服务方面的承诺,解除买方的心理顾虑,取得他们的信任。

(2) 谈判需要的急切程度因素分析。

一方的需要越迫切,就越想达成谈判协议。当某种需要对需要者来说非常有价值而急需得到时,需要者往往会不惜代价。例如,买方如果在短期内迫切需要原材料来组织生产时,会特别关注供货状况、交货期,而不是价格的高低,略高的价格也可接受。

(3) 谈判需要满足的可替代性因素分析。

如果谈判一方只能选取一种需要对象(如谈判标的物)满足需要,同时受制于唯一的谈判对手,需要满足的可替代性就弱,成交的可能性就大;反之,可以"货比三家",与某一谈判方达成谈判协议的确定性就差。

(三) 商务谈判动机

1. 动机的含义

动机是人们进行一项活动时的内部动因。动机是促使人们去满足需要的行为的驱动力,或者说是推动一个人进行活动的内部原动力。它是引起和维持一个人的活动,并将活动导向某一目标,以满足个体某种需要的念头、愿望、理想等。

动机与需要密切联系。需要产生动机,动机产生行为。

2. 商务谈判动机的含义

谈判动机的产生取决于两个因素:内在因素和外在因素。内在因素是指需要,即因个体对某些东西的缺乏而引起的内部紧张状态和不舒服感,需要产生欲望和驱动力,引起活动;外在因素包括个体之外的各种刺激,包括物质环境因素和社会环境因素的刺激。

现代心理学把动机分解成以下三个要素:

第一,动力,即人们为什么要进行某一项活动。在谈判中,这一要素表现为谈判各方为什么要举行这一场谈判。

第二,面对的目标,即动机所指向的目标。在谈判中,它表现为谈判各方为什么会选择对方作为自己的谈判对手。

第三,持续时间,即随着时间的推移,动机的力量是增强了、削弱了还是消失了。在谈判中,持续时间表现为各方的谈判动机只是某种一瞬间的念头,还是一种长时间的期望;表现为随着谈判的深入,各方宁愿中止这场会谈,还是渴望将这场会谈进行到底。

所谓商务谈判动机,是指促使谈判人员去满足需要的谈判行为的驱动力。动机的表现形式是多种多样的,可以表现为意图、信念、理想等多种形式。

3. 商务谈判动机的类型

商务谈判的动机类型具体有以下几个方面:

（1）经济型动机。它是指谈判者对成交价等经济因素很敏感,十分看重经济利益,谈判行为主要受经济利益所驱使。

（2）冲动型动机。它是指谈判者受情感等因素的刺激,在谈判决策上表现出冲动。

（3）疑虑型动机。它是指谈判者的谈判行为受疑心和忧虑等因素的影响,谈判行为谨小慎微。

（4）冒险型动机。它是指谈判者喜欢冒风险去追求较为完美的谈判成果而形成的谈判动机。

总之,商务谈判需要引发动机,动机驱动行为。商务谈判需要是商务谈判行为的心理基础。商务谈判人员,必须抓住需要—动机—行为的这一联系对商务谈判活动进行分析,从而准确地把握商务谈判活动的脉搏。

4. 成交动机的激发

根据心理学的研究,激发动机应贯彻以下几个原则：

（1）针对性原则。

针对性原则是指对从事谈判的团体和个人的动机进行认真分析研究,搞清从事这项活动的各种动机,这些动机包含哪些需求,其中最基本的需求是什么。只有认真研究谈判对手的需求,才能有针对性地激发其成交的动机。同时,需求的多层次决定了激发方式的多样性。针对谈判对手的各种各样的需求,应采取多种方式进行激发,使谈判对手获得赢得谈判的满足感,以此促成双方达成交易。

（2）结合性原则。

对于共同利益的追求是取得一致的巨大动力。所以结合性原则是指使对方认识到,如果按己方条件达成协议,则对满足其本身的需要至关重要。只有当谈判对手认为满意时,他才有成交的积极性。西方行为科学家弗鲁姆在"期望理论"中列了一个公式：

$$激发力量 = 效价 \times 期望值$$

效价是指达到的目标对于满足需要的价值,期望值是指达到目标能满足需要的概率。谈判对手对于达到目标的价值越大,达到目标能实现需求的概率越高,则激发力量越大。因此,谈判人员应该努力提高对手对达成协议的期望值的估计,才能激发其成交的积极性。

（3）公平性原则。

公平性原则认为,人们不能指望单方面地从对方那里获取他们所欲取得的好处,他们只有给予对方,才能从对方那里获得。在商务谈判中,公平性原则主要表现在以下两个方面：

第一,在自我暴露方面。谈判者总希望在谈判中更多地得到对方的有关信息,以便更正确地了解对方,为此,他们总希望对方更多地暴露自己。在这里公平原则则表现为,你想让对方更多地暴露自己,你就得首先暴露你自己。不应该自己深藏不露却要求对方敞开胸怀。如果以伪装和欺骗去换取对方的坦诚,并把这种手段视作谈判的高超技巧实在是一种极大的误解,最终你的所失将远远超过你的所得。

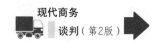

第二,在让步方面。在这里公平原则表现为,你想让对方做出什么样的让步,那么你就必须考虑你自己准备在哪些方面做出让步,让步应该是双方的。谈判者在制定让步策略的时候,不应考虑怎样以压力去迫使对方单方面让步,而应计算每一让步行为组合的付出和收获,并决定哪一个选择对双方更有利。

(4) 强化性原则。

强化是对于活动定向控制的一种方法。对于人的某种行为给予肯定,使这种行为能够保持和巩固,叫作"正强化";反之,就是"负强化"。为了使谈判活动顺利进行,就需要对对手的动机不断强化。例如,在谈判开始阶段,建立良好的谈判气氛,使对方愿意继续谈判;在谈判过程中,专心地倾听对手讲话,尊重对手,使对手产生好感;在谈判结束阶段,肯定谈判给双方带来的利益,使对方放心等。通过不断强化对手的动机,就会使交易更易于达成。

二、商务谈判中的个性心理分析与运用

个性是指个人带有倾向的、本质的、稳定的心理特征的总和。个性是由多层次、多侧面的心理特征结合构成的整体,这些层次特征包括气质特征、性格特征、能力特征等。

商务谈判人员的个性与商务谈判有着极其密切的关系,它对商务谈判的方式、风格、成效都有着较大的影响。对商务谈判个性心理的研究和掌握,可以提高商务谈判的适应性,有利于谈判取得良好的成果。

(一) 气质特征在商务谈判中的运用

气质指的是人生来就具有的稳定的心理特征,是指人的心理活动方面特征的总和。它决定着人的心理活动进行的速度、强度、指向性等方面。

出于谈判的需要,要根据谈判者的气质特征、气质类型来选择谈判人员和采取相应的谈判策略。例如,如果谈判对手属于胆汁质气质,则这类人急躁、外向,对外界富有挑战性特点,却往往缺乏耐力,一旦遏制住其突如其来的气势,他的斗志很快便会丧失。对付的办法可以采用马拉松式的战术,避其锐气,攻其弱点,以柔克刚。如果谈判对手具有其他气质类型特点也是一样的道理,针对其典型的特点,采取相应的策略,使己方在谈判中做到知己知彼,心中有数,游刃有余。

(二) 性格特征在商务谈判中的运用

性格是指人对客观现实的态度和行为方式中经常表现出来的稳定倾向。它是个性中最重要和显著的心理特征。

对于商务谈判,每一种性格倾向都可能有其长处和不足。急性子的人虽处事利落,但容易忙中出错,被人钻空子;慢性子的人,在谈判中虽然反应慢,但易给人老成持重的感觉;性格温良的人,待人友好,但在谈判中,易轻信于人;性格泼辣的人,勇于争辩,但往往语言尖刻,容易伤害别人的自尊。谈判成功与否不仅取决于谈判方所处的谈判地位,而且取决

于谈判人员的个性和魅力。在谈判过程中,善于发挥每个人的性格优势,掩盖其弱点,是争取谈判成功的一个关键。

针对谈判对手不同的性格类型,可采用不同的策略。谈判人员按其性格类型可分为权力型、关系型、执行型和疑虑型等类型。

1. 权力型

权力型谈判者对权力、成绩狂热地追求,敢冒风险,喜欢挑战,急于有所建树,决策果断。他们通常无视他人的反应和感觉,为了取得最大的成就,获得最大的利益,会不惜一切代价,全力以赴地实现目标。

权力型的人其弱点也是显而易见的。他们对琐事不感兴趣,缺乏耐心,讨厌拖拉,易于冲动,有时控制不住自己,不顾及冒险代价,一意孤行,缺乏必要的警惕性等。

在谈判中,这是最难对付的对手。因为如果顺从他,他会得寸进尺,将对方的利益剥夺得一干二净;如果反抗他,谈判有可能陷入僵局甚至破裂。针对这一类的谈判者,应抓住其弱点,及早准备,采取以下几方面的对策:

(1) 以柔克刚,慢中取胜。在谈判中要表现出极大的耐心,靠韧性取胜。

(2) 资料准备详细,论点明确,论据具有说服力。尽可能利用各种有说服力的文件,比如,权威机构下发的文件,尤其是运用数字复杂的资料来证明自己观点的正确性与可靠性。

(3) 唤起对手的兴趣和欲望,迂回取胜。把更多的精力放在激起对方权力欲与挑战感上,以满足其对权力的需求。然后,再利用机会和条件争取对方的让步。

2. 关系型

在谈判活动中,最普遍、最有代表性的人是关系型的人。在某种程度上,这种人比权力型的人更难对付。权力型的人容易引起对方的警惕,但关系型的人容易被人所忽视。在谈判中,他们十分随和,能迎合对手的兴趣,善于跟对手拉关系,并且在不知不觉中把人说服。关系型的人在温文尔雅的外表下,通常暗藏雄心,为了达到目标,这类人会拼命努力。

但关系型谈判者的弱点也有不少:由于过分热心与对方建立良好关系而忽略了必要的进攻和反击,不适应冲突气氛;不喜欢单独工作;对细节问题不感兴趣,不愿进行数字研究。

在商务谈判中对于关系型的谈判对手可使用以下策略和方法:

(1) 跟对方注意保持感情上的距离。不要与对手过于密切交往,在不激怒对方的情况下,保持态度上的进攻性,使对方感到紧张不适。

(2) 准备大量细节问题,对其施加压力。既然关系型谈判者对细节问题不感兴趣,那么己方可以在谈判中不断向对方人员提出大量细节问题,使对方难以忍受,从而妥协让步。

(3) 努力形成一对一的谈判局面。关系型谈判者的群体意识较强,不喜欢单独工作,可努力创造一对一的谈判格局,使对手产生不适之感。

(4) 赞美对方。关系型谈判者需要自己的能力得到外界认可,需要建立一个良好的谈判人际关系。因此,己方可在需要时尽量奉承对方,满足其对赞美的需求。

(5) 必要时制造冲突。关系型谈判者不希望直接冲突,因此,有时己方可以有意制造冲突,迫使对手妥协。但冲突不能过于激烈,对方一旦撕破脸面,就很难指望会有好的结果。

3. 执行型

执行型谈判者能力有限,适应能力不强,喜欢照章办事。这种性格类型的人不愿接受挑战,维持现状是他们最大的愿望。他们喜欢安全、有秩序、没有太大波折的谈判。应对复杂、多变的谈判环境的能力较差。

对于执行型的谈判对手可努力形成一对一谈判的格局,缩短谈判的每一具体过程,从而使其失去同伴的支持,减弱其谈判的力度。在谈判之前,谈判人员要准备详细的资料,以便在谈判中回答执行型谈判者的一些具体细致的问题,但不要轻易提出新建议或主张,以免引起对方的反感或防卫。

4. 疑虑型

疑虑型谈判者怀疑多虑,对事情多持怀疑、批评的态度;对问题考虑慎重,犹豫不定,难以决策,在关键时刻不能当机立断。这类谈判者对细节问题观察仔细,不喜欢矛盾冲突,如果发生冲突,也很少固执己见。

对于疑虑型的谈判对手可使用以下策略和方法:

(1) 提出的方案、建议一定要详细、具体、准确,论点清楚,论据充分。

(2) 在谈判中己方要有充分的耐心和细心,千万不要催促对方表态,这样反而会加重对手的疑心。

(3) 在己方陈述问题的同时,应留出充裕的时间让对方思考,并提供详细的说明数据。

(4) 在谈判中要尽量襟怀坦荡、诚实、热情,不能过多地运用矛盾冲突。否则,会促使对方更多地防卫、封闭自己来躲避己方的进攻,从而使双方无法进行坦诚、友好的合作。

(三) 能力特征在商务谈判中的应用

商务谈判是谈判双方为了各自的需要而在一定的主客观条件基础上所进行的智力、能力的较量,这就要求谈判人员要具有一定的能力水平。一般来说,谈判人员应具备以下几方面的能力:

1. 观察能力

观察是人有目的、有计划、系统的、比较持久的知觉活动。观察能力是能够随时而又敏锐地注意到有关事物的各种极不显著但却重要的细节或特征的能力。敏锐的观察能力可以帮助人洞察事物的本来面貌,通过捕捉与事物本质相联系的某些"蛛丝马迹",洞察人们的心理状态、意图。作为一个谈判人员,在商务谈判中,必须具备良好的观察力,才能在商务谈判中明察秋毫,审时度势。

2. 决断能力

谈判是一项相当独立的现场工作,很多事务的决断需要在谈判现场做出,这就需要谈判人员具备良好的对事务的判断和决策能力。

决断能力表现在谈判人员可以通过对事物现象的观察分析,能够由此及彼,由表及里,去粗取精,去伪存真,排除各种假象的干扰,了解事物的本质,做出正确的判断;表现在能及早地洞察存在的问题或关键所在,准确地预见事物发展的方向和结果;表现在综合运用各种方法、手段,对不同条件、不同形势下的问题能及时作出正确的行为反应和行动选择。谈判人员的决断能力与了解掌握科学的判断和决策的有关知识、方法有关,与一定的专业实践经验的积累有关,谈判人员应注意在学习和实践这两个方面下功夫,提高自身的决断能力。

3. 语言表达能力

谈判主要借助语言形式进行。语言作为谈判和交际的手段,谈判人员必须熟练地掌握,提高自身的语言表达能力。

语言表达能力的提高,一要注意语言表达的规范,增强语言的逻辑性;二要注意语言表达的准确性,必须语音纯正,措辞准确,言简意赅;三要讲究语言的艺术性,表现在语言表达的灵活性、创造性和情境适用性上。

语言是沟通的主要工具,要提高沟通的能力,就必须有效地克服语言沟通的障碍,提高语言表达技巧,要注重无声语言、暗示性语言、模糊语言、幽默语言、情感语言的运用。谈判人员不仅要熟练地运用本国语言(包括某些主要的方言),还应精通外语。除此以外,谈判人员还应善于运用和理解身体语言,以增强自身的沟通能力和理解能力。

4. 应变能力

商务活动的一个重要特点就是带有较大的不确定性。这种不确定性就要求从事商务活动的人员要有应对不确定性的准备以及办法,要有临场应变的能力。所谓临场应变能力,是指人对异常情况的适应和应对的能力。

在商务谈判中,经常会发生各种令人意想不到的异常情况。当这些异常事件、情况出现时,一旦谈判人员缺乏处理异常情况的临场应变能力,就有可能使谈判失败或招致不利的后果。处变不惊,是一个优秀的谈判人员应具备的品质。面对复杂多变的情况,谈判者要善于根据谈判形势的变化调整自己的目标和策略,冷静而沉着地处理各种可能出现的问题。

应变能力需要创造力的配合。如购货方担心采用信用证方式交易可能会让售货方取得货款而不发货致使自己遭受损失,售货方为使生意可以谈成,可以创造性地提出一些可以预防以上问题发生的办法促成交易,如提出由购货方指定一个中立的第三者作为检查员,在货物即将发运之前到售货方的工厂对货物进行检查,货物合格后,才能按照信用证规定进行付款的方式而使购货方的利益得到保护。

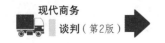

案例赏析

苏联领导人赫鲁晓夫在20世纪50年代中期,与当时的联邦德国总理阿登纳进行谈判。赫鲁晓夫性格强硬,气势逼人,阿登纳也据理力争,毫不让步,结果他们的谈判一直是硝烟弥漫,火药味十足。赫鲁晓夫在回答阿登纳的一项建议时说:"在我同意你的这一项建议时,我肯定看到你在地狱里!"阿登纳回击说:"如果你看到我在地狱里,那是因为你比我先到地狱!"在谈判桌上,当赫鲁晓夫愤怒地挥拳时,阿登纳则站起来,挥舞他的双拳。当赫鲁晓夫威胁要退出谈判时,阿登纳则命令飞机准备起飞回国。最后,赫鲁晓夫终于发现阿登纳的强硬姿态是性格使然,不是装出来的,所以,在以后的谈判中,他的态度才有了很大的改变。

【扫一扫】
更多信息

(资料来源:杨群祥.商务谈判[M].6版.大连:东北财经大学出版社,2020.)

学习任务二 | 拓展商务谈判心理应用

案例导入

【听一听】 松下幸之助有一次与西欧的一家公司进行贸易谈判,由于双方都不愿意做出妥协,谈判的气氛非常紧张,双方情绪激动,大声争吵,拍案跺脚,谈判只好暂时中止。

下午谈判重新开始,松下幸之助首先发言,他说:"我刚才去了一趟科学馆,觉得人类的钻研精神实在令人赞叹,目前人类已经拥有了许多了不起的科研成果。阿波罗火箭又要飞向月球了,人类智慧及科学事业能发展到这样的水平,这实在应该归功于伟大的人类。然而,现在人与人之间的关系却没有如科学事业那样取得长足的进步。人们之间都怀有一种不信任感,他们在互相憎恨、吵架,在世界各地,类似战争和暴乱那样的恶性事件频繁发生。在大街上,人群熙熙攘攘,看起来似乎一片和平景象。其实,在人们的内心深处仍相互间进行着丑恶的争斗。"他稍微停顿了一会儿,接着说:"那么,人与人之间的关系为什么不能发展得更文明和更进步?我认为人们之间应该具有一种信任感,不应一味地指责对方的缺点和过失,而且对此应该持相互谅解的态度,一定要携起手来,努力发展人类共同的繁荣和进步的事业。科学事业的飞速发展与人们精神文明的落后,很可能导致更大的不幸事件发生。也许用自己制造的原子弹相互残杀,日本已经蒙受过原子弹所造成的巨大灾难。"

开始时,对方的谈判人员以为松下幸之助是在闲聊,逐渐地,他们被松下幸之助的谈论所吸引,并且为这个话题所感叹,谈判现场一片寂静。随后,慢慢转入正题的谈判,气氛与上午的激烈对抗完全不同,谈判双方成了为人类共同事业携手共进的伙伴,最终西欧的这家公司接受了松下公司的条件,双方愉快地在协议上签了字。

(资料来源:杜焕香.商务谈判[M].北京:北京大学出版社,2009.)

【想一想】 为什么松下幸之助的讲话会使谈判顺利完成?

【说一说】 请用谈判心理的有关原理解释这次谈判。

【议一议】 商务谈判情况复杂多变,谈判双方的情绪也随之波动,任凭情绪在谈判场上像脱缰的野马一样随意狂奔,使谈判过于情绪化,是无益于谈判的。作为谈判一方,为使商务谈判能按预期的方向发展,就需要运用相应的措施,对谈判双方的情绪进行有效的调控。

谈判活动与谈判方的谈判期望、感觉、直觉、情绪及心理挫折等密切相关。谈判者的这些心理表象,对谈判积极性的发挥和谈判的策略选择具有重要的指导意义,因此,谈判人员应当善于把握商务谈判者的心理,讲究谈判技巧,以达到自己的谈判目的。

一、商务谈判中期望心理的运用

(一) 谈判期望的含义

谈判期望是指商务谈判者根据以往的经验在一定时间内希望达到一定的谈判目标或满足谈判需要的心理活动。期望心理活动与人的需要相联系。期望产生于需要,是对实现需要的期待。人的需要多种多样,由于主客观条件的限制,人的某些需要并不能一下子获得满足。但即使这样,人的需要也不会因此消失。人们一旦发现可以满足自己需要的目标时,就会受需要的驱使在心中产生一种期望。期望是有方向和目标的,期望的强弱与目标价值的高低有密切的联系。谈判期望是谈判者根据自己以往经验对达到目标的可能性进行分析判断后形成的,达到目标的可能性越大,期望越大。例如,某个大型商务采购团公布招标采购商品的消息之后,不少企业希望参加投标。有的企业认为有可能中标,对投标成功抱很大的期望;有的企业认为中标较困难,对投标成功抱较小的期望。

(二) 对谈判期望的分析利用

对谈判期望进行分析,对于商务谈判来说有一定的实用价值。

1. 对谈判期望水平的分析及利用

谈判期望有水平的高低。期望目标水准高,即期望水平高;期望目标水准低,即期望水平低。期望水平的高低反映人的自我评价的高低。期望水平影响期望者潜能的发挥。期望水平高,对期望者的潜能激发程度也高,成功可能性就高,期望者往往会为取得较优异的成绩付出较大的意志努力和耐心,不会轻易放弃自己定下的目标;而期望水平低的人,对追

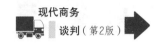

求的目标往往缺乏充分的信心和意志努力,所取得的成绩就会不理想。

在谈判中,为了调动己方谈判人员的积极性,事先所设的谈判最优期望目标可以高一些,以激发人员想象力、创造力和充分挖掘其潜能。同时,对对手的谈判最优期望目标、一般期望目标和最低限度期望目标要进行预测和研究分析,以便能在谈判中取得主动地位。但是期望水平的高低受人的能力、经验、抱负、自我估价等多方面因素的影响。期望水平的高低,要根据实际情况来决定,要考虑人的能力、经验、实际条件和心理素质。期望水平过高,其自身能力、经验欠缺,心理素质低,到时候不仅会因为实现期望的可能性小而造成积极性降低,而且会因为期望目标不能如愿实现而造成心理挫折,这样反而不利于谈判。

在谈判过程中,为了防止对手对己方谈判策略实行反制措施,谈判人员的期望目标及其水平一般不宜过早暴露,需要事先加以掩饰,转移对方的注意力。例如,己方作为买方,重视的是对方货物的价格,而对方的兴趣在我方订货的数量和交货期,在这种情况下,为了掩饰己方心理,在谈判中可先将双方讨论的问题引到货款支付方式、包装运输上,以分散对方的注意力。考虑到人的需要会不断发展变化的特点和期望心理满足方面的机制作用,不要轻易许诺,一旦许诺就必须兑现。

2. 对效价的分析及利用

在谈判双方眼里,同样的东西其价值可能是不一样的,这牵涉到期望目标的效价问题。商务谈判必须注重研究目标对象对双方的效价,并且在谈判协商中据此解决双方谈判中的利益分配问题,使商务谈判的双方共同受益,做到双赢。

在谈判中,作为一个成功的商务谈判人员,要善于判断出哪一种目标是对方最关心、最期望的,哪些是对方不那么看重的。一般情况下,效价高的目标对象总是比效价低的目标对象更受谈判者的欢迎。谈判要结合双方的情况,找出那些对对方是重要的,而对己方是不重要的东西来做出让步,以满足对方的期望。

二、商务谈判中感知觉的运用

人对客观现实的反映,是从感知觉开始的,正确运用感知觉原理,对于商务谈判具有重要的意义。

(一) 商务谈判中的感知觉

感知觉是具有密切关联的心理现象,是外界事物作用于人的感觉器官所产生的反映。感觉是人对客观事物认识的最简单形式,但它是一切复杂心理活动的基础。知觉是人对事物各种属性所构成的整体的反映,是在感觉的基础上构成的对事物的整体的印象。

人们是通过感觉获得对客观事物的有关信息的。人们运用这些信息,经过复杂的心理活动,进而取得对客观事物的更深的认识。因此,商务谈判人员必须注重运用自己的感觉器官去获取有关的信息。

(二)感知觉在商务谈判中的分析运用

感知觉主要表现在第一印象、晕轮效应、先入为主三个方面。在商务谈判中,应恰当合理地利用这些现象促成谈判。

1. 第一印象

在对人的感知觉过程中,会存在对某人的第一印象。第一印象往往比较鲜明、深刻,会影响到人们对某个人的评价和对其行为的解释。在许多情况下,人们对某人的看法、见解、情感、态度,往往产生于第一印象。如果对某人第一印象好,就可能对其形成肯定的态度,否则,就可能对其形成否定的态度。第一印象的形成主要取决于人的外表、着装、言谈和举止。在正常情况下,仪表端庄、言谈得体、举止大方的人较易获得良好的第一印象,获得人们的好感。

由于第一印象有较大的影响作用,商务谈判者必须重视谈判双方的初次接触。要努力在初次接触中给对方留下好的印象,赢得对方的好感和信任,同时,也要注意在初次接触后对对方多做些了解。

2. 晕轮效应

晕轮效应也叫以点概面效应,它是指人们在观察某个人时,对于他的某个品质特征有清晰明显的知觉,这一从观察者看来非常突出的品质特征,妨碍了观察者对这个人其他品质特征的知觉。

晕轮效应在谈判中的作用有正面的也有负面的。如果谈判一方给另一方留下某个方面的良好的、深刻的看法或印象,那么他提出的要求、建议往往容易引起对方积极的响应,要求条件也常能得到满足;如果一方给对方某方面的看法或印象特别的不好,对方将不信任他,他提出的于双方有利的建议也会受到怀疑,得不到赞同。

3. 先入为主

先入为主是指人们最先所得到的关于事物的看法、观点等信息对人存在着强烈的影响,影响人的知觉和判断。

先入为主的存在是由于人们惯于接受日常生活经验、受定向思维习惯的影响,造成了人们对新的信息的排斥。

先入为主的影响在谈判中通常表现为主观武断地猜测对方的心理活动,如对方的意图、对方关注的焦点问题、对方的心理期望等。这些主观预测一旦失误,就会直接或间接地影响谈判。

在很多情况下,因为人们对谈判有"漫天要价"的先入为主的认识,所以对商务谈判对手(除长期的交易伙伴外)最初的开价都有不实的感觉,必定会讨价还价。受此认识的影响,反过来,出价的人也会出于经济动机和考虑到人们讨价还价的习惯,最初报价也比实价上浮,做出了应对讨价还价的心理准备。

三、商务谈判中情绪的调控

商务谈判情况复杂多变,谈判双方的情绪也随之波动,任情绪在谈判场上像脱缰的野马一样随意狂奔,使谈判过于情绪化,是无益于谈判的。作为谈判一方,为使商务谈判能按预期的方向发展,就需运用相应的措施,对双方商务谈判的情绪进行有效的调控。

(一) 商务谈判情绪的概念

情绪是人脑对客观事物能否满足自己的需要而产生的一定态度体验。人的情绪对人的活动有着相当重要的影响。对于我们每个人来说,能够敏锐地察觉他人情绪,善于控制自己情绪,巧于处理人际关系,才更容易取得事业的成功。

商务谈判情绪是参与商务谈判各方人员对客观事物能否满足自己的需要而产生的一定态度体验。在谈判活动中,谈判方的需要和期望满足的情况千变万化,谈判者的情绪心理也往往会随之波澜起伏。在错综复杂的商务谈判中,免不了会出现各种情绪的变化和波动。当异常的情绪波动出现时,要善于采用适当的策略办法对情绪进行调控,而不能让情绪对谈判产生负面影响。在谈判桌上,过激的情绪应尽量地避免。当有损谈判气氛、谈判利益的情绪出现之后,应尽量缓和、平息或回避,防止僵局出现导致谈判的流产。

(二) 商务谈判情绪的调控

一般情况下,谈判人员不仅要对自己的情绪加以调整,对谈判对手的情绪也应做好相应的防范和引导。商务谈判人员个人的情绪要服从商务谈判的利益,要进行情绪的调控而不能随意宣泄。谈判人员要有良好的意志力,对自身的情绪要有自控能力,不管谈判是处于顺境还是处于逆境,都要理智能很好地控制自己的情绪,而不能被谈判对手所控制。当然,这并不是说什么时候都要表现出谦恭和温顺,而是要在保持冷静清醒的头脑的情况下灵活地调控自己,把握分寸,适当地表现强硬、灵活、友好或妥协的态度。当年赫鲁晓夫在联合国大会上用皮鞋敲桌子"示怒",实际上并不是真正到了怒不可遏的地步,只不过是想借此来加强其发言的效果,提醒别国注意苏联的立场。

1. 情绪策略

在商务谈判过程中,谈判对手可能会有意运用攻心术或红白脸策略来扰乱己方的情绪,牵制己方并干扰己方的策略思考,对此必须有所防范。

(1) 攻心术。攻心术是谈判一方利用使对方心理上不舒服(如使有负罪感)或感情上的软化来使对方妥协退让的策略。常见的形式有以下几种:

① 以愤怒、指责的情绪态度使谈判对手感到强大的心理压力,在对方惶惑之际迫使其做出让步。

② 以人身攻击来激怒对手,严重破坏谈判对手的情绪和理智,扰乱其思路,引诱对方陷入圈套。

③ 以眼泪或可怜相等软化方式引诱谈判对手同情、怜悯而让步。

④ 谄媚讨好谈判对手,使对方在意乱情迷之下忘乎所以地做出施舍。

(2) 红白脸策略。红脸、白脸的运用是心理策略的一种具体形式。红脸通常表现出温和友好、通情达理的谈判态度,以换取对方的让步;白脸通常喜欢吹毛求疵与争辩,提出苛刻的条件纠缠对方,极力从对方手中争夺利益。

2. 情绪调控的原则

由于随时都可能面对对手的心理战,谈判人员在参加谈判时,要做好以下的心理调控:

(1) 注意保持冷静、清醒的头脑。保持清醒的头脑就是保持自己敏锐的观察力、理智的思辨能力和言语行为的调控能力。当发现自己心绪不宁、思路不清、反应迟钝时应设法暂停谈判,通过休息、内部相互交换意见等办法使自己恢复良好的状态。

(2) 要始终保持正确的谈判动机。商务谈判是以追求谈判的商务利益为目标的,而不是追求虚荣心的满足或其他个人利益的实现,要防止因被对手的挖苦、讽刺或恭维而迷失了方向。

(3) 将人与事分开。处理问题应遵循实事求是的客观标准,避免被谈判对手真真假假、虚虚实实的手段所迷惑,从而对谈判事务失去应有的判断力。

3. 情绪调控的技巧

处理谈判问题要注意运用调控情绪的技巧。在与谈判对手的交往中,要做到有礼貌、通情达理,要将谈判的问题与人划分开来。在阐述问题时,侧重实际情况的阐述,少指责或避免指责对方,切忌意气用事而把对问题的不满发泄到谈判对手个人身上,对谈判对手个人指责、抱怨,甚至充满敌意。当谈判双方关系出现不协调、紧张时,要及时运用社交手段表示同情、尊重,弥合紧张关系,消除敌意。

在谈判中,考虑到人的尊重需要,要注意尊重对方。尊重对方是指在态度、言语和行为举止上礼貌,使对方感到受尊重。谈判时见面不打招呼或懒得致意、脸红脖子粗地争吵、拍桌子、当众摔东西、闭起眼睛、跷起二郎腿对对方不理不睬,这些行为都会伤害对方的感情,甚至使对方感到受到侮辱,不利于谈判。考虑到对手的尊重需要,即使在某些谈判问题上占了上风,也不要显出我赢了你输了的神情,并在适当的时候给对手台阶下。然而,尊重对方并不是屈从或任对方侮辱,对于无礼的态度、侮辱的言行应适当地反击,但这种反击不是"以牙还牙"的方式,而是富有修养的有针对性的批评、反驳,以严肃的表情来表明自己的态度和观点。

在谈判过程中当己方提出与对方不同的意见和主张时,为了防止对方情绪的抵触或对抗,可在一致的方面或无关紧要的问题上对对方的意见先予以肯定,表现得通情达理,缓和对方的不满情绪,使其容易接受己方的看法。当对方人员的情绪出现异常时,己方应适当地加以劝说、安慰、体谅或回避,使其缓和或平息。情绪调控要注意防止出现心理挫折,如出现心理挫折则要按照心理挫折调控方法进行调控。

精明的谈判人员,都有一种小心调控自我情绪的习惯,并能对别人谈话中自相矛盾和过火的言谈表现出极大的忍耐性，能恰当地表述自己的意见。他们常用"据我了解""是否可以这样""我个人认为"等委婉的说法来阐述自己的真实意图。这样的态度会使本来相互提防的谈判气氛变得融洽、愉快。

针对谈判对手有意运用的情绪策略，则要有所防范和有相应的调控反制对策。

四、商务谈判中心理挫折的防范与应对

商务谈判人员应做好防范谈判心理挫折的心理准备，对所出现的心理挫折应能够做到有效的化解。

（一）商务谈判中的心理挫折

人们需要的存在，会引发动机。动机一旦产生便引导人们的行为指向目标。受各种主客观原因的影响，行为活动有的达到目标，有的受到阻碍。行为活动受到阻碍达不到目标，这就是挫折。

1. 心理挫折的含义

心理挫折是人在追求实现目标的过程中遇到自己感到无法克服的障碍、干扰而产生的一种焦虑、紧张、愤懑或沮丧、失意的情绪心理状态。在商务谈判中，心理挫折造成的人的情绪上的沮丧、愤怒，会引发与对手的对立和对对手的敌意，容易导致谈判的破裂。

2. 心理挫折的行为表现

当人遭受心理挫折时，会产生紧张不安的情绪并引发行为上的异常。

（1）攻击。攻击是人在遭受挫折时最易表现出来的行为，即将受挫折时产生的生气、愤怒的情绪向人或物发泄。攻击行为可能直接指向阻碍人们达到目标的人或物，也可能指向其他的替代物。

（2）退化。退化是指人在遭受挫折时所表现出来的与自己年龄不相称的幼稚行为，例如，情绪上失控，出现孩子似的无理智行为等。

（3）病态的固执。病态的固执是指一个人明知从事某种行为不能取得预期的效果，但仍不断重复这种行为的行为表现。病态的固执往往受人的逆反心理的影响。在人遭受挫折后，为了减轻心理上所承受的压力，或想证实自己行为的正确，以逃避指责，在逆反心理的作用下，往往无视行为的结果不断地重复某种无效的行为。

（4）畏缩。畏缩是指人受挫折后失去自信，消极悲观，孤僻不合群，易受暗示，盲目顺从的行为表现。

（二）心理挫折的预防和应对

商务谈判是一项艰辛而困难重重的工作，谈判所遇到的困难很多，困难多就易遭遇失败，有失败就有挫折。心理挫折会引发谈判人员的情绪上的沮丧，从而产生对谈判对手的敌意，容易导致谈判的破裂。因此，商务谈判人员对商务谈判中客观的挫折应有心理准备，

应做好对心理挫折的防范,对自己所出现的心理挫折应有有效的办法及时地加以化解,并对谈判对手出现挫折而影响谈判顺利进行的问题有较好的应对办法。

1. 心理挫折的预防

(1) 消除引起客观挫折的原因。人的心理挫折是伴随着客观挫折的产生而产生的,如果能减少引起客观挫折的原因,人的心理挫折就可以减少。

(2) 提高心理素质。一个人遭受客观挫折时是否体验到挫折,与他对客观挫折的容忍力有关,容忍力较弱者比容忍力较强者更易感受到挫折。人对挫折的容忍力又与人的意志品质、承受挫折的经历及个人对挫折的主观判断有关。有着坚强意志品质的人能承受较大的挫折,有较多承受挫折的经历的人对挫折有较高的承受力。

为了预防心理挫折的产生,从主观方面来说,就要尽力提高谈判人员的心理素质。

2. 心理挫折的应对

在商务谈判中,不管是己方还是对方产生心理挫折感都不利于谈判的顺利开展。为了能使谈判顺利进行,应积极应对心理挫折。

(1) 要勇于面对挫折。常言道"人生不如意事,十有八九",对于商务谈判来说也是一样,商务谈判往往要经过曲折的谈判过程,通过艰苦的努力才能到达成功的彼岸。商务谈判人员对于谈判所遇到的困难,甚至失败要有充分的心理准备,以提高对挫折打击的承受力,并能在挫折打击下从容应对新的变化的环境和情况,做好下一步的工作。

(2) 摆脱挫折情境。相对于勇敢地面对挫折而言,这是一种被动地应对挫折的办法。遭受挫折后,当商务谈判人员再无法面对挫折情境时,通过脱离挫折的环境情境、人际情境或转移注意力等方式,可让情绪得到修补,使之能以新的精神状态迎接新的挑战。

(3) 情绪宣泄。情绪宣泄是一种利用合适的途径、手段将挫折的消极情绪释放排泄出去的办法。其目的是把因挫折引起的一系列生理变化产生的能量发泄出去,消除紧张状态。情绪宣泄有助于维持人的身心健康,形成对挫折的积极适应,并获得应对挫折的适当办法和力量。

情绪宣泄有直接宣泄和间接宣泄两种方法。直接宣泄有流泪、痛哭、怨气发泄等形式;间接宣泄有活动释放、诉说等形式。

有专家认为,面对谈判对方的愤怒、沮丧和反感,一个好的办法是给对方一个能够发泄情绪的机会,让对方把心中郁闷的情绪和不满发泄出来,让他把话说完,这样他心里就不再留下什么会破坏谈判的情绪,也可借此了解对方心理状况等,以便有针对性地开展谈判工作。

案例赏析

张先生要到广州出差,他去买飞机票。售票员卖给他飞机票时,发现张先生的期望值包括4点:

晚上6点钟之前到达广州——因为在广州有很多朋友等着他,晚上要为他接风,一起吃饭;希望机票打6折——因为他的公司只能够报销全价机票6折的金额;机型是大飞机——因为乘坐大的飞机会比较安全和舒适;是南方航空公司的飞机——因为他觉得南航的飞机比较安全。

他的期望值列出来了,售票员就帮他查了一下,发现没有哪架航班是能完全满足他的期望的,最后就提供了4个方案供他选择:

方案一,南航的大飞机,晚上6点钟之前到,机票价格是原价;

方案二,国航的小飞机,机票价格是6折,也可以当天晚上6点之前抵达;

方案三,南航的大飞机,机票价格也打6折,可是时间是晚上11点抵达;

方案四,国航的大飞机,但是这架飞机机票价格是7折,能在晚上6点钟之前抵达。

假如张先生是一位非常注重信誉的人,跟朋友约好了晚上吃饭,就不能让朋友等着。那么他就不可能选择南航的晚上11点抵达的飞机。虽然那架南航晚班飞机是最好的,飞机是大型机,而且也打折,唯一不能满足的就是时间晚一点儿,这个方案如果你推荐给他,他就不能接受,因为他认为朋友的聚会是第一位的。这时候他会去选择其他的三种方案,这还要看他的第二个期望值是什么。

如果他认为价格是第二重要的,那么南航的原价就被排除掉了,国航7折票价也被排除掉了。剩下就只能选择国航的小飞机,虽然不是南航的,但是如果他个人认为价格是排第二位的,他就会选择这种方式。

如果他是把时间排第一位,安全和舒适排第二位和第三位,价格无所谓,那么他最有可能接受的就是南航的原价机票。

但如果这位客户是把价格排在第一位,把朋友排在第四位,那么最佳的方案就是南航的晚班飞机,既是大飞机,又便宜,只不过晚点到,就让朋友等着吧,晚餐改宵夜就可以了。

【扫一扫】
更多信息

学习任务三　辨析商务谈判思维

案例导入

【听一听】　我国某科研机构计划购进4 000万次/秒大型计算机10台,并与日本某公司正式接触洽谈。在第一轮谈判中,日方报价每台115万美元,我方掌握的同类产品的国际市场行情为每台112万美元,为此,我方要求对方就此报价作出解释并压低价格。第二轮谈判开始,日方同意将计算机单价压至110万美元,表示:"我方从为支持中国经济建设和与贵方建立持久的友好贸易关系考虑,决定每台让利5万美元。"并且重申:"我们很尊重贵方的意见,且不惜工本,将价格降到了不能再降的地步,诸君可以接受这个价格了。"在接下来的谈判中,日方闭口不谈对上述报价的解释,而将谈判纠缠在一个议题之中,即日方已考虑顺应了我方的要求,对产品进行了大幅度的降价,如我方再不接受,那么谈判就无法取得圆满的结果。围绕着已经降价这一行为,日方代表大肆鼓舌,千方百计迫使我方动摇进一步谈判的决心。

此时,我方代表如果贸然接受日方的价格方案,那么对方将于其中获得丰厚的利润,谈判对于我方就是某种意义上的失败;如果被对方的思路牵着鼻子走,我方代表只是觉得降价的幅度尚不足以让人接受,但又提不出令人信服的充分理由;如果固执己见则有可能导致谈判破裂,我方更不能达到自己的目的。

【想一想】 日方在谈判中使用的是何种"诡辩术"?

【说一说】 如何应对这种貌似正确的"诡辩术"?

【议一议】 诡辩术最根本的特征是个"虚"字。无论哪种表现形式无不以虚为特征。以虚掩实,若出自无意,则是方法问题;若出自故意,则是个诡辩者。对付诡辩术的最有力的武器是辩证逻辑推理的三原则:客观性、具体性及历史性。

人类活动离不开思维,人类的任何成就都是科学思维的结果。在谈判中,谈判者正确的心理活动、思维能力、思维艺术和思维方法是取得谈判成功的关键。一个成就的谈判者,是谙熟了辩证逻辑的基本规律,有着科学的思维方式并能应用正确的思维方法的人。

一、人类思维的特点和类型

(一) 人类思维的特点

1. 客观实在性

人类思维对象的事物是客观存在的。人类思维总是直接或间接地受客观现实世界的影响和制约,总是反映事物的客观存在性,所以,人类思维具有客观性的特点。

2. 主观能动性

思维是人们有意识地、能动地反映客观事物的行为和过程。在社会生活中,人们对事物所作的预测性分析正是这种主观能动性的体现。

3. 目的性

人类的思维是有一定目的的,是为了满足人类的一定的需要,这种目的影响和决定人类思维的方向与结果。

4. 差别性

由于思维是人们有意识地反映和认识事物的行为,个人的经验、知识等因素都会影响思维,同时,客观现实世界对思维也会发生影响,因而,在思维的方法和结果上会有差别。

思维的差别性,使得人们的认识、观点、见解各不相同,多姿多彩。

(二) 思维的类型

人类的思维从不同的角度,用不同的标准可以划分为不同的类型。

1. 静态思维与动态思维

(1) 静态思维是一种以程序性、重复性、稳定性为特点的定型化思维方法。它要求思维的规格化、统一化、模式化,而排斥任何在思维程度、方向及内容上的变动。

(2) 动态思维是一种依据客观外界的变动情况而不断调整和优化思维的程度、方向和内容,以达到思维目标的思维活动。动态思维强调在思维过程中与外部客观环境的信息交流与协调,通过信息的交流与协调来不断调整和修正思维的方向和目标,提高思维的正确性和有效性。

2. 发散性思维与收敛性思维

(1) 发散性思维。

发散性思维是指沿着不同的方向、不同的角度思考问题,从多方面寻找问题答案的思维方式。发散性思维的具体表现形式是多种多样的,主要有多向思维、侧向思维和逆向思维。

发散性思维贵在多路出击,消除死角,使论题各部分暴露在谈判桌上,以便各个击破。而且运用者善于转移思路,犹如变频的雷达,更换频率随心所欲,毫无阻碍。若做不到这种流畅的转移,思维就会显得呆滞,出现"暂时的死角",使对方有喘息之机,进而影响谈判进展。

(2) 收敛性思维。

所谓收敛性思维是一种以集中为特点的思维方式。其主要特点是:

① 经验性。收敛性思维非常注意经验,习惯于从以往的经验中寻找和导引出解决问题的办法,它要求人们尽量排除事物的差异,而从相同的方面去考虑问题。但经验性往往会限制人们的思路。

② 程序性。收敛性思维在思维过程中遵循着比较严格的程序。

③ 选择性。收敛性思维往往注重在有限的若干途径、方案中权衡利弊,选择某一种比较好的途径和方案,而不注意创新和设计尽可能多的方案,以扩大选择范围。

发散性思维与收敛性思维各有其优缺点。在思维过程中,必须将两者结合起来,才能使人类的思维趋于完善。如果我们的思维只有发散而无收敛,那么就有可能出现,看似主意、方案很多,却不能统一确定最终能解决问题的方案的情况;如果我们的思维只有收敛而无发散,那将使我们的思维陷入僵化、压抑思维的创造活力,从而难以寻找到最好的解决问题的方案。

3. 单一化思维和多样化思维

(1) 单一化思维是一种以片面性和绝对性为特征的思维方式。它只从某个方面来观察事物,把事物的发展变化都归因于这一方面。不仅如此,这种思维方法还往往把一方面加以绝对化,无限地、直线地扩大和延伸,以求说明全部的问题。因此,这种思维方法无法正确地反映复杂多变的客观事物和事物的多方面的属性。

(2)多样化思维就是从不同的方面、角度,用不同的思维程序来考察、分析事物的一种思维方法。它的指导思想是:任何事物都不会孤立地存在,必然与其他事物发生这样或那样的联系。这种思维方法能够从多层次揭示事物的联系,从而发现更多的东西。

4. 反馈思维与超前思维

(1)反馈思维是一种以过去的经验、原则和规范来影响和制约现在,力图使现在变为过去的继续和再现的思维方法。反馈思维忽视了事物的发展和变化,把过去的思维结果用于现在,并作为考察、分析及评价事物的唯一依据。这是一种不思进取、因循守旧的思维方式。

(2)超前思维,有时也被称为预测性思维。它是一种在充分认识和把握事物发展变化规律的基础上对未来的各种可能性进行预测和分析,并以此来对现在进行的事情做出适当调整的思维方式。超前思维能够使人们增加对未来事物发展的预见性。但这种思维方法也有其缺陷性,那就是由于它是对未来的一种预测,因此,不可避免地会带来一定程度的不确定性和模糊性。

二、辩证逻辑思维的要素

(一)具体概念

具体概念是以浓缩的形式反映事物内外矛盾以及整体本质规定的思维形式。如"价格""先进技术""不可抗力"等都属于具体概念。在谈判中,任何概念的提出都必须建立在具体的基础上。对于一些概念,如果单纯从形式逻辑方面来理解,可能是合理的,但以辩证逻辑进行分析,这些概念就不一定是一个具体的范畴。

(二)辩证判断

辩证判断是从形式与内容的统一中,对事物既有所肯定又有所否定,以把握其内部矛盾的思维形式。辩证判断坚持从动态中、从事物的发展中断定事物,应用"是中有否,否中有是"的辩证法则,因而对于人们正确认识事物具有显著的作用。一般说来,辩证判断应从以下四个对立统一的方面进行思维。

1. "同一与差异"的统一

商务谈判是谈判各方利益的协调与统一,同时又复杂多变,充满各种问题与矛盾。谈判者应坚持辩证判断的思维,如果从各方的差异中向共同的方向努力,则谈判成功的希望就会增大。

2. "个别与一般"的统一

个别体现的是事物的个性特征,一般反映的是事物普遍性的特征。谈判者要坚持个别与一般的辩证判断思维,要从个性与普遍性统一中,对事物进行具体的分析。

3."肯定与否定"的统一

在较为复杂的谈判中,双方应对对方提出的内容、条件等,既有肯定又有否定。这样就能正确判明形势,从而制定新的策略并找到行之有效的方法,促使谈判目标向己方靠拢。

4."现象与本质"的统一

在谈判中,谈判人员应区分出某个判断的真假性,弄清这种判断反映的是事物的现象还是本质,以及现象与本质有无必然的联系等。只有透过现象看到事物的本质,才能找到处理各种问题的正确途径。

(三)辩证推理

辩证推理是依据辩证思维规律进行的前提或结论为辩证判断的推理,它是在分析客观事物矛盾运动的基础上,从已有的知识中合乎规律地推出新知识的思维形式。任何推理都须由概念与判断构成,是从已知判断推出新的判断的思维形式。

商务谈判中,辩证推理是一种被广泛应用的思维方式,它既体现在谈判的准备阶段,也渗透在整个谈判过程中。

三、商务谈判的思维艺术

(一)正确理解和把握各种概念

在商务谈判中,概念是双方交换意见的重要载体。因此,如果没有概念我们就无法把握住对方意见的实质。一般来说,把握各种概念要从以下几方面入手:

(1)要把握概念的全面性。即不仅要把握概念的内涵与外延,还要从其他概念,特别是相关概念的联系与对比中加以把握。

(2)要把握概念的确定性。即把握每一个概念特定的实质性内容,把握它的准确含义。

(3)要把握概念的灵活性。概念并非是一成不变的,把握概念的灵活性就是要把握确定性概念所依赖的条件的变化及差别。

对概念的准确把握,是进行正确的判断和推理的前提和基础。

(二)注意思维的程序

要使我们在谈判中对某件事物的分析更有说服力,我们就必须注意思维的程序,加强思维的逻辑性。

谈判中思维的程序应该坚持:从某一概念出发——揭示事物的本质——找出事物之间的必须联系——借助中介联结。

我们在谈判思维中经常存在的一个问题是把没有直接联系的两个概念或事物简单地、

直接地联结起来,而没有找出它们之间的内在联系规律,使自己对某事物或某问题的分析说明显得逻辑性不强、缺少说服力。

(三)注意正确、灵活地运用各种思维方法

1. 比较法和抽象概括法的运用

(1)比较法的运用。

比较法是在商务谈判中运用最多的一种思维方法。在运用比较法时,必须注意两个问题:

第一,比什么,即比较的内容和标准是什么。如果比较的内容和标准选择不正确、不合适,往往会直接影响比较结论的正确性;如果比较的内容不完全,必然导致比较结论的不正确。

第二,比较的前提与条件。即注意事物之间是否具有可比性,以及在什么条件下可以比较,所作的比较是否正确,是几个因素、几项内容的比较,还是完全比较。

(2)抽象概括法的运用。

抽象法是把事物的非本质、非主要的因素或属性撇开,暂时不予考虑,而只把事物的本质方面和主要方面提取出来进行考虑和分析。

抽象法虽然较之比较法在认识上前进了一步,但仍然是局限的,这是因为从个别事物中抽象出来的属性并不一定具有普遍的意义。因此,在抽象以后还必须进行概括。

概括就是在抽象的基础上,给抽象的结果赋予普遍意义。就某一事物的评价而言,就是要概括制定出一个适用于普遍的评价分析方法。只有这样,我们才能更好地了解、比较和把握该事物所适应的条件和环境。

在商务谈判中,充分发挥思维的抽象能力与概括能力,我们就能在复杂纷纭的关系中,抓住主要的东西,形成一般的"理想的方案"作为实际行动的参照。

2. 归纳法与演绎法的运用

(1)归纳法的运用。

归纳法就是把发散性思维的成果集中起来,深入到事物的本质中去说明问题的一种思维方法。

在运用归纳法时,必须扩大样本的数量,提高样本的代表性,从而提高归纳的结论的正确性。而当对方使用归纳法来说明某个问题时,我们必须注意其是否有足够的样本数量,以及样本是否具有同一性或代表性。同时,还应该利用反证来检验其结论的正确性、可靠性。

(2)演绎法的运用。

演绎法是把一般性的结论作为前提来推断出个别事物也具有相同或类似性质的一种思维方法。在涉外商务谈判中,运用惯例来说明问题就是一种演绎思维的方法。

在谈判中运用演绎法来说明问题时应注意:第一,演绎的前提是否正确。如果前提不

正确,那么必然会导致演绎推论的错误。第二,演绎推论的事物在性质上是否具备与演绎前提的一致性。如果不一致,就无法进行推论,甚至导致谬论。

3. 分析法和综合法的运用

（1）分析法的运用。

在商务谈判中,有时对方提出的某个建议或提供的某个资料内容,我们很难直接地从外部总体上判断其真伪,看清其实质。这时,我们就可以运用分析法来进行分析。对于那些实际内容很复杂,而表现形式都比较简单的问题,分析法是最有效的分析手段。

在运用分析法分析问题时,必须注意:第一,合理选择对事物进行分解的角度。选择什么样的角度来进行分解是很重要的,必须使所选择的分解角度最有利于体现事物的本质和内部关系,最有利于说明问题。第二,不要为分析而分析。分析的本身不是目的,分析的目的是使我们能从事物的本质和事物内部各个部分、各个方面的联系之中来认识事物的整体。因此,在分析的基础上还必须进行综合。

（2）综合法的运用。

综合法强调和体现的是对事物总体的把握。一项谈判从内容上来看可以分为若干方面,谈判人员不仅需要了解和研究谈判中每一个部分、每一个方面,更重要的是在此基础之上站在谈判全局的高度,从战略上来看待和把握。一个问题可能对某一个部分很重要,但从谈判的全局来看可能就不那么重要。所以,不能因拘泥于某一个方面、某一个问题而看不到大局。

（四）注意思维的艺术和技巧

随着社会的发展和进步,人类的思维也在不断地发展和完善。

现代思维具有以下三个特点:思维方式由封闭走向开放;思维方式由单一走向多样;思维方式由静态转变为动态。这些特点集中体现在发散思维、多样化思维、动态思维和超前思维上。这些思维方式常常闪现出智慧、艺术的灵光。

1. 发散思维

发散思维是同时对谈判议题各方面进行全方位扫描的思维方式。发散思维要求谈判人员力求充分发挥思维的想象力、创造力,开阔思路和视野,从多个角度、多个方向不断地对事物进行全方位的扫描透视。在谈判中,发散性思维的具体运用主要有两种情况:一是把与交易内容有关的所有议题都联系起来,列入谈判,而不是孤立地就某个议题而谈某个议题;二是在讨论某个议题时,不只讨论这个议题所涉及的某几个方面或一两个主要方面,而是要讨论所有有关方面。

2. 多样化思维

多样化思维是从事物之间的直接联系和间接联系、内部联系和外部联系、必然联系和偶然联系及因果联系等普遍联系中,寻找解决问题的新路子、新方法的思维方式。例如,我们向国外投资,创办独资企业,在与东道国政府谈判时,某些问题难以谈得拢,这时我们就应使思维多样化,想到经济与政治外交是联系在一起的。在这种情况下,可以请我国政府出面,通过政府之间的政治外交关系来帮助做工作,影响谈判。实践证明这往往是富有成效的。

3. 动态思维

在动态中调整和优化思维。人们对问题的认识和分析常常是依据一定的环境条件和针对事物当时的某一状态而进行的,因而是相对的、静止的。由于事物的不断发展,事物之间联系的不断的变动,我们必须紧紧抓住这种变动,迅速地调整思维的方向、重点和角度,优化思维的过程和结构。

4. 超前思维

谈判中,我们如果能在思维上领先于对方一步,超前考虑到某些问题,准确预见到某个事物发展变化的趋势,那将使我们在谈判中占有极大的主动,并获得巨大的利益。

谈判的思维艺术不是一朝一夕就能掌握的,它是在长期的实践中经过有意识地学习、培养和锻炼而不断地积累起来的。

四、商务谈判中的诡辩术及其对策

在商务谈判的论战中,有些问题是思想方法问题,如辩证逻辑与形式逻辑的思维差别;有些问题是主观意识问题,如故意运用形式逻辑缺点或不正当的推理方法捍卫自己的利益,该辩论方法属诡辩术的范畴。诡辩术主要包含以下几种:

1. 平行论证

平行论证的含义是当你论证他的某个弱点时,他虚晃一枪另辟战场,抓住你另一个弱点进行论战。也可能故意提出新的论题同时论证,使谈判失去统一方向。

2. 以现象代替本质

以现象代替本质是一种强调问题的表现形式以掩盖自己真实意图的做法。在贸易谈判中,以现象代替本质的论战术是屡见不鲜的。例如,卖方说:"你看我们很尊重贵方意见,凡是我们能改善的一定会改善。这部分价格我们已作了很大的修改,贵方可以接受我们价格了"。卖方就其无关痛痒的降价大做文章,使买方动摇谈判决心。若买方不究其本质就会上当,谈判会失利,卖方则谈判得利。

3. 以相对为绝对

以相对为绝对是一种把相对判断与绝对判断混合,并以此去压迫对方的做法。在商务谈判中,用以相对为绝对方法迫使对方接受某个立场,尽管不公道,但有时也很见效。比如,"因为我的生产线能力比他们高出了25%,所以我的报价相当于降了25%。"又如,"贵方在使用了我的技术或设备以后,节省了人力或材料,提高了工作效率,等于我的价格比别家降低了"。在谈判中,这两种说法运用较为普遍,也有一定效果。

4. 攻其一点,不及其余

攻其一点,不及其余是一种抓住对方某一点以要挟或抨击,不做全面公正评价的做法。在谈判中,买方抓住卖方报价某个不合理点,推断整个报价都不合理,或卖方抓住买方谈判

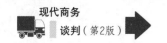

中不正确的部分缠着不放。这种论证方式往往使洽谈气氛相当紧张。无论是哪一方,若有交易诚意的话,均不应这么做。

5. 泛用折中

泛用折中是一种对谈判人两种根本对立的观点不作历史的具体的分析,纯粹搬弄一些抽象的概念,从而把两者混合起来的做法。在谈判发生分歧时,折中往往被人们视为万应灵药。其实不然,折中对于和解分歧中的双方是有效的。但在诡辩术的基础上,折中只会伤及一方,有利一方,不会使双方真正体现出互谅互让的和谐精神。

综上所述,诡辩术最根本的特征是个"虚"字。无论哪种表现形式无不以虚为特征。以虚掩实,若出自无意,是方法问题;若出自故意,则是个诡辩者。对付诡辩术的最有力的武器是辩证逻辑推理的三原则:客观性、具体性及历史性。

在辩证逻辑推理面前知错而退的谈判对手是仅把诡辩术当策略的业务人员;知错而不退的对手必是恃优势地位而不让或个人修养缺乏或权力地位低下的业务人员。谈判中亦应区别对待持诡辩术的不同人员,不可以用单一的方法处理所有的问题。

美国一位著名谈判专家有一次替他邻居与保险公司交涉赔偿事宜。谈判是在专家的客厅里进行的,理赔员先发表了意见:"先生,我知道你是交涉专家,一向都是针对巨额款项进行谈判,恐怕我无法承受你的要价,我们公司若只出 100 元的赔偿金,你觉得如何?"

专家表情严肃地沉默着。根据以往经验,不论对方提出的条件如何,都应表示出不满意,因为当对方提出第一个条件后,总是暗示着可以提出第二个,甚至第三个。

理赔员果然沉不住气了:"抱歉,请勿介意我刚才的提议,我再加一点,200 元如何?"

"加一点?抱歉,无法接受。"

理赔员继续说:"好吧,那么 300 元如何?"

专家等了一会儿道:"300?嗯……我不知道。"

理赔员显得有点惊慌,他说:"好吧,400 元。"

"400?嗯……我不知道。"

"就赔 500 元吧!"

"500?嗯……我不知道。"

"这样吧,600 元。"

专家无疑又用了"嗯……我不知道",最后这件理赔案终于在 950 元的条件下达成协议,而邻居原本只希望要 300 元!

这位专家事后认为,"嗯……我不知道"这样的回答真是效力无穷。

【扫一扫】
更多信息

学习任务四 构思商务谈判语言

案例导入

【听一听】 中国某公司与美国某公司就投资项目进行了谈判,其间双方对原工厂的财务账目反映的原资产总值产生了分歧。

美方:"中方财务报表上有模糊之处。"

中方:"美方可以核查。"

美方:"核查也难,因为被查的依据就不可靠。"

中方:"美方不应该空口讲话,应有凭据证明查账依据不可靠。"

美方:"所有财务证据均系中方工厂所造,外国人无法一一核查。"

中方:"那贵方可以请信得过的中国机构协助核查。"

美方:"目前尚未找到可以信任的中国机构帮助核查。"

中方:"那贵方的断言只能是主观的、不令人信服的。"

美方:"虽然我方没有法律上的证据证明贵方账面数字不合理,但我们根据经验认为贵方的现有资产不值账面价值。"

中方:"尊敬的先生,我承认经验的宝贵,但财务数据不是经验,而是事实。如果贵方有诚意合作,我愿意配合贵方到现场一一核对物与账。"

美方:"贵方不必做这么多工作,请贵方自己纠正后再谈。"

中方:"贵方不想讲理?我奉陪!"

美方:"不是我方不想讲理,而是与贵方的账没法说理。"

中方:"贵方是什么意思,我没听明白,什么不是、不想,还是没法?"

美方:"请原谅我方的直率,我方感到贵方欲利用账面值来扩大贵方所占股份。"

中方:"感谢贵方终于说出了真心话,给我方指明了思考方向。"

美方:"贵方应理解一个投资者的顾虑,尤其像我公司与贵方诚心合作的情况下,若让我们感到贵方账目有虚占股份之嫌,实在会使我方却步不前,还会产生不愉快的感觉。"

中方:"我能理解贵方的顾虑,但在贵方的恐惧心理面前,我方不能只申辩这不是'老虎账',来说它'不吃肉',但愿听贵方有何'安神'的要求。"

美方:"我通过与贵方的谈判,深感贵方代表的人品,由于账面值让人生畏,所以不能不请贵方考虑修改问题,这或许会给贵方带来麻烦。"

中方:"为了合作,为了让贵方安心,我方可以考虑账面总值的问题,至于怎么做账是我方的事。如果我没理解错的话,我们将就我方现有资产的作价进行谈判。"

美方:"是的。"

(资料来源:白远.国际商务谈判:理论案例分析与实践[M].5版.北京:中国人民大学出版社,2019.)

【想一想】 上述谈判中,双方运用了哪些语言?

【说一说】 双方的语言运用有何不妥之处?

【议一议】 谈判语言有多种,要求也各不相同,在这里所谈的是口语表达的要求。口语表达,涉及的方面也很多,如声音、语气、节奏等,各方面又有其特定要求。精练的语言不包含无关紧要的话题,可有可无的话不属于谈判语言精练的范围,书面语言、口头语言都应如此。

在谈判中,各方沟通的主要方式是语言,透露信息的主要载体也是语言,语言是谈判者行为的重要表现。可以说,谈判的心理及思维活动最终都要通过语言来表达。因此,如何提高谈判者对语言的驾驭能力,是提高谈判效率与效果的关键和主要因素。

谈判中运用的语言主要包括外交语言、商务谈判语言、文学语言、军事语言等。本任务主要阐述商务谈判语言。

一、商务谈判语言的类型与分类

(一)商务谈判语言的类型

商务谈判语言,既可以从语言学的角度来理解,也可以从现代信息科学的角度来理解。为了适应商务谈判的需要,需要对商务谈判语言作广义的规范:它指的是双方(或多方)在谈判中,为交流信息、改变关系、寻求一致所使用的任何有意义的符号。它包括口语、体语和书面语等。

口语。即口头语言,其功能是通过口耳来传递和接收信息。口语信息的内容包括消息、意见、态度和情感(情绪)等。

体语。即行为语言,也称之为态势语、体态语、身势语、动作语言、无声语言、非语言交际等。它是以人的动作、表情、界域和服饰等来传递信息的符号形式。

书面语。书面语是用以传递信息的文字符号形式。商务谈判以当面协商洽谈为主要方式。但由于时间、空间的限制和为了节省人力、物力、资金,人们也经常兼用书面的形式进行洽谈,其主要形式有书信、电报等。

(二)商务谈判语言的分类

谈判语言多种多样、非常丰富,其分类方法也很多,下面主要介绍三种分类方法。

（1）按谈判的基本态势来划分，可分为强硬的谈判语言、软弱的谈判语言和原则的谈判语言三类。

① 强硬的谈判语言。持这种语言进行谈判，语言比较粗暴，缺乏商量，易伤人感情。

② 软弱的谈判语言。持这种语言进行谈判，往往是克制感情，委曲求全，重视搞好双边关系，使用的语言比较客气、谦让，注重感情和双方的意见，尽量运用商量的语气谈问题。

③ 原则的谈判语言。持这种语言进行谈判，语言往往是坚持原则，寻求双方各有所获的最佳方案，运用温和和协商友好的语言。

（2）按谈判语言的内容和业务实践来划分，可分为外交语言、商业法律语言、文学语言和军事语言四类。

（3）按语言表达的方式可分为有声语言和无声语言。

① 有声语言。有声语言是指通过人的发音器官来表达的语言，一般理解为口头语言。这种语言是借助人的听觉来交流思想、传递信息。

② 无声语言。无声语言是指通过人的形体、姿态、表情等非发音器官表达的语言，一般理解为行为语言。这种语言是借助人的视觉来传递信息、表示态度。

二、商务谈判语言的要求

谈判语言有多种，要求也各不相同，在这里所谈的是口语表达的要求。口语表达，涉及的方面也很多，如声音、语气、节奏等，各方面又有其特定要求。

1. 注意谈判语言的客观性

谈判语言的客观性是指在商务谈判中，运用语言表达思想、传递信息时，必须以客观事实为依据，并且运用恰当的语言，向对方提供令其信服的证据。这是一条最基本的原则，是其他一切原则的基础。

如果谈判双方均能遵循客观性原则，就能给对方真实可信和以诚相待的印象，就可缩小双方立场的差距，使谈判成功的可能性提高。

2. 注意谈判语言的针对性

针对性是指在谈判中语言要有的放矢，对症下药。即应根据谈判的不同对象、不同内容、不同目的、不同阶段的不同要求，使用不同的语言。例如，善于有效提问，在谈判中如能有效地提问，可以引导和刺激对方不断进行思考，给自己创造有利的"时间效应"，另外还可以了解对方的诚意和虚实。

3. 注意谈判语言的逻辑性

逻辑性是指谈判语言必须概念明确，判断恰当，证据确凿，说服有力，推理符合逻辑规律。

4. 提高谈判语言的说服力

说服力是指谈判语言最终应能说服对方，促使谈判成功。谈判语言的说服力主要取决于以下因素：

第一,取决于客观性、针对性、逻辑性的完美结合;

第二,取决于谈判语言的声调、语气和轻重缓急;

第三,取决于无声语言的配合。

5. 谈判语言应精练、委婉和幽默

(1) 简练的语言。

简练的语言不包含无关紧要的话题,可有可无的话不属于谈判语言精练的范围,书面语言、口头语言都应如此。简练就是用最少的语言表达尽量多的内容,这是所有书面和口头语言的共同要求。简练不等于话少,内容空洞,话少也不能算简练。语言的简练是与内容相对而言的。

要做到语言简练,首先,要训练思维,想不清楚就说不明白,思维不清晰,语言就不会简明扼要;其次,平日就要对语言简练有自觉追求,不随便放过每一个锻炼的机会,没有这方面的追求,就不会有这方面的提高;再次,在谈判中,说话之前先要进行自我心理调控,尽量平定情绪,以保持头脑清醒。

(2) 委婉的语言。

委婉是一种运用迂回曲折的含蓄语言表达本意的方法。其作用大致有两点:

第一,给自己留面子。在谈判中有些事、有些要求直说有些为难,有些问题回答不出来或回答了会给自己造成难堪,而委婉的语言表达则可以解决这个问题。

第二,给对方留面子。人有受到尊重的需要,能否维护对方自尊心,常常是谈判成败和合作关系好坏的直接原因。有些话,如拒绝对方要求,阐明与对方不一致的观点,或批评对方等,说得不当,极容易引起对方的敌意或不快。这时,委婉含蓄地表达,既能说出难言的意思,又使对方乐于接受。

(3) 幽默的语言。

幽默意为言语或举动生动有趣且含义较深。幽默对于谈判有着不可忽视的作用:当事情的争论达到高潮或时限将到的时候,紧张的气氛往往会令人变得浮躁和头痛,这时幽默就像降压灵、镇静剂一样,可以有效地缓和紧张气氛;当对一些问题不想回答的时候,幽默是最好的回答,它既可以避开实质性的回答和对方的继续追问,又不至于产生难堪的僵持局面;当需要揭穿对方的荒谬和虚假又不想激怒他的时候,幽默也不失为一种很好的方法。谈判的双方既合作又矛盾,相互间难免磕磕碰碰,幽默可以避免这种硬碰硬。运用得好,可以化干戈为玉帛,变紧张为愉悦,从而创造出友好和谐的谈判气氛。

幽默是优越感的表现,是智慧的闪光。然而,仅有优越感和智慧还不一定会幽默,幽默首先要具有幽默意识,缺乏幽默意识的人,不管多聪明,都是与幽默无缘的。具备了幽默意识,还需要经过一番学习实践才能掌握,观千剑而后识器,操千曲然后晓声,学习一些幽默的方法是有助于提高的,但更重要的是你要听懂大量的幽默作品,并潜心揣摩,心领神会。幽默可使你变得思维活跃机敏,活跃机敏的思维又可以使你变得幽默风趣。

三、商务谈判语言的接受艺术

（一）倾听的艺术

尼尔伦伯格明确指出，倾听是发现对方需要的重要手段。在谈判过程中，善于倾听的人往往会给人留下有礼貌、尊重人、关心人、容易相处和善解人意的良好印象，倾听也是语言实现正确表达的十分重要的基础和前提。一些谈判者，往往利用倾听，首先树立起己方愿意成为对方朋友的形象，以获得对方的信任与尊重，当对方把你当成了他的朋友，就为达到说服、劝解等目的奠定了基础。

倾听是指听话者以积极的态度，认真、专注地悉心听取讲话者的陈述，观察讲话者的表达方式及行为举止，及时地进行信息反馈，对讲话者作出反应，促使讲话者进行清晰、准确的阐述并从中获得有益信息的一种行为过程。

倾听时应注意以下几点：

1. 专注

专注即指倾听对手讲话，避免自身因素的干扰。

2. 注意对方说话方式

对方的措辞、表达方式、语气、语调，都传递了某种信息。认真予以注意，可以发现对方话后隐藏的需要，做到真正理解对方传递的全部信息。

3. 观察对方表情

谈判场合的倾听，是"耳到、眼到、心到、脑到"四种综合效应的"听"，即不仅运用耳朵去听，而且运用眼睛观察，来从中判断对方讲话的态度和意图。

4. 通过恰当的方式

如目光的注视、关切同情的面部表情、点头称许、前倾的身姿及发出一些表示注意的声音，都能向对方说明你在认真地听，可以促使讲话者继续讲下去。

5. 学会忍耐

对于难以理解的话，不能避而不听，尤其是自己不愿听的话，更要忍耐，这样对谈判的结果会有帮助。

（二）观察的艺术

人们往往容易产生这样的误解，认为谈判主要是依靠语言。然而，一场成功的谈判，语言的作用只是其中的一部分，还有一部分是非语言成分，掌握这些知识，对于洞察对方的心理状态将有很大帮助。

1. 观察对方的体态

在谈判中，会遇到各种各样的对手，他们文化不同，性格不同，谈判中所表现出来的种种姿态也不尽相同。即使是同一人，在整个谈判过程中，他的姿态也不会完全一样。作为一个谈判者,应当学会看懂对方的各种体态,并能够在其变化中,看出对方的态度,知道他在想什么,或正准备怎样做。

2. 观察对方表情

面部表情在谈判的信息传达方面起着重要的作用,特别是在谈判的情感交流中,表情的作用占了极大的比例,高明的谈判专家往往会从对手的面部表情的变化来左右、控制谈判的进程。

3. 观察对方的行为

谈判中,对手的动作行为能反映他或她的内心世界,所以,我们可以从对方的吸烟、喝茶以及戴眼镜等姿势中看出他或她的态度。

4. 观察对方的习惯

了解、熟识谈判对手的一些习惯,可以掌握对手的真实动机,避免被一些假象所迷惑。

四、商务谈判语言的表达艺术

语言是与思维联系在一起的。一般地讲,思维的领域限定了口才的界限,而思维的质量决定着口才的水平。口才,也就是语言才能,指的是说话的技巧和本领,是指在特定的语言环境下,通过正确的方式和手段把自己的思想和感情表达得更鲜明、准确和生动。人们常把这种人称为"会讲话"。谈判主要是"谈",因此,在谈判中能不能取得主动权,这与语言的表达有很大的关系。谈判语言的表达包括提问的表达和应答的表达。提问、应答是谈判语言的主要表达形式,这两方面都能驾驭得好并非易事,一旦学会了它们,就等于学会了驾驭谈判。

提问是一种很重要的谈判工具,它除了可以获得信息以外,还可以用于刺激思考,控制谈判方向,了解对方是否明白或曲解了你的意思,以及帮助对方作出你所希望的决定等。不适当的提问会给我们带来不少麻烦。

要想作出令人满意的回答,在正式谈判之前,最好预先写下对方可能提出的问题,先假设一些难题来思考。考虑的时间愈多,所得到的答案就会愈好。因为一般人在面临难题的时候,是难以作出快速陈述及有意义的回答的。

在商务谈判过程中,语言的表达必须做到以下四项要求:

第一,说话简洁,要求做到谈判中不说多余的话,用尽可能少的语言表达更多的意思。同时说话力争做到咬字吐词准确流畅,语言纯正、清楚,不能歧义多义、模棱两可,叫人捉摸不定。

第二,叙述语言最好是中性的、客观的、礼貌的。

第三,叙述时应注意对方注意力的变化,尽量充分利用对方注意力集中的这段宝贵时间,把重要的问题阐述清楚。

第四,叙述还应与某些行为语言相配合,如做出思考的样子、适当的沉默、友善的表情都有助于显示谈判者的诚意。

（一）提问的艺术

1. 提问的要求

（1）根据不同的谈判内容提出不同的问题，即使是对同一内容，也要根据谈判的具体情况，采用不同的方法和从不同的角度提问。

（2）提问要围绕中心，每个提问之间要相互衔接，步步紧扣。提出的问题要由大到小，由易到难，逐步深入敏感点。

（3）提问要选择适当时机。从时间上看，提问要在对方叙述有明显停顿和间隙之际进行；从内容上看，应选择对方正在或已经叙述过的相关内容提问，便于对方答复。

（4）提出问题后就闭口不言，等待对方回答。

（5）假如对方的答案不够完整甚至回避不答，要有耐心和毅力追问。

（6）提出某些已经知道答案的问题，将会帮助了解对方诚实的程度。

（7）由广泛的问题入手，再移向专门性的问题，将有助于缩短沟通的时间。

（8）所有的问题都围绕一个中心议题，并且尽量根据前一个问题的答复构造问句。

（9）提出敏感性的问题时，应该说明一下发问的理由，以避免误解。

2. 提问的方式

（1）证实性提问。即把对方所说的话重新措辞后，再向对方提出，以期得到对方的证实或补充。

（2）引导式提问。即为引导对方的思维，使其赞同己方，提出对答案具有强烈暗示性的问题。

（3）坦诚性提问。即为制造某种和谐的会谈气氛，当对方陷入困境或有为难之处时，提出一些推心置腹的友好性问题。

（4）探询性提问。即要求对方给予肯定或否定回答，而使用选择疑问式发问。

（5）封闭性提问。即为获得特定资料或确切的回答直接提问。

提问时除了善于选择适当的方式外，还应注意提问的言辞、语气和神态，要尊重对方的人格，避免使用讽刺性、审问性和威胁性的提问方式。

3. 提问的种类

问题有多种多样，从不同角度分，类型也不同。尽管只从一个角度谈能得到逻辑统一，可为了把问题概括得更全面一些，应选择更多的侧面，对同一个问题，可以用不同的方法，从不同的角度发问。发问的方式不同，效果也不一样。

（1）引导性提问和非引导性提问。

引导性问题要求对方针对某个具体观点作答，因此也叫具体问题，旨在得到具体的、有限的信息。如"你想买什么东西？""你愿意付出多少钱？"这种问题，对方容易作答，也基本上能够引导和掌握对方的思路。

非引导性问题，也就是泛泛的问题，如"你为什么这么干？""你是如何干的？""你如何决定那些价格?""你觉得这产品怎样?"非引导性问题往往可以诱导出完整的回答,也许是因为人们回答这种问题时要比回答引导性问题更自在。可麻烦的是,这种问题无法预测或控制对方的答复。回答这种问题,对方就不得不好好思索一番,而且颇有风险,他要重新斟酌自己的语言,或者更严格地重新评判你的语言。

(2) 目的性提问。

每个问题都包含两部分:一部分描述范围、背景或者问题结构,另一部分才是问题的本身。第一部分可能含有某种目的,至于问题本身,则也另有目的。这类问题具有明确的目的性,或者是为了获得资料,或者是为了刺激对方思考,或者是为了促使对方做决定,或者达到其他什么目的。

(3) 有效提问和无效提问。

有效提问,是确切而富有艺术性的一种发问。无效提问,是迫使对方接受或迫使对方消极地去适应预先制定的模式的一种发问。例如:

——"你根本没有想出一个主意来,你凭什么认为你能提出一个切实可行的方案呢?"

——"你对这个问题还有什么意见?"

——"不知各位对此有何高见?"

——"这香烟发霉了吗?"

第一句的提问,是典型的压制性的、不留余地的提问,把对方逼得不知如何回答是好;第二句的提问,是缺乏感情色彩的、例行公事的发问,引不起对方的兴趣;第三句的提问,虽然从表面上看,这种问话很好,但效果很差;第四句的提问,很容易反过来伤害自己。因此,有效的提问要讲究艺术,注重效果。

要做到有效提问,必须做到如下三个方面:

第一,有效提问,必须营造出"问者谦谦,言者谆谆"的谈判气氛。给人以真诚感和可信任的印象,形成坦诚信赖的心理感应,从而使答问者产生平和而从容的感受,以达到预期的目的。

第二,有效提问,必须使用一定的提问模式,即有效提问=陈述+疑问语缀。根据这一模式,可将上述无效提问的四个例句改为:

——"你能提出一个切实可行的方案,这很好,能先说一说吗?"

——"你是能帮助解决这一问题的,你有什么建议吗?"

——"不知诸位意下如何,愿意交流一下吗?"

——"香烟是刚到的货,对吗?"

据交际学家们的分析,人们的每一发问,几乎都可以化为这种模式,即先将疑问的内容用陈述句表述,然后在陈述句之后附上一些疑问语缀。与此同时配以赞许的笑容,这样的提问就会有效很多。这种提问形式能调动对方回答的积极性,开发对方更深层的智力资源,充分满足对方希望得到社会赞许的动机,即渴求社会评价的嘉许与肯定的心理。

第三,有效提问,必须善于运用延伸艺术。如果一次提问,未能达到自己的提问目的,运用延伸提问将是有效的。如"你的成本是否包含研究费用？在哪儿？它是如何分摊的？但是你曾经说过，我们所交易的产品并不需要做新的研究，为什么要把它包含在我们的成本里呢？""对这个烘干机，你能提供怎样的保证？喔，我不了解这些。它们彼此之间有什么差别吗？为什么会有这种差别？别人也提供这些服务，你为什么要多收我这些费用呢？"

（4）功能性提问。

功能性提问大致有下列五种：

第一，引起他人注意，为他人思考提供既定方向；

第二，取得己所不知的消息，发问人希望对方提供自己不了解的资料；

第三，发问人借助问话向对方传达自己感受到的消息；

第四，引起对方思维活动；

第五，作结论用，借助问话使话题归于结论。

通常在谈判中，对方会对问话感到一股压力和焦虑不安。这主要是因为采用了第三和第五种功能问话所造成的，相比之下，第一、第二、第四种功能的问话不易引起对方的焦虑不安。例如，当与别人商讨一件事情，向他问道："你有什么意见？"（第五种功能的问话）或问："你乐意补充些意见吗？"（第一及第二种功能的问话）很明显，前者给予被问话者的压力要远比后者大。再如，假设一位推销员下乡推销书籍，有人路过书摊，推销员问他："请问你买新华字典吗？"这是第五种功能的问话。回答可能是："不要。"但如果问的是："请问你家有没有上学的孩子？"因为这是第一和第二种功能的问话，这样的问话就会引起他人的注意，并取得所希望知道的消息。

谈判的时候，问话的目的是：引起对方的注意，取得自己希望知道的消息，以及引起对方的思维活动。所以设计的问话，便需和第一、第二、第四种功能有密切关系。如果发现问话出现第三和第五种功能，便要对自己的问话另作检讨，尽可能转换成第一、第二和第四种功能的问话。

（5）直接提问和间接提问。

为了得到信息，最直截了当的询问往往是以"谁""什么地点""什么事""为什么"以及"怎么样"等词语打头的。然而，这样存在一个弊端，那就是会给人要打探什么的印象。也可能对于提出的问题对方不了解而使他们为难。为了使这类问题的提出变得温和一些，可以在问题前利用一些引语："我可以问……""你是否介意我问一两个问题……"，或者将问话改变成叙述语句。例如，"你什么时候来？"是句直接问话，而"主席想知道你什么时候来？"是句间接问话。后者是采用叙述语句，语气比前者和缓得多。

另外，间接问话比起直接问话，较容易获得自己期望的答案，或更容易将自己的心情表达明白。"请问你能不能马上来？"与"请你马上来好吗？"便是一例，从后者我们看出，直接问话往往会以命令的语气出现，使对方不易婉转回答。

（二）应答的艺术

在谈判的问答过程中，往往会使谈判的各方或多或少地感受到一股必须及时、直接、全面回答的压力。在这股压力下,缺乏经验的谈判者常犯的毛病是:仓促应答,问什么就答什么,问多少就答多少,怎么问就怎么答。结果是对方越逼越紧,问题越问越多,以至于被逼问得欲防而无措,只得将己方的情况和盘托出,或是生硬地拒绝回答。而有些擅长应答的谈判高手,他们懂得,好的应答不在于回答对方的"对"或"错",他们并不考虑是否答对题。因为谈判不是上课,很少有对或错那么确切而简单的回答,他们的回答往往给对方提供的是一些等于没有答复的答复。他们总是力图改变自己的被动局面,力图答得巧妙得体。当然,我们也应该避免走向另一个极端,即对什么问题都顾左右而言他。那样,对方会认为你缺乏诚意而退出谈判,或反过来以同样的方法对付你,那样谈判就很难顺利进行。

要想作出令人满意的回答,在正式谈判之前,最好预先写下对方可能提出的问题,先假设一些难题来思考。考虑的时间愈多,所得到的答案就会愈好。因为一般人在面临难题的时候,是难以作出快速陈述及有意义的回答的。在正式谈判的时候,回答问题的诀窍在于知道该回答什么问题、不该回答什么问题和如何回答。

1. 应答的原则

(1) 在回答问题之前,要给自己一些思考问题的时间;

(2) 在未完全了解问题的真正含义之前,不要贸然回答;

(3) 要知道某些问题并不值得回答;

(4) 有时候回答整个问题,倒不如回答问题的某部分;

(5) 回避回答问题,理由是主客观情况所限;

(6) 拖延回答的借口是资料不全或记不得;

(7) 逃避回答的办法是顾左右而言他;

(8) 让对方阐明他自己的问题;

(9) 谈判时针对问题的回答,并不一定就是最好的回答,可能是最愚蠢的回答,所以不要在这上面下功夫。

2. 应答的方法

(1) 要使回答具有针对性。

有时候,问句的字面意思和问话人的本意不是一回事。回答时,就不仅要注意问话的表面意思是什么,更要认清提问人的动机、态度和问题的含义、前提是什么,使回答具有针对性。

有的问话,话里有话,弦外有音。如"你知道我那份资料哪儿去了?"在特定的背景下,提问人是怀疑被问人偷了资料,如果答话人没考虑到这点,只从字面意义上回答"不知道",就可能加重提问人的怀疑,因为他没有真正回答提问人的问题。这时候,准确的回答也许应是:"你看看是不是在我包里。"

有的提问是由一种心理需要所驱使,回答就应针对其动机而来,假如市场上只有一家卖鱼的,顾客问:"这鱼多少钱一斤?"答:"三块钱",就不如答:"老价钱,三块钱",因为顾客的心理动机是看价钱涨了没有,然后决定买不买或买多少。如果市场上有几家卖同类鱼的,顾客问价的动机就复杂了。一是可能要比较各家的价格高低;二是要看涨价了没有。另外鱼有大小和新鲜程度的差别,顾客还要看鱼是否质价相符,在这种情况下,要回答得对顾客有吸引力,考虑的因素就多了些,答案也就要视情况而定。

有的提问暗含一种前提意义,如黑格尔在《哲学史演讲录》中曾经举过一例,有人问梅内德莫:"你是否停止打你的父亲?"人们想使他陷入困境,不管他回答"是"或"否",在这里都是危险的,如果答"是",那么就是曾打过父亲;如果答"否",那就是还要打父亲。梅内德莫答道:"我从来也没有打过他。"这个回答就否定了对方问话中的前提意义。

(2) 要使回答具有灵活性。

提问人总是想用疑问词语和句式来对被问人答什么、怎么答进行控制。回答时可用一些方法突破这种控制。例如,有一位推销员向一位家庭主妇宣传了他各种商品的优点,然后问:"请问你需要什么?""钱。"这位主妇答道。疑问词"什么"是有其所指范围的,即他的这些商品中的某一样或几样东西,推销员试图用问话控制主妇的回答,但主妇的回答却超过了这个范围,显得幽默风趣。

(3) 不要彻底回答。

不要彻底回答,其中一种方法是不把知道的都说出来。例如,有两个人到湖里去游泳,他们看到湖边有一个人在钓鱼,就跑去问那人湖里有没有水蛇,那人回答:"没有。"两人就脱衣跳入湖里,尽情地游泳。等一会儿,其中一人向岸边那人招呼:"湖里为什么没有水蛇呢?"那人说:"都被鳄鱼吃光了。"两人听后慌忙向岸边游来。不彻底回答的另一种方法是闪烁其词。假如有一位推销员,正在推销一台洗衣机,开门的人问价钱多少,推销员明知把价钱一说,对方很可能因为价钱并不便宜而马上把门关上,于是不能照实回答。他闪烁其词地说:"先生,我相信你会对价格很满意的。请让我把这部洗衣机几种特殊的功能说明一下好吗?我相信你会对这部洗衣机感兴趣的。"

(4) 不要确切地回答。

这是一种模棱两可,弹性很大的回答方式。在商务谈判中,有时不宜正面回答对方的提问,而作虚假的回答又是不道德的,这时可以说一些非常概括、非常原则的话,但这种既不真也不假的话不容易说,只要稍失分寸,就会造成失实、虚假的后果,丧失信誉。

弹性回答通常都是采用比较的语气:"据我所知……",先说明一种类似的情况,再拉回正题。或者,可以利用反问把重点转移,例如,"是的,我猜想你会这样问,我会给你满意的答复。不过在我回答之前,请先准许我问一个问题。"若是对方还不满意,你可以回答:"也许你的想法很对。不过你的理由是什么?"或是"那么你希望我怎么解释呢?"

(5) 不要让问话者继续保持追问的兴致。

① 回答问题的时候,可以说明许多理由,但不要把自己的理由说进去。这适宜于带有明显非难、责怪意图的问话。

② 回答问题时,借口问题无法回答。例如,"这是一个没法回答的问题。""这个问题只有待未来解决啦。""现在讨论这个问题不会有结果的。"

③ 把回答尽量冲淡。例如，轻描淡写地说一句："只不过吃了一顿便饭啦！"

④ 回答时尽量幽默。一位旅行家问："从前有什么大人物出生在这座城市吗？"导游回答："没有，只有婴儿。"

⑤ 答非所问。有个人，自以为文章写得不错，拿去请名人看。名人看后，那人问道："先生以为如何？"名人答："字写得很优美。"

⑥ 干脆不答。像等待小孩子干坏事一样，转移他的注意力，或引向另一个问题，或指定他人回答以转移注意力。

这些方法的原则是，对严肃的问题采用游戏的态度，两人的态度一旦不相合，对方追问的兴致自然就打消了。

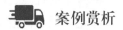

案例赏析

甲乙双方均是经验丰富的谈判专家，甲方有意购买乙方拥有的一块地皮。甲方找到乙方后是这样说的："我公司拥有雄厚的经济实力，虽然有几个公司愿意把他们的地皮转卖给我们，但我们打算多看看。你们这块地皮对我们很有吸引力，我们准备把这块地皮的旧建筑全部掀掉后盖一幢新的商业大厦。最近我们已同这块地皮上的有关公司打过交道，估计问题不大，相信他们会高兴地同意的。现在关键的问题是时间，我们要以最快的速度在这个问题上达成协议。我们准备简化正常的法律及调查程序。以前咱们从未打过交道，不过据朋友讲，你们一向是愿意合作的，我们很高兴与你们打交道。"

乙方充分注意到甲方的上述立场，然后说道："很欢迎你们来到我们这里。虽然我们从未接触过，但对贵公司的情况还是有所了解的。我们非常愿意出卖这块地皮，但是我们还承诺过别的公司在这块地皮上保留现存建筑物。当然，这一点是灵活的。我们关心的是价格是否优惠，反正，我们也不急于出售。看来，你们对我公司已经有了相当的了解，我们很愿意同理解我们的朋友合作。"

【扫一扫】
更多信息

学习任务五 | 展示商务谈判礼仪

案例导入

【听一听】 中国某企业与德国一公司洽谈割草机出口事宜。按礼节，中方提前五分钟到达公司会议室。客人到后，中方人员全体起立，鼓掌欢迎。不料，德方脸上不但没有出现期待的笑容，反而均显示出一丝不快的表情，原计划一上午的谈判日程，德方半个小时便草草结束,匆匆离去。

事后了解到德方之所以提前离开,是因为中方谈判人员的穿着比较随意。德方谈判人员中男士个个西装革履,女士个个都穿职业装,而中方人员除经理和翻译穿西装外,其他人有穿夹克衫的,有穿牛仔服的,有一位工程师甚至穿着工作服。

(资料来源:范忠,陈爱国.商务谈判与推销技巧[M].北京:中国财政经济出版社,2010.)

【想一想】 商务谈判礼仪在谈判中有哪些重要作用?

【说一说】 你理解的商务礼仪有哪些?

【议一议】 商务谈判礼仪作为谈判者所遵循的行为准则和交往规范,本身包含着丰富的信息内容,一个人讲究礼仪,就会在众人面前树立良好的个人形象;一个组织的成员讲究礼仪,就会为自己的组织树立良好的形象,赢得公众的好感。现代市场竞争除了产品竞争外,更体现在形象竞争。

在商务谈判中,正确处理好各方面的关系,特别是处理好商务活动中特定的公共关系、人际关系,熟知和掌握有关的礼仪,是实现商务谈判目标的基本保证。商务谈判礼仪是谈判者的行为准则和道德规范,是施展谈判技巧的基本手段,它体现了谈判者的基本素质,也是谈判这种经济活动和社会活动进步的重要标志。

一、商务谈判礼仪的作用与原则

(一) 商务谈判礼仪的含义

礼仪是人类社会活动的行为规范,是人们在社交活动中应该遵守的行为准则。礼仪是人们在长期社会生活中形成的一种习惯,它是人类生存和发展的需要,是人们之间相互交流所产生的一定形式。

商务谈判是人与人之间、组织与组织之间、国家与国家之间在经济上相互交往的一种活动。要在商务谈判中赢得优势,不仅需要依赖于自己的经济、技术实力和谈判技巧,而且还需要有高度的文明礼仪与修养。所以,商务人员注重礼仪,既是个人和组织良好素质的体现,也是树立和巩固良好形象的需要。

商务谈判礼仪是指商务谈判中双方或多方通过某种媒介,针对谈判中的不同场合、对象、内容和要求,借助语言、表情、动作等形式,向对方表示重视、尊重,塑造自身的良好形象,进而达到建立和发展诚挚、友好、和谐的谈判关系的交往过程中所遵循的行为准则和交往规范。

(二) 商务谈判礼仪的作用

在商务谈判中,礼仪的作用主要表现为以下几个方面:

1. 规范行为

商务谈判是参与者各方之间的交流与协调的过程,在这个过程中,谈判者之间相互影响、相互作用、相互合作,如果不遵循一定的规范,双方就缺乏协作的基础。商务谈判礼仪规范了人们的行为,维系和巩固了人们之间的经济与社会关系,可以使人明白应该怎样做,不应该怎样做,哪些可以做,哪些不可以做,从而有利于树立自我形象,赢得他人的尊重。

2. 传递信息

商务谈判礼仪作为谈判者所遵循的行为准则和交往规范,本身包含着丰富的信息内容,谈判交往的过程实质上也是信息传递的过程。通过这种信息传递可以表达出尊敬、友善、真诚等感情,使别人感到温暖。在商务活动中,恰当的礼仪可以获得对方的好感、信任,进而有助于取得谈判的成功。

3. 协调人际关系

人际关系具有互动性。这种互动性表现为思想和行为的互动过程。如当你走路妨碍了对方,你表示歉意后,对方还你以友好的微笑;当你遭天灾人祸,朋友会伸出友谊之手援助你。人与人之间的互谅、互让、相亲相爱等,都是这种互动行为产生的效应,而这些互动行为往往以礼仪为手段去完成行为的过程。

4. 树立形象

一个人讲究礼仪,就会在众人面前树立良好的个人形象;一个组织的成员讲究礼仪,就会为自己的组织树立良好的形象,赢得公众的好感。现代市场竞争除了产品竞争外,更体现在形象竞争。一个具有良好信誉和形象的公司或企业,容易获得社会各方的信任和支持。所以商务谈判人员注重礼仪,既是个人和组织良好素质的体现,也是树立和巩固良好形象的需要。

(三) 商务谈判礼仪的基本原则

1. 共性与差异性原则

国内商务谈判对礼仪的要求及其接待方式一般具有共性,也就是说,商务谈判礼仪作为一种文化是一个完整的体系,礼仪行为正确与否,大家自然有一个评价的标准。而在对外商务谈判交往中,礼仪行为就要根据谈判对象的不同而区别对待。因为不同国家和地区的谈判对象其民族、宗教、信仰、文化背景、职业习惯以及礼仪行为是不同的,这就决定了他们适应并喜好什么样的礼仪和接待方式,任何一个环节的失误,都可能给谈判造成不可挽回的损失。

2. 公平对等原则

"投桃报李""礼尚往来",社会交往中每个人都希望得到尊重,体现自我价值。如果有亲有疏,表现出傲慢、冷漠或曲意逢迎,都被视为不礼貌。故交往时应公平大方,不卑不亢,主动友好,热情又有节制。

3. 遵时守约原则

现代社会节奏加快,遵时守约更为重要。无论什么理由,不遵时守约都是不礼貌的,再正当的理由失约后也应道歉。如果是无故违约,那就正如鲁迅所言,浪费别人的时间同谋财害命没有什么两样。在一般的人际交往中,赴约时应提前 2~3 分钟到,商务谈判活动由于其特殊性,为周全起见应更早一些到达,一般认为应提前 10 分钟左右为好。

4. 和谐适应原则

使用礼仪一定要具体情况具体分析,因人、因事、因时、因地恰当处理。不分场合、亲疏,乱用礼仪,不仅会适得其反,甚至会弄巧成拙。所以,应用礼仪时,为了保证取得成效,必须注意技巧,合乎规范,特别注意做到把握分寸,认真得体。

5. 外事礼宾顺序原则

外事礼宾顺序原则指在多边外事活动中,根据礼宾需要列出的排名顺序规范。这一原则几乎渗透到一切外事交往中,迎来送往、衣食住行、会见、升旗,谁先谁后都要符合礼仪规范,稍有差错就会被认为是对一个国家的不尊重。因而国际上已有《维也纳外交关系公约》对此做出明文规定,所有从事涉外谈判工作的人员都应该掌握这一原则。

6. 女士优先原则

女士优先是西方的一个体现教养水平的重要标志。中国人讲"扶老携幼",而外国人讲人格独立,"扶老"是人家可能不接受的,但为女士开门、让座、引路、行走时让出安全的一边等,则都体现出礼貌和绅士风度与骑士风度。

二、商务谈判者个人的基本礼仪

(一)服饰

服饰不仅可以美化我们的仪表,优化我们的气质,而且还能反映出我们的教养与文化。在现代生活的各个方面,人们之间、民族之间、国家之间的交往日趋频繁,衣着打扮在交往中的作用也日益明显和重要。作为商务谈判者,必须熟悉着衣的基本礼节。

在商务谈判中,服饰的颜色、式样及搭配等的合适与否,对谈判人员给对方的印象和感觉等方面都会带来一定影响。在商务谈判的场合,穿着一般选择灰色或者褐色甚至黑色等深色服装,这些颜色会给人一种踏实、端庄、严肃的感觉。从服饰的样式来看,在西方国家的交际场合,服饰大致可分为便服和礼服。我国没有便服和礼服之分,在正式、隆重、严肃的场合,男子的服装一般为上下同色同质的深色西装,女士根据不同季节和活动性质,可穿西装、民族服装、中式上装配长裙、旗袍、连衣裙等。

除此以外,谈判者的发型、指甲、鞋袜,男性谈判者的胡须,女性谈判者的面、耳、颈等部位的修饰都构成服饰仪表的一部分内容,也应加以足够的重视。

在进入谈判室时,应脱去大衣、帽子、风雨衣等外套,在室内一般不得戴手套和深色眼镜。在家中或宾馆客房临时接待来访者,如来不及更衣,应请客人稍坐,立即穿上服装和鞋袜,不得赤脚或只穿内衣接待客人。

(二) 会面

1. 介绍

通常先将前来迎送的人员介绍给来客,可由迎送人员中身份最高者进行介绍。介绍的顺序一般为按职务高低依次介绍;按年龄、性别等依次介绍。一方介绍完后,他方应作对等介绍。在互相介绍的过程中,主动的一方若具备条件,应同时赠予对方自己的名片。客人初来乍到,较为拘谨,主人应主动招呼客人,关心客人,为谈判奠定良好的情感基础。

2. 握手

握手是国内外通用的交际礼节,一般是在相互介绍和会面或离别时进行,表示友好、祝贺、感谢或相互鼓励之意。握手时应注意以下几方面的礼节:

(1) 握手的次序。

洽谈会面时,一般应是主方人员先与客方人员握手,以表示欢迎。但在会谈结束离别时,应是客人先伸手握手,以表示对主方人员接待的感谢。

在异性谈判人员之间,一般来说,男性不要主动与女性握手,以免失礼或尴尬。如果女性主动先伸出手,做出握手的表示,男性应在判断准确后再握手。

(2) 握手的方式和表情。

正确的握手方式是:垂直站立,用右手稍稍用力握住对方的手,然后身体略微前倾,全神贯注地注视对方,以表示尊重。握手力度应适中,时间一般以3~6秒为宜。异性间握手时间应以1~3秒为宜。握手人在握手时,应辅之以自然微笑与喜悦的表情加以配合,以表达发自内心的情感与真诚,反映双方友好、亲切的关系。

3. 称呼

在谈判中称呼合乎礼节,不仅表达出对交际双方关系的认定,而且是良好交际或进行有效交谈的起始点。

称呼首先要正确、清楚地道出每个人的姓名和头衔;其次,应把握先长后幼,先上后下,先疏后亲,先外后内称呼的基本原则。

总之,在社交场合中,称呼应慎重,只有称呼准确、得体,才会显得有礼貌,并赢得对方的好感和敬重。

4. 举止

一个人的行为举止反映和表现了他的修养和能力。在商务谈判中,对仪态的总体要求是"举止适度",举止要符合自己的地位、身份、教养,符合当时的环境气氛。

在商务谈判中,谈判人员正确的站姿是:两脚脚跟着地,成45度夹角,腰背挺直,自然挺胸,颈颔向下,两臂自然下垂。

在商务谈判中,谈判人员正确的坐姿是:从椅子的左边入座以及从椅子的左边站立,坐下后,身体应尽量坐端正,并把双腿平行放好。

在商务谈判中,谈判人员正确的行姿是:男士昂首、闭口、两眼平视前方、挺胸、收腹、直腰,行走间上身不动,两肩不摇,步态稳健,以显示出刚强、雄健、英武、豪迈的男子汉风度;女性头部端正,但不宜抬得过高,目光平和,直视前方,行走间上身自然挺直、收腹,两手前后摆动幅度要小,两腿并拢,小步前进,走成直线,步态自如、匀称、轻柔,以显示出端庄、文静、温柔、典雅的女子窈窕美。

5. 表情

人的喜、怒、哀、乐、恐惧、愤怒、厌恶、蔑视等情绪都是通过表情来传达的。在商务交往中,尤其是谈话双方眼睛应注视对方,眼神热情大方,切忌长时间盯住对方,或上下打量、左顾右盼。面部表情略带笑容,微笑的人总是不容易让人拒绝,真诚自然的微笑能拉近人与人之间的距离,使人产生亲近感。

(三) 名片的接递

名片既是身份的说明,也是进行交际和商务活动的信息来源与手段。名片的接递应注意以下基本要求:

(1) 迎接客人时,若属初次见面,客方应首先主动递交名片;访问客人时,访问者应首先拿出名片递给被访问者。正常情况下双方应互赠名片,若被访者未带名片,应表示歉意并对对方所递名片表示谢意。

(2) 如果在有介绍人介绍的商谈场合,应在介绍人介绍后再递名片,或在会谈后再递交名片,并请对方多联系、多关照。

(3) 如果是组团出国从事商务谈判,理想的方法是将各团员的姓名、职业、职务,甚至连同照片一起印在一张明信片般的纸片上,在见面寒暄后,由领队递给对方,以方便彼此了解和洽谈。

(4) 如果是己方递交名片给对方,应恭敬地用双手或用右手递给对方,并说一些请对方关照之类的寒暄语。如果对方递交名片,己方应恭敬地用双手接过名片,并要认真看一看,必要时可说一些恭维的话。

三、商务谈判正式场合礼仪

(一) 迎送礼仪

迎来送往是商务谈判的基本礼仪。对应邀前来谈判者,在他们抵离时,均应安排相应身份的人员前往迎送,对外商尤应如此。迎送的具体内容包括:

(1) 确定迎送规格。迎送规格主要依据前来谈判人员的身份与目的,适当考虑双方关系。己方主要迎送人的身份和地位通常都应与对方带队人(主谈人)对等,业务也应对口,一般以己方负责人(主谈者)迎送为宜。己方当事人因故不能前往,应由己方职位相当人士和负责人之副职助手出面。无论如何替代,均应向对方作出详尽解释。迎送人员应比对方抵离人员略少,应为己方谈判班子的主要成员。若有发展双方关系或其他方面之需要,亦可破格迎送,安排较大的场面,出场更高规格的己方领导等。

(2)准确安排迎送时间、地点。掌握对方谈判人员乘坐的交通工具及其抵离时间、地点,及早做好迎送车辆的准备。在送行时,己方人员可与他方人员同车而往;在迎接时,则应在对方乘坐的交通工具抵达之前到达迎接地点。迎送地点一般均为对方所乘交通工具的停泊地点。特殊情况下迎接时,亦可先派一般工作人员前往迎接,然后在己方场所或客方下榻之地专门举行迎接仪式。

(3)陪车。应请客人坐在主人的右侧,应主动为客人打开其所坐一侧的车门。如有译员,可坐在司机旁边。在特殊情况下若己方负责人亲自开车,可邀对方负责人坐在自己身旁。上车时,应先请客人从右侧车门上车,待其落座后关好车门,然后主人再从左侧上车。

(4)食宿安排。迎接客人之后,应将其直接送至下榻处。一般而论,在客人抵达当天,应为其设便宴接风。迎送人员在告辞时,应将接风便宴时间安排告知客人,请其届时在客房内等待我方人员前往导引,亦可委托其下榻处公关人员、服务人员前往导引。

(二)谈判礼仪

1. 谈判地点的选择

谈判地点是影响谈判结果不可忽视的因素。在选择会谈地点时,除了要考虑即将进行的谈判中双方力量的对比、可供选择地点的多少和优劣、双方关系等因素外,还要合乎礼仪。

选择会谈地点,应当视具体情况而定,无外乎是主场、客场和中立地点。一般情况下,应当征求客方的意见,或双方协商确定。

总之,选择谈判地点并非小事,只有合乎礼仪,才能保证谈判合乎理智地进行。

2. 谈判座次的安排

商务谈判中,座次的安排体现着礼仪的规范和对客方的尊重。座次安排是非常敏感的问题,应小心谨慎地处理。在谈判之前,应事先将双方谈判人员的名牌座位卡放置在谈判桌上,便于双方就座。

双方谈判一般采用长方形或椭圆形谈判桌,通常主客相对而坐,根据谈判桌摆放的不同,主客双方座次安排有不同的规范,如果谈判桌是横放的,则正面对门为上座,应安排给客方,背面对门为下座,属于主方座位,双方主谈人员在己方一边的中间就座,翻译人员通常安排在主谈的右侧,其余人员则遵循右高左低的原则,依照职位高低自近而远分别在主谈人两侧就座;如果谈判桌是竖放,则应以进门方向为准,右侧为上,属客方位置,左侧为下,属主方位置。

3. 谈判时间的控制

谈判时间的控制,不能仅仅从合乎礼仪上来考虑,而首先要从时间的价值观念上予以认识。时间的控制包括谈判周期的长短与每次会谈的起始及终止时间。其基本原则是既要"合理",又要"有礼"。时间的"合理"控制,指的是要符合谈判本体的需要;时间的"有礼"控制,指的是要满足谈判者个体的生理及心理的需求,尽可能地表示出对每个参谈人员的尊重。在对外谈判中,首先要考虑和尊重客方的习俗、习惯,经双方商谈后确定出既"有礼"又"合理"的会谈时间。

4. 双方洽谈的礼节

在商务谈判中,交谈并非只限于谈判桌前,交谈的话题并非只限于和谈判相关的问题,所以交谈中一定要注意以下有关的礼节。

(1) 正确运用距离语言。谈判时,双方的距离一般在 1～1.5 米。如果过远,会使双方交谈不便而难于接近,有相互之间谈不拢的感觉;如果过近,会使人感到拘束,而不利于表达自己的意见。

(2) 交谈时眼神运用要得当。在谈判桌上就一般情况而言,比较理想的做法是以平静的目光注视对方的脸和眼。

(3) 交谈现场超过三个人时,应不时地与在场所有人交谈几句,不要只和一两个人说话,而不理会其他人,所谈问题不宜让他人知道时,应另择场合。

(4) 交谈时,一般不询问对方的履历、工资收入、家庭财产等私生活方面的问题;不谈荒诞离奇、耸人听闻的事情;对方不愿回答的问题不要追根问底,对方反感的问题应立即转移话题;不对某人评头论足;不讥讽别人;不随便谈论宗教问题。

(5) 谈判中说话的速度要平稳中速。要使用礼貌用语,并针对不同国别、民族、风俗习惯,恰当利用礼貌语言。

(6) 交谈中要尊重和谅解对方。与人交谈,首先应当考虑对方的接受及反应能力,做好必要的准备,不能期待他人适应你。这样,才可望提高洽谈效率。一旦发现对方失言或有语言漏洞时,如确有必要作出某种表示,可于事后根据双方关系的疏密程度妥善处理;如果自己在谈判中出现失言或失态,最有效的办法是立即向对方道歉。一句"对不起""请原谅",不仅挽回自己的面子,而且使对方有了重新评价你的机会,千万不要自我辩解。

(7) 采用适当的方法肯定对方。在洽谈中,赞同的语言常常会产生异乎寻常的积极作用。真正的赞同能成为"有效"洽谈的催化剂。当对方赞同或肯定本方的意见与观点时,本方应以积极的动作或语言表示谢意。这样的洽谈,才是真正的双向交流,才有助于建立一种使双方人员感情沟通,使洽谈气氛友好、热烈的"现场效果"。

(三) 签字仪式

谈判达成协议后,一般均应举行签字仪式。签字人视文件的性质及其重要程度由谈判各方确定。通常由主谈者或谈判负责人落签,或由双方主要负责人落签。文件重要程度越高,签字者身份也应相应越高。双方签字人身份应相当或大致相等。专业技术性文件,应由该部门负责人落签,可以不举行签字仪式。签字后,应加盖有关印章。签字仪式的有关文本准备工作应提前做好,并经双方审阅。参加签字仪式的基本上是双方参加谈判的全体人员,人数最好相等。主方上级领导可到场参加并表示祝贺。签字位置一般安排客方居右边,主方在左边。签字仪式完毕后应以礼宾酒庆贺。

案例赏析

境外商务礼仪摘要

1. 美国人

美国男人见面均握手,妇女之间也握手。但男女见面握手,应让女方主动。若彼此熟悉,不分性别年龄均可互吻面颊。男性一般勿给妇女送香水、化妆品及衣物,以免引起不必要的麻烦。与美国商人谈生意不论在何种场合,必须说话慎重,因为他认为你说话是算数的。美国人不喜欢谈论个人私事,特别尊重个人隐私权。因美国为移民国家,人口来源广,流动大,除正式场合外,其他场合礼仪都较随意。

2. 法国人

法国人也不喜欢谈论个人私事,其对隐私权的尊重不亚于美国。法国人厌恶听到蹩脚的法语,因为他们为自己的语言自豪,法国人不愿多谈政治与钱,要求将自己的身份印在名片上,大多数法国人对自己的烹调技术津津乐道。不要向法国人赠送菊花,因为他们只有在葬礼上才使用菊花。

3. 英国人

英国人严肃认真,对自己所获荣誉及贵族头衔引以为豪,喜欢人们称呼其头衔。英国人也不喜欢谈论政治、宗教及关于皇家的小道消息,但报刊消息可作为话题。涉及女王时要称"女王陛下"或"大不列颠及北爱尔兰联合王国女王",忌称"英格兰女王"。与英国人聊天,安全的话题是关于动物、天气和旅游。英国人一下班就不谈公事,更厌烦餐桌上谈公事。他们讲究礼貌,若礼节周到,对其直率也无妨。英国人讨厌有送礼人单位及公司标记的礼品。

4. 德国人

德国人重视体面,注重形式,具有条顿民族的认真性与刻板性。见面离开均应握手。送花时勿送具有浪漫含义的玫瑰,这是情人、夫妇间才送的花。不要多议论棒球、篮球、美式足球(橄榄球)。安全的话题可以选择足球、德国的原野、风光,亦可谈及个人的业余爱好。德国人民族自尊心强并略显傲慢,应对其尊重并保持自尊。

5. 日本人

日本人在任何场合均彬彬有礼,顾及对方面子,初次见面时勿谈工作,相互引见、自我介绍、互换名片已成为一整套礼仪。在商务活动的宴会上如有急事,可不作告别悄然离去。去日本人家做客,应在客厅内摘下帽子、手套,并且脱去鞋子。日本人很重视人情关系,如果接受了日本人的赠礼,应寻机会回报之。在与日本人交往中切忌指手画脚。日本人忌讳

"四"与"九"两个数字。日本贸易振兴会编写的《在日本经商指南》一书对与日本厂商打交道的外国厂商提出了如下忠告:(1) 注意不要只依靠信件往来,应利用一切机会与交易对象见面;(2) 与交易对象初次见面一定要使用名片;(3) 遇重要问题,应让交易对象访问对方,拜会对方适当的负责人,但不要打算在初次见面时就办重要的事情;(4) 初访政府人士或交易对象,应托朋友、本国使馆人员或其他熟悉之人介绍;(5) 穿着本国人认为最有礼貌的服装并讲究礼貌即可,不必穿过分漂亮的西装;(6) 日语流利、娴熟才可与之进行交谈;(7) 谈判进度缓慢时不要急躁,待双方内部思想统一后,必可迅速进展并付诸实施。

6. 中东地区

与中东地区国家商人谈生意不要涉及国际石油政策和中东政治问题,要高度尊重伊斯兰教徒,不得触犯其教义。找适当机会以伊斯兰教礼节同其打招呼,会使其认为是对他的最真诚的表示。谈公事前,阿拉伯人通常喝一杯浓咖啡或一杯薄荷茶。吃饭、喝茶不可用左手。与阿拉伯人也不要谈论狗,不要送带有动物图案的礼物,他们认为动物形象有时会带来厄运。不要给伊斯兰教徒的妻子赠送礼物,给孩子赠送礼物则会受到欢迎。若向他要一本《古兰经》,往往会被欣然接受。

【扫一扫】
更多信息

工作任务二 | 个人行为礼仪规范训练

【任务要求】 针对谈判中的不同场合、对象、内容和要求,学会商务谈判礼仪的具体应用。

【情景设计】 天华集团公司(买方)副总经理一行四人,受邀前往运通公司(卖方)就螺纹钢型材进行业务洽谈。天华集团公司副总是位年轻的女士,其余三人为男性,运通公司的副总及参与谈判的人均为男性。你作为主方谈判代表从礼仪的角度,应如何接待客方?

【任务实施】 (1) 按照"背景介绍"的内容,分别成立天华集团公司谈判小组和运通公司谈判小组,每组人员4人;(2) 组内讨论谈判人员的分工,明确职务、任务和责任;(3) 根据谈判中礼仪、礼节的要求,进行现场模拟(站立、行走、就座姿态、微笑、训练、介绍训练)。

【任务实施应具备的知识】 商务谈判礼仪的要求,商务谈判礼节的要求。

【任务完成后达成的能力】 培养学生商务谈判礼仪的综合素质,并具有较强的敏感性、判断力、决断力、意志力和跨文化沟通能力,知晓经贸规则、法律和惯例,增强合规意识。

【任务完成后呈现的结果】 撰写实训心得,上交老师批阅点评。

知识宝典

【谈判背景】 影响商务谈判的所有因素的总和。

【谈判手礼仪】 "礼仪"是谈判手的广告和品质的标杆,也是谈判的技术手段之一,可以动员对方向自己靠拢。

【主动伦理标准】 谈判手从本身的认识和修养出发,用以约束自己谈判言行的道德标准。

【被动伦理标准】 受谈判对手言行的影响而做出的相应反应的行为标准,或称为"因果报应"行为准则。

【谈判风格】 在谈判过程中谈判人员所表现出来的言谈举止、处事方式以及习惯爱好等特点。

【互惠式谈判】 谈判双方都要认定自身需要和对方的需要,然后双方共同探讨满足彼此需要的一切有效途径和办法。

【以现象代替本质】 强调问题的表现方式而掩盖问题实质的谈判手法。

【以相对为绝对】 把一个相对判断与绝对判断混淆并以此去压迫对方的做法。

项目综合练习

一、不定项选择题

1. 商务谈判是谈判各方(　　)的较量。
   A. 实力　　　　B. 心理　　　　C. 战略和策略　　　　D. 态度

2. 心理挫折在谈判活动中主要表现为(　　)。
   A. 成就需要与成就可能性的冲突　　　B. 创造性与习惯定向认识的冲突
   C. 权力受限与谈判者地位的冲突　　　D. 角色多样化和角色期待的冲突
   E. 交际需要与人格限制的冲突

3. 在商务谈判中,对"概念"的把握要做到(　　)。
   A. 把握概念的全面性　　　　B. 把握概念的确定性
   C. 把握概念的灵活性　　　　D. 把握概念的真实性

4. 提高谈判语言的说服力,主要取决于(　　)。
   A. 客观性、针对性、逻辑性的完美结合
   B. 谈判语言的声调、语气和轻重缓急的协调与配合
   C. 无声语言的配合
   D. 书面语言的配合

5. 称呼的基本原则是(　　)。
   A. 先长后幼　　　B. 先上后下　　　C. 先疏后亲　　　D. 先外后内

二、辨析题(判断正误并说明理由)

1. 气质决定着人的心理活动进行的速度、强度、指向性等方面。（ ）
2. 当谈判对手有意运用情绪策略时,我方则要有所防范和有相应的调控反制对策,针对对手的情绪策略,采取相应的策略与情绪反应。（ ）
3. 进行辩证判断要从形式与内容的统一中,从事物的发展过程中,坚持"是中有否,否中有是"的辩证法则,把握事物的内部矛盾。（ ）
4. 谈判中运用的语言主要包括外交语言、商务语言、文学语言、军事语言等。（ ）
5. 对应邀前来的谈判者,在他们抵离时,均应安排相应身份人员前往迎送。（ ）

三、问答题

1. 何为"诡辩术"？如何鉴别"诡辩术"？对"诡辩术"应采取什么对策？
2. 商务谈判中,怎样遵循期望这一心理机制,调动我方和对方谈判人员的积极性？
3. 对客商的迎送要注意哪些问题？

四、案例分析题(运用所学知识进行分析)

【案例】 仪征化纤工业公司从西德吉玛公司引进的圆盘反应器有问题,总经理任传俊与西德吉玛公司总经理理扬·奈德开始索赔谈判。仪征化纤公司提出了1 100万马克的索赔,而对方只认可300万马克。谈判相持很久没有进展。这时任传俊突然提出休会,并提议陪理扬·奈德到扬州游览。在大明寺里,任传俊对他的谈判对手们说:"这里纪念的是一位双目失明为了信仰奋斗,终于达到理想境界的高僧鉴真和尚。今天,中日两国人民都没有忘记他。你们不是常常奇怪日本人的对华投资为什么那么容易吗？很重要的一个原因就是日本人了解中国人的心理,知道中国人重感情、重友谊。"接着,他又对理扬·奈德说:"你我是打交道多年的朋友了,除了彼此的经济利益外,就没有一点个人之间的感情吗？"听完任传俊的这番话,理扬·奈德也动了感情。

游览结束后,双方又回到谈判桌上,任传俊开诚布公地说:"问题既然出在贵公司身上,为索赔花太多的时间是不必要的,反正要赔偿……"理扬·奈德耸耸肩膀:"我公司在贵国中标就花了1亿多美元,我总不能赔着本干……"

任传俊紧跟一句:"据我所知,正是因为贵公司在世界上最大的化纤基地中标,才得以连续在全世界多次中标。这笔账又怎么算呢？"他又诚恳地说:"我们是老朋友了,打开天窗说亮话,你究竟能赔多少？我们是重友谊的,总不能让你被董事长敲掉饭碗。而你也应该为我们想想,中国是个穷国,我总得给这1 000多名建设者一个交代！"

最终,理扬·奈德答应赔偿800万马克。他事后说:"我付了钱,可我心里痛快,因为对方比我精明,比我更具备战略眼光"。

(资料来源:搜狐网,2021.)

思考分析：

理扬·奈德为什么一开始不同意对方提出的索赔要求？后来又为什么发生了变化？

寻消问息 择利行权
——商务谈判探询

学习目标

【知识目标】
1. 明确商务谈判信息搜集的基本要求；
2. 掌握商务谈判信息搜集的内容、渠道和方法；
3. 掌握谈判对象选择的具体内容；
4. 掌握谈判对象分析与选择的要点。

【能力目标】
1. 能够针对不同的谈判对象和谈判标的进行谈判信息的搜集、分类、分析与应用；
2. 能够根据谈判对象信息的有关内容，选择出有利于己方的谈判对象；
3. 能够严格遵守我国就个性化推荐治理的主要法律法规和标准（如《电子商务法》《个人信息保护法》《互联网信息服务算法推荐管理规定》《APP违法违规收集使用个人信息行为认定方法》《GB/T35273—2020 信息安全技术》），协助做好数据合规获取和管理，平衡商业利益与谈判对象权益，培养诚信服务、德法兼修的职业素养。

学习任务提要

★ 商务谈判信息搜集的含义；

★ 商务谈判信息搜集的内容；
★ 商务谈判信息搜集的方法和途径；
★ 谈判对象选择的含义；
★ 谈判对象选择的内容；
★ 谈判对象的优劣势分析及选择。

工作任务提要

★ 选择商务谈判对象训练

建议教学时数

★ 8学时

学习任务一　搜集商务谈判信息

案例导入

【听一听】 我国某冶金公司要向美国购买一套先进的组合炉，派一高级工程师与美商谈判，为了不负使命，这位工程师作了充分地准备工作，他查找了大量有关冶炼组合炉的资料，花了很大的精力对国际市场上组合炉的行情及美国这家公司的历史和现状、经营情况等了解得一清二楚。谈判开始，美商一开口要价150万美元。中方工程师列举各国成交价格，使美商目瞪口呆，终于以80万美元达成协议。当谈判购买冶炼自动设备时，美商报价230万美元，经过讨价还价压到130万美元，中方仍然不同意，坚持出价100万美元。美商表示不愿继续谈下去了，把合同往中方工程师面前一扔，说："我们已经作了这么大的让步，贵公司仍不能合作，看来你们没有诚意，这笔生意就算了，明天我们回国了"，中方工程师闻言轻轻一笑，把手一伸，做了一个优雅的"请"的动作。美商真的走了，冶金公司的其他人有些着急，甚至埋怨工程师不该抠得这么紧。工程师说："放心吧，他们会回来的。同样的设备，去年他们卖给法国只有95万美元，国际市场上这种设备的价格100万美元是正常的。"果然不出所料，一个星期后美方又回来继续谈判了。工程师向美商点明了他们与法国的成交价格，美商又愣住了，没有想到眼前这位中国工程师如此精明，于是不敢再报虚价，只得说："现在物价上涨得厉害，比不了去年。"工程师说："每年物价上涨指数没有超过6%。一年时间，你们算算，该涨多少？"美商被问得哑口无言，在事实面前，不得不让步，最终以101

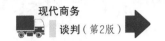

万美元达成了这笔交易。

(资料来源:李品媛.现代商务谈判[M].4版.大连:东北财经大学出版社,2020.)

【想一想】 分析中方在谈判中取得成功的原因及美方处于不利地位的原因?

【说一说】 案例中调查了哪些方面的情报?以及对于商务谈判筹划的作用?

【议一议】 面对美方公司的保护壁垒,中方公司借助搜集的科学严谨充分的信息,找到了突破口,获得了进入市场的机会。可见信息搜集的重要性。

一、商务谈判信息的含义与特征

(一) 谈判信息的含义

商务谈判信息是指经过搜集、整理、分析、筛选,被人们理解和认识的,对谈判活动有影响的数据和资料。

谈判信息的搜集是商务谈判的基础工作,是商务谈判筹划的重要环节。信息是制订谈判战略的依据,是控制谈判过程的手段,是双方相互沟通的中介。它影响谈判人员的判断,左右他们的决定。在谈判中,可以说谁掌握了关键的信息,谁就掌握了制胜的关键。

(二) 信息的特点

商务谈判信息资料同其他领域的信息资料相比较,有其不同的特点:(1) 商务谈判资料无论是资料的来源还是资料的构成都比较复杂和广泛,在有些资料的取得和识别上具有相当难度。(2) 商务谈判资料是在特定的谈判圈及特定的当事人中流动的,谈判者对商务谈判资料的敏感程度,是其在谈判中获取优胜的关键。(3) 商务谈判资料涉及到己方和谈判对手的资金、信用、经营状况、成交价等情况,具有较强的保密性。

(三) 掌握谈判信息的重要性

要有理、有据、有节地进行谈判,最重要的前提条件就是及时地占有全面、准确的有关资料。无论是谈判前的运筹决策乃至整个谈判进行过程都必须以信息资料为先导,掌握充分适用的信息资料是开启谈判成功之门的钥匙。因此,科学地进行信息准备是非常必要的,它对整个谈判进程起着重要的作用:

(1) 信息准备为正确进行谈判决策提供依据;

(2) 信息准备是制定谈判方案和拟定谈判计划的基础;

(3) 信息准备是有针对性地采取有效的谈判策略的前提。

二、商务谈判信息搜集的基本要求

为了保证所搜集的信息真实可靠,以便做出正确的谈判决策,在做信息搜集时要注意以下三方面的问题：

（一）信息搜集的面要宽，目的要明确

在搜集信息时尽可能使面宽一些，也就是说，凡是同谈判有关的信息，只要时间允许都要尽可能搜集，并在此基础上进行深入细致的分析，才能既防止重要信息的遗漏，又可能通过层层筛选找出有用的信息。

在做信息准备时要有明确的目的性指的是：要有计划有目的地组织信息搜集的专业队伍；要尽可能节省时间、人力、物力、财力；要科学地拟定信息准备的专题计划，使每次信息准备都有明确的内容界限和时间界限，这样才能使谈判人员在有限的时间里获得更多有用的信息。

（二）搜集的信息要真实可靠

为了保证所搜集的信息的可靠性，首先要求信息来源要真实可靠，对道听途说、人云亦云的信息要慎重分析。特别是在同对方进行非正式接洽时，要注意有时对方会有意识提供一些虚假的信息来迷惑谈判人员。在直接进行观察时也要注意认真鉴别真伪，防止被对方故意制造的假象所迷惑。

（三）信息搜集要保持系统性和连续性

谈判活动是在一定的时间和空间条件下进行的，任何事物在不同的时间和空间条件下都会发生不同的变化。对有些谈判项目而言，在一定的时间和空间条件下谈判无法成功，但换了一个时间和空间可能会出现转机。有些谈判方案在目前看来是可行的，但当时间和空间发生变化时，原有的谈判方案就会变得无效。因此信息搜集要能反映谈判活动的动态变化状况和过程，要注意跟踪了解谈判对手的情况，使信息搜集具有系统性和连续性。对于搜集到的信息要按一定的方法建立谈判信息档案，以便随时备用。

三、商务谈判信息搜集的内容

（一）有关谈判对手的信息

商务谈判中，谈判对手的信息是对己方最有价值的信息。所以在谈判开始之前必须准确、全面地把握谈判对手的状况，这样才能做到知己知彼。

谈判对手的信息主要包括以下几个方面：

（1）谈判对手组织情况信息。包括谈判对手组织的合法性、经营管理状况、产品质量及企业信誉等。

（2）谈判对手个人背景信息。主要包括谈判者品格、业务能力、经验、情绪等方面的内容。

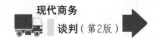

(3) 对手谈判的最后期限信息。

（二）己方的相关信息

在谈判前的准备工作中，不仅要调查分析客观环境和谈判对手的情况，还应该正确了解和评估自身的状况。没有对自身的客观评估，就不会客观地认清己方的实力。了解和评估自身的状况应包括以下内容：

(1) 谈判信心确立的情况。谈判者应该了解自己是否准备好支持自己说服对方的足够的依据，是否对可能遇到的困难有充分的思想准备，一旦谈判破裂是否会找到新的途径实现自己的目标。

(2) 自我需要的认定。希望借助谈判满足己方哪些需要？需要多少？要求达到怎样的质量标准？在什么时间内购买？对方必须满足己方哪些条件等等。

(3) 谈判的组织结构及谈判人员的状况。组织结构是否合理，谈判人员的素质是否过硬。

（三）市场相关的信息

市场信息是商务谈判可行性研究的重要内容。市场方面的信息内容十分广泛，与谈判有关的主要有：

(1) 交易商品市场分布的地理位置、运输条件、政治经济条件等。

(2) 交易商品市场需求量、供给量及发展前景。

(3) 交易商品的流通渠道和习惯性销售渠道。

(4) 交易商品的交易价格、优惠措施及效果等方面。

市场情况对企业的商务谈判活动产生重大影响，谈判者要密切关注市场的变化，根据市场的供求和运动规律，选择有利的市场，并在谈判中注意对方的要价及采取相关的措施。

（四）环境信息

环境信息包括政治法律环境、市场环境、社会文化环境等内容。

(1) 政治法律环境。作为企业的谈判人员首先必须了解党和国家的有关政策和与谈判有关的法律规定。认真学习有关政策和法规，树立法制观念，确立法律意识，否则不仅会使企业遭受不必要的经济损失，还可能在法律上带来不利后果。

(2) 市场环境信息。市场环境信息是贸易谈判信息准备的重要内容。包括销售地消费者收入状况、支出状况、储蓄状况、消费习惯、消费规律和购买特点、竞争对手的经济策略和经营状况等。

(3) 社会文化环境信息。主要包括宗教信仰、文化传统、社会习俗等内容。

四、商务谈判信息搜集的手段

(一) 信息准备的途径

1. 国家和行业协会发布的公开数据

首先,国家统计部门每年都会发布一些公开的调查数据,通过对这些数据的有效分析和利用,可以有效地掌握行业动态,对谈判的宏观环境进行把握。其次,还可以通过行业协会获取信息,行业协会往往通过举办行业活动等方式获取行业的资料信息,同时由于其职能特点也往往成为行业信息的集中枢纽,因此是获取整体信息的重要渠道。

2. 通过政府事业机构

因为银行、税务和其他稽查机构的工作具有政府工作的性质,它们往往对企业的财务和经营情况了解得比较清晰,甚至对整个行业都很熟悉。这也是银行等机构衍生相关业务的原因。

3. 通过研究专利

以商标、技术为特点的专利是品牌产品的核心,能直接反映其技术水平、竞争态势。通过对分布在专利说明书和权利要求中大量分散的、无序的性能和特征等方面的信息进行检索、分类、排序、分析等再加工,就可以掌握对己方有益的信息。值得提醒的是,如果该专利过期了,或商标未注册或过期就更好了。

4. 通过行业咨询公司或相关机构

咨询行业日渐繁荣,在从业过程通过业务关系可以获取大量本行业的信息,经过对这些信息进行深入分析和研究,就可以找出有价值的信息资料。

5. 通过大型的展览活动

几乎所有的厂家都会定期参加一些行业展览,在展会上会推出新的产品和制定新的销售政策。企业可以安排专人搜集相关资料。要注意的是,安排的人员必须对该行业清晰明了,并有较高的谈判能力,这样才能挖掘到更多的情报。

6. 通过参观学习

最可靠和最真实的情报来自最贴近、零距离式的参观学习。参观主要以投资考察或寻求合作的方式进入对方的防范区,获得其敏感信息。了解对方的技术实力的最有效的方式就是少说多听,注意观察,选派的人员应该对行业非常了解。

7. 通过询问关键客户

由于大客户的重要性和影响力,一般厂家对该客户的政策都会给予倾斜,包括价格、销售政策、信用政策等多方面。因此大客户对厂家的情况会十分清楚,甚至了如指掌。因此询问大客户是搜集谈判对象情报十分重要的捷径。

8. 通过谈判对象的骨干

谈判对象的骨干人员往往掌握许多机密信息,甚至核心机密。其职务越高,掌握的情报越多。招募谈判对象的骨干人员是搜集机密情报的有效途径。

9. 通过追踪谈判对象领导的言行

通过追踪谈判对象领导的言行,分析他们不经意流露出的信息,也能发掘一些重要的情报,做出及时的反应。

10. 通过反向工程

反向工程就是通过拆卸、检查、化验、脱壳等手段了解对方的产品,熟悉其材料、成本、工艺、流程等经济和技术信息,为谈判准备有力的材料。

总之,情报的获取是一件艰巨的工作,有效的渠道是保证事半功倍的前提,核心情报的获取可能要付出巨大的人力和物力的代价,甚至可能要担当相当大的风险。

(二) 信息搜集的方法

只有运用科学的方法来系统地搜集有关谈判的各类信息,才能确保信息的真实性和可靠性。通常的做法是:在信息准备的步骤上先拟写一个信息准备方案,方案内容包括信息准备目的、信息准备的范围、途径、时间要求、对象要求、经费预算。在完成信息搜集工作后,对搜集到的信息进行必要的审核,经筛选、分类、加工、分析、整理后提供给谈判人员据以制定谈判方案和谈判决策。

信息准备的方法大致有以下几种:

1. 间接了解法

这种方法是指谈判人员在不与对方谈判对手接触的前提下,通过对现有资料的搜集、整理和分析进行信息准备。其特点是利用各种已公开的资料和企业现有的资料,运用统计分析的方法进行信息准备。间接了解信息的来源是很多的,既可以是己方已存储的各类档案和文件资料,也可以是对方公开发表的各类文件资料,还可以是政府有关部门公布的资料。

2. 直接调查法

这种方法是由谈判人员与有关人员直接接触获取各种有用的信息。其具体方法有:

(1) 通信访问法。通信访问法就是事先拟定好调查问卷,然后邮寄给调查对象,并要求调查对象填好后寄回。这种调查方式所获得的信息是否真实可靠,调查表格回收率的高低同调查表设计的质量有十分密切的关系。谈判人员在设计调查表时,要尽可能使所提问题简明扼要,用词通俗易懂,易于回答。问题的含义不能太深奥,不能模棱两可,不能带有暗示或引导性的问题。另外不要出现使被调查人难以回答或不愿意回答的问题。

(2) 电话访问法。指谈判人员利用电话询问被调查对象,并对询问结果进行记录、整理、分析,从而获取信息的一种方式。电话询问速度快、反馈及时、成本低、询问范围广。但对提出的问题、提问的方式和用语有很高的要求。由于受时间的限制,电话询问只能得到简单的回答,无法对调查问题进行深入的了解,所以提问题要注意用语不能过于复杂拖沓,尽可能在短时间内获得较多的有用信息。

（3）人员访问法。人员访问法有两种基本形式：一是实地考察对方企业，了解对方企业的规模、经营实力、员工精神状况等信息；二是通过安排正式性的预备性接洽，直接在与对方会谈中了解对方情况。预备性的接洽不仅可使双方都有机会正面观察对手，而且可以使双方都了解对方的谈判诚意。有助于双方在平等、互利、互谅、互相了解的气氛中进行合作。从心理学角度讲，一个人的眼神、面部表情、谈吐、坐姿、握手方式、服饰等方面，往往可从中演绎出许多有关谈判对手状况的信息。

五、商务谈判信息的加工整理

（一）鉴别与保存

要将搜集的资料进行鉴别和分析，剔除不真实的、证据不足的、带有较多主观臆断色彩的信息，保存那些可靠的、有可比性的信息，避免造成错误的判断和决策。

（二）归纳与分类

要在已经证明资料可靠性的基础上将资料进行归纳和分类。将原始资料按时间顺序、问题性质、反映问题角度等要求分门别类地排列成序，以便于更准确地反映问题的各个侧面和整体面貌。

（三）研究与分析

将整理好的资料做认真的研究分析，从表面的现象探求其内在本质，由此问题逻辑推理到彼问题，由感性认识上升到理性认识，然后提出有重要意义的问题。将提出的问题做出正确的判断和结论，并对谈判决策提出有指导意义的意见，供企业领导和谈判者参考。

（四）撰写调查报告

调查报告是调查工作的最终成果，对谈判有直接的指导作用。调查报告要有充足的事实、准确的数据，还要有对谈判工作起指导作用的初步结论。

案例赏析

1955年7月17日，位于美国加利福尼亚州阿纳海姆市的世界第一个迪士尼乐园（Disneyland）正式向公众开放，它不仅在当时被誉为"地球上最快乐的地方"，还成功推进了主题公园的发展。1983年成功开办了东京迪士尼乐园，证明日本人真是非常喜欢他们的米老鼠。在使日本人快乐之后，迪士尼公司把注意力转移向巴黎。因为有大约1 770万欧洲人居住在离巴黎不到两个小时汽车行程的地方，还有3.1亿人用不到两小时或更短时间就可飞到巴黎。此外，法国政府渴望把迪士尼公司吸引到巴黎来，给公司提供超过10亿美元的各种奖励，法国政府期望这个项目能给法国创造 30 000 个就业机会。1986 年年底，迪士尼公司深陷于和法国政府的谈判中。谈判时间比预期要长得多，这激怒了以夏皮罗为首的迪士尼公司的谈判代表。法国首席谈判代表白纳德说："美国的夏皮罗先生居然失去耐性，冲向房门，以完全非法国人的方式，用脚不断踢门并大喊：'让我砸点什么东西！'"此时，法国代表真是大吃一惊。1992 年夏，迪士尼公司按计划开办了价值 50 亿美元的主题公园。欧洲迪士尼乐园开张不久，法国农民就将拖拉机开到乐园门口并将它封锁，全世界电视都转播了这次抗议行动，但这一行动不是针对乐园本身，而是针对美国政府的，原因是美国政府要求法国削减农业补贴。尽管如此，这一事件使全世界都关注着迪士尼乐园与巴黎之间这桩"没有爱情的婚姻"。之后发生的是经营上的失误：

1. 迪士尼公司的政策是在乐园内不提供酒精饮料，但法国人的习惯是中餐要喝一杯酒，这件事引起了法国人的恼怒。

2. 迪士尼公司认为周一游客最少而周五游客最多并按这种想法安排人手，但实际情况与此相反。

3. 旅馆早餐一片混乱，因为迪士尼公司认为欧洲人不吃早餐而压缩了餐厅面积。在只有 350 个座位的餐厅里招待 2 500 个吃早餐的人。队伍排得让人害怕，而且游客不仅想吃小面包、喝咖啡，还想吃咸肉和鸡蛋。还有职工问题和游园时间问题等。结果到 1994 年年底，欧洲迪士尼乐园累计亏损额已达 20 亿美元。

【扫一扫】
更多信息

（资料来源：[美]查尔斯·W. L. 希尔. 国际商务：全球市场竞争[M]. 周健临，等译. 3 版. 北京：中国人民大学出版社，2002.）

学习任务二 | 选择商务谈判对象

案例导入

【听一听】 李某到某客户所在城市洽谈"桑拿设备"的生意，李某事先对这个客户有一些了解。

李某和客户约定 10 点见面，他提前了两个小时，目的是想对客户施工进度和开业准备等问题做更细致的调查。在施工现场，李某看到工人们正忙着装修，进度已完成 2/3，就剩下设备工程的安装。李某心中马上有了底。

10 点钟，李某和对方的副总进行了正式交谈。副总说："我们见过了贵公司的产品，质量还可以，价格我也了解。不过，你看该安装多大功率的设备以及多少配备呢？"李某略做思考后，回答说："安装 3 套能容下两人的桑拿设备，再配备三个单人或双人的冲浪设备就可以了。"

副总问:"为什么?我装一套容纳六人的设备不是更简便吗?"李某解释说:"是这样的,两人设备的功率是4.5千瓦,六人设备的功率是9千瓦。咱这个行业与其他行业不同,即使来一个人,设备也要开,假如你用六人设备的话,功率大是一种浪费。用一套两人设备的话,不是可以节约4.5千瓦吗?假如来六人的话,三套设备也可以同时开呀!这样的设备可以为你节约很多的电费!""那售后服务呢?""终身维修。""那价格呢?""给你个优惠价,每台4 000元吧!"

副总说:"你的价格和另一客户的相差太多了,他们的设备每台才3 000元,质量也过硬,就是路途远点,售后服务没保证,不然我们决不会放弃与他们合作的。可是,你们每台4 000元,价格实在太高了。"

李某说:"副总你想,我方价格虽高于他们,却省了路途运费,而且节省了时间。你施工期将近,急需完工,去外地采购设备,既耽误工期,又难以保证售后服务。你应该综合考虑,到底与谁合作利益更大呢?"十几分钟后,副总做出决定,购买李某公司的设备。

【想一想】 李某掌握了谈判对象的哪些重要信息?

【说一说】 正确的谈判对象分析对谈判的发展有何影响?

【议一议】 谈判对手的选择是谈判成功与否的重要影响因素。企业应通过前期对谈判信息的搜集整理,选择合适的谈判对象。

谈判对象的选择是商务谈判筹划工作的重要内容。它是在充分掌握谈判相关信息的基础上,通过深入细致的分析进行选择和确定的。谈判对手自身的因素是决定谈判对象选择的主要因素,谈判对象选择的正确与否是决定谈判成败的关键。

一、商务谈判对象选择的含义

商务谈判要进行的第一步就是根据环境等信息确定谈判对象。只有恰当地确定谈判对象,才能做到有的放矢。例如,如果我们想买一台计算机,谈判目标首先定位在计算机经销商,那么在充分搜集情报后,经过分析整理,确定自己的需求和对方的条件,找到能够满足自己需求的对象,最后根据对这个经销商的分析,再决定是否与其进行购买谈判。可见只有当谈判者明确了自身的需求和目标,也找到了有同种愿望的谈判对象时,谈判关系才能成立,才能顺利进行谈判。

当满足第一条件的对象出现时,需要做的就是通过进一步筛选将范围缩小,最后确定一个具体的谈判对象。在这个过程中,需要对谈判对象进行充分的调查和分析,发掘双方的优劣势,为正式谈判做好准备工作。

二、商务谈判对象选择的内容

（一）谈判对象的基本情况

谈判对象的基本情况包括营运状况和资信状况。营运状况主要体现生产管理因素、产品因素、定价因素、销售渠道因素、促销因素、企业业绩、面临的问题和发展前景等。资信状况主要是指资产规模、资金运转状况、企业的口碑、企业的可信度、能否如期履约等。因为即使对方是一个注册资本很大的公司，但如果营运状况不好，就会负债累累，而公司一旦破产，己方很可能收不回全部债权。如果信用不好，不能履约，就会造成货款两空，从而造成严重的经济损失。

因此，在谈判对象选择时，应对谈判对象的基本情况进行分析比较以后，挑选基本情况较好的企业作为己方的谈判对象。作为谈判人员，应坚持在不掌握对方信用情况，不熟知对手底细或有关问题未搞清楚的情况下，不举行任何正式的商务谈判。只有在掌握对方营运状况和资信状况的情况下，才能确定交易的可能和规模，才可以作出谈判决策。

（二）谈判对象的合法资料信息

谈判对象合法资料信息的内容包括两个方面：一是法人资料状况；二是谈判人员资料和签约资格状况。

作为谈判对象必须具有法人资格和组织的性质，这是形成谈判关系的前提。如不事先搞清楚这些情况，一旦发生经济纠纷就很难找到对方行踪。对方参加谈判的人员是否具有代表资格和签约资格，也是影响谈判的重要因素。从法律上讲只有公司的董事长或总经理才能代表公司对外签约，而公司的其他人员只能在法人代表授权或委托的范围内签约。如果超越了其授权和委托的范围，或根本没有授权对外签约，所签的协议中所承担的权利和义务是无法律效力的。因此谈判人员必须事先了解对方的代表资格和签约资格，必须及时要求对方出具有关文件以确认其代表资格和签约资格。

在谈判中，同一个没有任何决定权的人谈判是浪费时间的，甚至会错过最佳的交易时机，弄清代理商的代理权限范围和对方公司的经营范围，才能避免日后发生纠纷和损失。所以，谈判对象资料的合法性是己方选择谈判对象的前提条件。

（三）谈判对象的真正需要

谈判对象的需要包括根本性需要和一般性需要两个层面。

根本性需要即谈判者的最根本利益。对这种根本性的需要，对方是愿意付出较大的代价去争取的。一般性需要是指谈判者非主要利益的满足。所以，在谈判分析中要善于抓住对方的根本性需要，在满足对方根本性需要的前提下，使自己的利益得到最大的满足。

只有认真了解对方的需求，才能有针对性地激发其成交的动机。在商务谈判中，越是有针对性地围绕需求谈判,交易就越有可能取得成功。

（四）对方谈判的最后期限

任何谈判都有一定的期限。最后期限的压力常常迫使谈判者不得不采取快速行动,立即作出决定。

只有了解对方的谈判期限,才能针对对方的期限,控制谈判的进程,并针对对方的最后期限,施加压力,促使对方接受有利于己方的交易条件。

（五）对方参与谈判人员的具体情况

对方的谈判作风和个人的基本情况是重要的信息内容。谈判作风指的是在反复、多次谈判中所表现出来的一贯风格。了解对手的谈判作风可以更好地采取相应的对策,以适应对方的谈判风格,尽力促使谈判成功。对手的个人情况,主要包括品格、业务能力、经验、情绪等方面。在商务谈判中谈判者的风格类型很多,最主要有以下六种谈判风格：

(1) 领导型风格,也叫主宰或权力型风格。谈判者在谈判中习惯处在主动操控地位。典型的谈判语有"我看就这么定了吧。"

(2) 跟随型风格,也叫被动型谈判风格。谈判者在谈判中习惯处在被动的谈判位置。典型的谈判语有"贵方看,日程怎么安排呢？"

(3) 进攻型风格,也叫挑剔型风格。谈判者在谈判中习惯于主动向对方发起攻击,以求谈判成果。典型的谈判语有"贵方两天前所言与今天所说能自圆其说吗？"

(4) 防守型风格,也叫顽强型风格。谈判者在谈判中习惯处于以守为攻的位置。典型的谈判语有"贵方所言,我需要研究研究。"

(5) 闪电型风格,也叫快速型风格。谈判者在谈判中惯于采用快速进攻或结束谈判的手法。典型的谈判语有"请贵方不要吞吞吐吐、躲躲闪闪地回避矛盾,不解决它,其他问题没法谈。"

(6) 太极型风格,谈判者在谈判中软硬兼施、刚柔结合。典型的谈判语有"我不怕有分歧,就怕你我双方没有相互理解。"

商务谈判归根到底是谈判人员之间智慧的较量,掌握谈判对手背景材料信息,针对不同对手,采取不同的方法,对症下药,谈判双方往往更容易沟通,更容易形成较好的谈判气氛,进而实现自己的谈判目标。

三、商务谈判对象的优劣势分析及选择

准确地分析谈判对象的优势和可控制因素,以及谈判失败给对方造成的风险和影响,非常有助于己方在谈判中掌握主动权。所以,在进行重大谈判之前,除了全面了解对方的情况之外,还要进行对方的优劣势分析,据此确定谁是最终的谈判对象。

（一）谈判对象的优劣势分析

1. 分析谈判对象的优势

（1）谈判对象需要的程度较低或缺少明确的基本利益需要,谈判的积极性不高。

（2）己方有直接的竞争者,谈判对象可交易的范围较广,销售渠道畅通,具有明显的主动权。

（3）谈判对象规模和潜力较大,掌握充分的资源,市场优势明显。

（4）谈判对象本身缺少竞争者。

（5）拥有区域内业务最好的潜在客户。

2. 分析谈判对象的劣势

（1）谈判对象存在谈判时间的限制。

（2）谈判对象内部已出现对己方有利的倾向性。

（3）己方竞争者的产品有难以改正的缺点和弱点。

（4）谈判对象与己方谈判的失败可能导致其无法接受的损失和风险。

（二）根据谈判对象优劣势分析的结果选择谈判对象

通过上述分析,在选择确定谈判对象时,应最大限度地避开具有明显优势的对手,而选择具有劣势的谈判对手。以便掌握谈判主动,实现谈判目标,提高谈判的成功率。具体应做到:

（1）选择交易内容对对方特别重要的对手作为谈判对象。

（2）选择交易条件对双方满足程度较高的对手作为谈判对象。

（3）选择对方有较多竞争者的对手作为谈判对象。

（4）选择信誉良好的对手作为谈判对象。

（5）选择经济实力较强的对手作为谈判对象。

（6）选择谈判时间耐力较弱的对手作为谈判对象。

（7）选择掌握谈判相关信息相对不充分的对手作为谈判对象。

（8）选择谈判经验和能力相对不足的对手作为谈判对象。

需要明确的是,在任何一场谈判中,优势和劣势都不是固定不变的。谈判对象时间很紧迫,但是过了一个时间点后,很可能就有了充裕的时间来进行这场谈判;今天竞争对手可能无法对己方构成竞争,但明天并非一定如此。所以,对谈判人员来说,要时刻关注谈判环境的变化,客观、理智地分析双方的优劣势,做到动态选择,随机应变。

（三）依据优劣势分析的结果确定谈判战略

依据优劣势确定的谈判战略大致可以分为以下三种:

（1）己方处于优势地位,而且对谈判的兴趣并不是很大。要使谈判结果符合己方期望值的高限,可以不惜谈判破裂。

(2) 己方所处的地位最多略高于对方,或基本是"旗鼓相当"。如果对谈判的兴趣较大,又十分迫切,那么谈判结果只要能接近己方期望值的中点线即可,必要时可适当做些让步。

(3) 己方显然处于相对劣势地位,对谈判的兴趣很浓,也很迫切。谈判结果只要能不低于(或略低于)己方的期望值底线即可,虽然不得不做较多的让步。

案例赏析

部分国家商人的谈判风格

1. 美国人的谈判风格

美国人的谈判风格在世界上是影响最大的。美国人的性格通常是外向的。他们与别人结识不久,就会显露出犹如多年的知己好友那样的亲切感。美国人的个性是自信和果断的,因而谈判人员进入谈判室时是充满信心的,谈话时又是明确肯定的。

美国谈判人员进行谈判时,通常是充满着热情。他们以经济上获取利益为自己的谈判目标。美国人善于讨价还价,并能很自然地在谈判时将话题转到讨价还价上去。他们在谈判时喜欢一个问题接着一个问题地讨论,最后才完成整个协定。

美国谈判人员对商品的包装特别感兴趣。这是因为,在美国,包装对商品的销路具有重要的影响,只有新奇的包装,才能激励消费者的购买心理,扩大销售。在美国,一些日用消费品花在包装上的费用,常常要占商品成本的 1/4~1/3。

综上所述,美国人的谈判风格可归纳为四个特征:

(1) 精力充沛,情感洋溢;

(2) 具有职业特点;

(3) 讨价还价能力强;

(4) 重视商品的包装与装潢。

同美国人谈判时,如果有疑问,或有含糊不清之处,要不客气地问清楚,以免日后造成纠纷。

2. 俄国人的谈判风格

俄国人在谈判中,重视谈判项目中的技术内容和索赔条款,特别看重坚持"理念"的重要性,而不是经济利益,这与美国人的思维逻辑几乎相反。他们的谈判风格总的来说比较死板,出一个价后就不太愿意改变,并认为在谈判中让步是一件"没面子"的事,大有"一言既出,驷马难追"之风格。所以,与俄国人谈判,如果不了解在这个时期对他们最重要的"理念"是什么,不在他们出价前先做好种种事先的"思想工作"准备的话,要取得良好的谈判结果就会比较困难。

3. 日本人的谈判风格

日本人的一般特征是具有团体倾向,有强烈的团体生存和成功的愿望。这个特性在谈判中表现在要取得谈判成功的强烈愿望上。

日本的生活充满竞争,所以特别强调秩序和维护人际关系。由于竞争激烈,因而日本商人时间概念强,生活节奏快,性格有时显得急躁。

日本商人在谈判过程中喜欢私人接触,这是初步认识对方的最好办法,而且最好在开始接触时通过适当的人做介绍,这样,交易就容易成功。日本人在谈判时不太坦率,常常给人含糊不清甚至容易使人误会的回答。因此,在谈判时,对日本谈判人员的意思必须弄清,以免日后造成纠纷。日本人在承诺之前习惯于对合同作详细的审查,并在他们之间取得一致意见,这一过程比较长。但他们一旦做出决定,就能很快地执行。因此,同日本人谈判要有耐心,事先要有人介绍,即采取间接迂回的方法,在订合同之前必须仔细审查合同,含义不清的地方必须予以明确,这样才有可能取得较好的结果。

【扫一扫】
更多信息

工作任务三 选择商务谈判对象训练

【任务要求】 通过对一定范围内若干谈判对手情况的调查,取得相关信息资料,然后对这些信息资料按照对己方有利的条件进行筛选和归类,最后进行比较分析,得出结果。

【情景设计】 美国谈判专家史帝芬斯决定建个家庭游泳池,建筑设计的要求非常简单:长30英尺,宽1英尺,有温水过滤设备,并且在6月1日前竣工。

史帝芬斯首先在报纸上登了个建造游泳池的招商广告,具体写明了建造要求。很快有A、B、C三位承包商前来投标,各自报上了承包详细标单,其中包括各项工程的费用及总费用。史帝芬斯仔细地看了这三张标单,发现所提供的抽水设备、温水设备、过滤网标准和付款条件等都不一样,总费用也有不小的差距。

于是史帝芬斯同时约请这三位承包商进行商谈。当三位承包商如约准时来到时,史帝芬斯客气地说,自己有件急事要处理,一会儿一定尽快与他们商谈。三位承包商只得坐在客厅里一边彼此交谈,一边耐心地等候。

少许,史帝芬斯出来请承包商A先生进到书房商谈。A先生一进门就介绍自己做的游泳池工程一向是最好的,建造史帝芬斯家庭游泳池实在是胸有成竹、小菜一碟。同时,还顺便告诉史帝芬斯,B先生通常使用陈旧的过滤网,C先生曾经丢下许多未完的工程,现在正处于破产的边缘。

接着,史帝芬斯请第二个承包商B先生进行商谈。史帝芬斯从B先生那里又了解到,其他人所提供的水管都是塑胶管,只有B先生所提供的才是真正的铜管。

最后,史帝芬斯请第三个承包商 C 先生进行商谈。C 先生告诉史帝芬斯,其他人所使用的过滤网都是品质低劣的,并且往往不能彻底做完,拿到钱之后就不负责任了,而自己则绝对能做到保质、保量、保工期。

"不怕不识货,就怕货比货",有比较就好鉴别。史帝芬斯通过耐心地倾听和旁敲侧击的提问,基本上弄清楚了游泳池的建筑设计要求,特别是掌握了三位承包商的基本情况:A 先生的要价最高,B 先生的建筑设计质量最好,C 先生的价格最低。那么,史帝芬斯将如何选定承包商?

(资料来源:周琼.商务谈判与推销技术[M].北京:机械工业出版社,2014.)

【任务实施】 (1)教师布置实训任务,组织学生温习本任务所述谈判对象选择的相关知识;(2)4人一组,分别扮演A、B、C三位承包商及史帝芬斯先生;(3)结合背景资料,史帝芬斯先生分别与三位承包商进行商谈演练;(4)史帝芬斯先生通过对三位承包商情况的了解,选择确定承包商。

【任务实施应具备的知识】 谈判对象选择的内容;谈判对象优劣势分析。

【任务完成后达成的能力】 培养学生能够通过条件对比和优劣势分析的结果,选择适合于己方的谈判对象,从而提高作为谈判手的选择能力、谈判的专业能力及职业核心能力。

【任务完成后呈现的结果】 A、B、C三位承包商扮演者制定游泳池建设方案;史帝芬斯先生的扮演者说明选定具体承包商的理由;教师归纳点评史帝芬斯先生的扮演者所选承包商的正确性。

知识宝典

【正当关注】 为独立建立关于潜在伙伴的背景资料所进行的调查研究。

【谈判信息的传递时间】 谈判者在充分考虑到各方相互关系、谈判环境条件、谈判信息传递方式的情况下,确定并把握能积极调动各相关因素的谈判信息传递的最佳时间。

【进取型谈判对手】 以对别人和对谈判局势施加影响为满足的对手。

【关系型谈判对手】 以对别人保持良好的关系而感到满足的对手,对成功与保持良好关系的期望很高,对权利的期望很低。

【群体决策】 群体负责人在决策之前,广泛征求群体内部成员的意见,在进行充分讨论的基础上,由负责人权衡利弊后作出决策。

【个人决策】 在谈判遇到问题时,谈判群体中的负责人未征求群体内其他成员的意见,或虽有征求群体内其他成员意见的形式,但在并未重视大多数成员意见的情形下独立作出决策。

【谈判实力】 谈判实力是能力、经济力量、产品的质和量、社会影响、权利等的综合反映。谈判实力在各种谈判中都起到重要的作用。对于谈判中的每一方来说,谈判实力都来源于

8个方面，N(Need)、O(Options)、T(Time)、R(Relationships)、I(Investment)、C(Credibility)、K(Knowledge)、S(Skills)。

【主持依据】 所谓主持依据，主要是指能够影响谈判组织的各种因素。

项目综合练习

一、不定项选择题

1. 信息搜集的基本要求是(　　)。
   A. 信息搜集的面要宽，目的要明确　　B. 信息搜集要真实可靠
   C. 信息搜集要保持系统性和连续性　　D. 信息搜集要注意保密性

2. 对谈判对手资信情况的调查包括两方面的内容：一是对方的(　　)；二是对方的(　　)。
   A. 主体的合法资格　　B. 资本信用与履约能力
   C. 客商的身份　　D. 客商的实力

3. 选择谈判对象一般要经过的步骤包括(　　)。
   A. 搜集谈判对象相关信息　　B. 归纳整理信息材料
   C. 进行谈判对象的优劣势分析　　D. 确定最终谈判对象

4. 谈判对象的选择应把握(　　)主要内容。
   A. 谈判对象的企业组织情况　　B. 谈判对象的资信情况
   C. 参与谈判的人员状况　　D. 企业的产品情况
   E. 价格水平及售后服务条件

5. 谈判对象的需要通常包括(　　)。
   A. 根本经济利益的需要　　B. 企业发展需要
   C. 谈判人员自我实现的需要　　D. 被尊重的需要
   E. 谈判人员晋职的需要

二、辨析题(判断正误并说明理由)

1. 谈判的一个重要法则是不与没有决策权的人谈判。　　　　　　　　　　(　　)
2. 在谈判准备阶段最重要的是分析双方的需要，找出满足双方共同需要的解决方案。
   　　　　　　　　　　　　　　　　　　　　　　　　　　　　　　　(　　)
3. 谈判对象资料合法性是己方选择谈判对象的前提条件。　　　　　　　　(　　)
4. 在商务谈判中，越是有针对性地围绕需求谈判，交易就越有可能取得成功。(　　)
5. 谈判双方的优势和劣势都是固定不变的。　　　　　　　　　　　　　　(　　)

三、问答题

1. 搜集商务谈判信息包括哪些内容？其中最重要的信息是什么？
2. 掌握谈判对象的谈判期限有何意义？

3. 谈判者的谈判风格类型主要有哪些？

四、案例分析题（运用所学知识进行分析）

【案例】 前些年，我国某公司拟引进彩色胶卷及相纸的生产技术，该公司自己花了很长时间来搜集该项技术及价格的资料，但始终不得要领，弄不清准确情况。后来决定委托香港一家咨询公司，请他们对彩色胶卷及相纸生产技术的转让和有关设备选购提出意见。

该咨询公司提出的咨询报告，主要对世界上一些有名的经营彩色胶卷及相纸的生产厂家，如柯达、爱克发、富士、樱花、依克福、汽巴等公司做了相关研究，提出了一系列建议。首先，报告认为具有国际市场垄断性质的是美国的柯达公司，该公司资金实力和市场规模都很好，其产品系列也比较全，相应的服务设施和技术也很配套，但是价格较高，而且对方对合作和购买门槛要求也比较高。其次，是日本的富士公司，该公司产品在 20 世纪 80 年代声名鹊起，也有自己的专利技术，胶卷比较符合中国人消费偏好，而且公司对中国市场也比较重视。最后，是日本的樱花公司，尽管其产品的知名度不如前两个，但是价格比较理想，而且对方对合作引进也持非常积极的态度，会主动提供一些优惠合作条件。

（资料来源：李品媛.现代商务谈判[M].4版.大连：东北财经大学出版社，2020.）

思考分析：

1. 作为决策者，你认为应该选择哪一家作为谈判对象？
2. 在最后拍板之前，你还建议做哪些工作以拓宽决策的考察面和信息面？

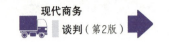

深谋远虑　有的放矢
——商务谈判准备

学习目标

【知识目标】
1. 明确确定商务谈判目标、拟订谈判方案的重要性；
2. 理解谈判方案拟订的程序和方法；
3. 掌握商务谈判目标确定的原则、要求、内容和方法；
4. 掌握谈判方案拟订的原则和具体内容。

【能力目标】
1. 能够根据目标定位内容和要求设计出谈判总体目标和分项目标；
2. 能够根据谈判方案拟订的原则和内容，运用正确的方法拟订出切实可行的谈判方案；
3. 能够正确理解谈判中的创造价值与索取价值，增强对我国经济发展和制度优势的民族自信心和自我认同感，提升家国情怀和全球使命感。

学习任务提要

★ 谈判主题的确定；
★ 谈判目标确定的原则和内容；
★ 谈判目标的确定；
★ 拟订谈判方案的原则和程序；

★ 谈判方案拟订的内容和方法；
★ 评价和选择谈判方案；
★ 谈判方案的写作。

工作任务提要

★ 确定商务谈判目标训练

建议教学时数

★ 8学时

学习任务一　确定商务谈判目标

案例导入

【听一听】　2021年英国当地时间11月13日晚间，延时了一天的格拉斯哥气候大会终于落下帷幕。随着大会主席夏尔马(Alok Sharma)敲响木槌，来自全球197个国家的外交官正式达成一项旨在加强气候行动的重要协议，称为《格拉斯哥气候公约》。

由于分歧严重，此时已经比原定的闭幕时间12号延迟了一天，参会各国才终于在燃煤使用、减少碳排放和资助脆弱国家等相关条款上艰难达成共识。

但戏剧性一直维持到最后一刻：在协议草案即将生效的时刻，以印度为首的一些国家提出了动议，将文本中关于燃煤使用的规定由"逐渐停止"(phase out)改为"逐渐减少"(phase down)。尽管有其他国家代表对此表达了失望，但并未投下否决票，大会最终通过了此项公约。

(资料来源：新华网.)

【想一想】　《格拉斯哥气候公约》达成共识的关键是什么？

【说一说】　假如你是谈判代表，周全的目标定位应考虑哪些？

【议一议】　谈判目标既是谈判的出发点，又是谈判的归结点，是谈判活动的灵魂，整个谈判活动都必须严格把握谈判目标，以既定的谈判目标的实现为导向，为实现这个目标服务。谈判目标的确定必须合理和可行，商务谈判是谈判双方的合作与竞争，双方既有冲突也有共同之处，在确定谈判目标时，既要考虑我方所期望实现的理想目标，也要考虑对方的实际需要，只有这样双方才能求同存异，实现"双赢"。

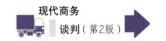

一、商务谈判主题的确定

所谓谈判的主题就是参加谈判的目的。任何谈判方案的制定,首先必须确定谈判的主题,整个谈判活动都要围绕谈判主题进行。不同内容和类型的谈判,有不同的主题,但在实践中,一次谈判一般只为一个主题服务。因此,在制定谈判方案时要以谈判主题为中心。为保证全体谈判人员牢记谈判的主题,在表述主题的方式上就要言简意赅,切忌赘述,一般用一句话来加以概括和表述。比如,"以最优惠的条件引进某些技术"或"以最优惠的价格购买某商品"。至于什么是"最优惠的条件"和"最优惠的价格",那是谈判目标的问题。另外,谈判方案中的主题,应是己方公开的观点。

二、商务谈判目标确定的原则和内容

在谈判的主题确定之后,制定谈判方案的另一工作就是将这一主题具体化,即制定出谈判目标。谈判目标就是要在谈判过程中解决的实质性问题,是谈判所要达到的目的。

谈判目标既是谈判的出发点,又是谈判的归结点,是谈判活动的灵魂,同时也是谈判人员争取的利益目标,它体现着双方参加谈判的根本目的。整个谈判活动都必须严格把握谈判目标,以既定的谈判目标的实现为导向,为实现这个目标服务。所以,谈判目标的确定是事关大局之举,必须按照一定的原则认真而慎重地确定。

(一) 确定谈判目标的原则

谈判目标规定着谈判的方向,也是谈判人员努力的方向。合理有效的谈判目标对谈判人员具有良好的激励作用,谈判目标的正确性、合理性及有效性直接决定谈判的结果。在制定谈判目标时应遵循以下原则:

1. 目的性与调整性原则

商务谈判目标的确定应有明确的目的,要根据市场环境、主客观条件、对方的情况等进行确定。确定的目标应具有明确的指向,或有明确的所要解决的问题,或有所要完成的任务指标。谈判目标并不是一成不变的,确定的目标必须在谈判的过程中,根据各种主客观情况的变化以及谈判各方实力的变化适时进行调整。

2. 整体性与层次性原则

商务谈判目标的确定首先应有整体性,也就是说首先要确定总的谈判目标,在此基础上再确定分项谈判目标,使整个谈判目标形成一个整体和系统。

确定的谈判目标还必须具有层次性,既要有最高目标,也要设定一个最低目标及中间可接受的目标。这样既有利于谈判目标的实现,也有利于在谈判过程中策略的调整。

3. 合理性与可行性原则

商务谈判目标的确定必须合理和可行,商务谈判是谈判双方的合作与竞争,双方既有冲突也有共同之处,在确定谈判目标时,既要考虑己方所期望实现的理想目标,也要考虑对方的实际需要,只有这样双方才能求同存异,实现"双赢"。合理可行的、具有激励作用的谈判目标,能够极大地激发谈判组织成员的工作热情、献身精神和创造力。

(二) 谈判目标的内容

商务谈判既要有总体目标,也要有分项目标。绝大多数的商务谈判特别是大型的商务谈判,交易条件比较复杂,谈判目标不止一项,以购销谈判为例,谈判目标基本上包括以下七个方面的内容:

1. 商品品质目标

商品品质目标就是对买卖双方欲交易的商品的规格、等级、标准、品牌等方面的具体规定。

2. 数量目标

谈判各方对欲交易的商品在数量、计量单位、重量计算方法等方面通过协商一致而作出的规定。

3. 商品价格目标

买卖双方对欲交易的商品价格的规定,价格目标涉及到交易各方的经济利益,是谈判的主要目标。

4. 支付方式目标

谈判各方对货款支付期、支付方式等方面所作出的规定。因货款支付时间的早晚影响到买卖双方的实际得益和风险分担状况,故应协商规定标准。在支付方式方面,如果双方明确采用转账结算的话,必须就具体的结算方式达成协议。

5. 交货期目标

买方或卖方对交易商品在交货时间上可变动范围的规定。

6. 商品检验目标

买卖双方对欲交易的商品的检验标准、检验机构、检验时间、检验方法和检验内容等方面的规定。

7. 售后服务目标

买卖双方对欲交易的商品的质量三包情况、送货上门情况等服务项目的规定。

制定谈判目标时,既要有定性的内容又要有定量的内容,关键项目的目标要尽量实际化与弹性化,该细则细,该明确则明确。

谈判目标因谈判的具体内容不同而不同。如果谈判是为了获取资金,那么谈判目标就是可能获得的资金数额;如谈判是为了推销产品,那么谈判目标则为产品的销售量和交货日期。也有些谈判是以价格的高低、双方关系的改善、争议矛盾的解决程度作为谈判人员心中的把握目标。总之,谈判目标的内容依谈判类别、谈判各方的需要不同而不同。通常,谈判目标作为一种预测性和决策性指南,它的实现还需要参与谈判的各方,根据自身利益的需要、对方的需要和谈判桌内外因素,进行正确制订和设置。

二、商务谈判目标的确定

（一）确定谈判目标层次

谈判目标按实现程度的不同表现为以下几个层次：

1. 最优目标

最优目标是指对谈判者而言最有利的一种理想目标或期望目标，是谈判主体在商务谈判中所追求的最高目标水平。在实际谈判中，谈判主体的这种最优期望目标一般是单方面乐于达成的目标，所以，这一目标往往很难实现。但这并不是说最优期望目标没有实际意义，它往往是谈判进程进入开始阶段时的话题，如果一个诚实的谈判者一开始就全盘推出实际想达到的目标，由于谈判人员的心态和谈判双方的不同利益要求，他往往不能达到理想的谈判目标。

2. 最低限度目标

最低限度目标是谈判人员在谈判过程中所要达到的目标的最低限度。对一个谈判者而言，这类目标必须达到，毫无讨价还价余地。如果通过谈判不能满足这个目标要求，则宁愿使谈判破裂中止。在谈判过程中最低目标与最高目标之间有着必然的联系，表面上谈判一开始，双方都会提出己方的最优期望目标，实际上这只是一种以进为退的谈判策略，提出最高目标是为了保护最低目标。然后经过双方多次的讨价还价，最终可能在最高目标和最低目标之间选择一个中间值，即可接受目标，以达成谈判协议。

最低目标的确定，使谈判人员有了较好的心理准备和思想准备，从而为谈判双方提供了可选择的突破性方案和打破僵局的契机。

3. 可接受目标

可接受目标是谈判人员根据各种主客观因素，通过观察种种具体情况，经过科学论证、预测和核算之后所确定的谈判目标。可接受目标是介于最优期望目标和最低限度目标之间的目标，如上所言，在谈判桌上谈判双方一开始往往提出最优期望目标，然后经过反复较量，最终被双方接受的往往既不是最高目标，也不是最低目标，而是介于两者之间的可接受目标。

可接受目标是谈判双方秘而不宣的谈判机密，一般只在谈判过程的某个阶段提出来。可接受目标的实现意味着谈判获得成功。因而在谈判中，为了达到自己的可接受目标，双方都会施展自己的策略和技巧，千方百计保证这一目标的实现。

上述三种谈判目标在实际应用中往往会遇到各种复杂多变的情况，对这一现象，谈判人员要有充分的思想准备。同时要制定各种应变措施和应变方案，保证谈判目标的顺利实现。

从谈判目标的确定过程来说，它是一个不断优化的过程。根据对环境、对手等调查与分析得出的结论所确定的符合谈判性质要求的目标，要经过反复论证和可行性分析过程。

对于多目标选定的情况则要进行综合平衡与相互协调,通过剔除、合并等手段尽可能减少目标数量,并划分各目标的主次关系,使各目标之间在内容上保持一致性,避免互相排斥。

评价一个目标的优劣,主要是看目标本身的含义是否明确、单一,是否便于衡量以及在可行的前提下利益实现的程度如何等。从具体目标来说,表达要简单明了,最好用数字或简短的语言体现出来。

应当指出,谈判的具体目标并非一成不变,它可以根据交易过程中的各种支付价值和风险因素作适当的调整和修改。一旦谈判的形势发生变化,谈判方案中预定的目标就应迅速地反映这种变化,及时调整谈判方案。例如,某出口公司谈判方案中价格水平谈判目标是:在报价的有效期内,如无意外风险因素,拟以32.5%的预期利润成交。但是在交易过程中经常会遇到以下意外性风险因素:(1)支付方式。在出口贸易中,卖方常常会遇到一些不利的支付条件。例如,买方提出只付5%的预付款,并要求把货款的10%放在两年后才付清。这种由于延期付款造成的利息损失会占整个商业开支的2.5%,而该公司在这笔交易中总商业开支预算才1%。(2)交货延误罚金。按国际惯例分析,卖方报价中的交货期是签约后的两个月,而买方则提出签约后一个月交货,并规定若迟交一周,罚金为货款的1%。如果按买方的条件成交,卖方就要冒被罚4%货款的风险,而全部预算风险金才5%。(3)保证条件。卖方提出的保证期是一年,但如果买方提出保证期为两年的话,卖方就要增加1%的费用。

基于上述这些分析,该出口公司的谈判方案中的谈判目标就可以做以下调整和修改:预付金额由5%增加到10%;取消买方所提出的在保证期后才付清货款金额的要求,可出具银行担保书代替;力争以报价中的交货期成交;尽可能把保证期减至一年。

上述谈判目标反映的只是卖方的意愿。在谈判的磋商阶段中,买方不会被牵着鼻子走。为了达到谈判的目标,卖方有时应当在自己报价风险因素允许范围之内,向对方作出某些让步,作出这种让步是因为对方提出了这种需求。如果对方未提出此种要求,卖方也可以以此让步来换取对方其他方面的让步。但谈判者必须牢记一个原则,那就是任何让步都应建立在赢得一定利益的基础之上。

(二)确定谈判目标的要求

1. 要明确选择某一目标的原因

一项谈判也许会涉及到多个目标,必须确定所要选择的目标。谈判目标一经确定后还要反省一下,为什么要选择这一目标,以便坚定自己的目标立场。同时要明白自身的目标的实现同对方目标之间的关系,以便更好地予以协调。

2. 要明确一项谈判的主要目标和次要目标

明确主次目标的意义在于当主要目标的实现与次要目标的实现有矛盾时,宁可放弃次要目标,或在次要目标上作较大的让步也要保证主要目标的实现。

3. 要明确目标实现的程度要求

一个目标在谈判前很难想象得出在谈判中到底能够实现到什么程度,这依赖于双方的实力对比和技巧的运用,但并不意味着我们不考虑目标实现的程度,而是要求我们必须明确目标的层次,以便实现最理想的目标。

4. 要遵循合理性、合法性、实用性的要求来确定谈判目标

所谓合理性是指谈判目标在时间和空间上的适用性。因为谈判目标对不同的谈判对象,不同的谈判时间和空间具有不同的适用程度,而在一定时间、空间条件下或不同谈判对象条件下就可能是不合理的。因此谈判人员应对自己的谈判目标进行时间、空间和谈判对象等几方面的全面考核。所谓实用性是指谈判双方要根据自己的履约能力制定切实可行的谈判目标,离开了这一点,即使双方签了协议也很难付诸实施。

5. 明确买卖双方谈判目标的不同内涵,区别掌握,灵活应对

谈判目标中一类是限定目标,如价格方面,从买方来说高于一定价格不愿购买,从卖方来说低于一定价格不愿销售;另一类是弹性目标,即规定一个可以自由上下浮动的幅度界限,最高达到多少,最低不能少于多少。一般谈判目标方案都制定有弹性目标,并规定好弹性的上限、中限和下限。

6. 要严格保密谈判的下限值

贸易谈判双方都有自己的谈判目标下限,这个下限值除了己方参加谈判的人员之外绝对不可以透露给其他人员。对于泄露机密而造成企业或国家利益重大损失者,必须给予严惩,直至追究法律责任。

(三) 确定谈判目标的方法

确定谈判目标通常采取以下方法:

(1) 在确定谈判目标时,可以制作一个愿望列表,写出希望通过谈判达到的所有目标,即从最现实的目标到最理想化的目标;判断自己最想要达到的目标是长期目标还是短期目标,按照各目标的重要性,排列愿望列表中的各个项目;考察目标的现实性,对列表进行加工,排除那些不可能实现的目标。

(2) 从对方的角度重复前面的步骤。通过了解对方可能提出的目标,可以确认己方的哪些目标会与对方的目标发生冲突,并做好如何在谈判中解决这些冲突的准备。

(3) 分清主次目标,分清轻重缓急,哪个是最重要的目标,哪个是次要目标,把最终目标、现实目标和最低限度目标一一排列。在进入谈判之前,把目标(价格、时间、质量、数量)列一个清单,并根据优先等级做相应的排序。这样,在打算让步的时候就知道哪些目标可以先放弃。

实践证明,谈判者越能分清主次目标,掌握越充分的多重目标之间出现冲突时的解决办法,他在谈判过程中获得的最终利益就会越大;相反,如果谈判者对某一商务谈判的主次目标划分不清,并且对多重目标之间可能出现的冲突也没有充分准备,那只能在谈判中处

于被动地位,而自身的利益最终也很难实现。

案例赏析

中日韩合作国际论坛于2022年6月14日在韩国首尔举办,主题为"面向未来的三国合作——持久和平、普遍繁荣、共同文化"。

中日韩自贸协定有望升级为中日韩"RCEP+"自贸协定。事实上,三方就打造"RCEP+"自贸协定,已经在2019年举行的第十五轮和第十六轮谈判上有过共识。

根据公开信息,在最近一次的第十六轮谈判上,中日韩一致认为,建设中日韩自贸区符合三国共同利益,特别是在当前贸易保护主义抬头、全球经济形势复杂严峻的背景下。三方举行了货物贸易、服务贸易、投资等11个工作组会议,并在RCEP基础上就进一步提升贸易投资自由化便利化水平、打造"RCEP+"的自贸协定交换意见。

此前第十五轮谈判,日方认同一起推进RCEP和三国自贸区建设,但表示将RCEP达成的协议直接嵌入中日韩自贸协议中的情况应该不会发生。韩方则表示,谈判应根据三国贸易结构加进新的内容。

站在新的历史起点上展望中日韩自贸区建设前景,RCEP已经将中日韩三国的市场连接起来,起到自由贸易协定的作用,相信会为三国自由贸易协定谈判带来更加积极的影响。

【扫一扫】
更多信息

(资料来源:《中国报道》)

学习任务二　拟订商务谈判方案

案例导入

【听一听】　在加入WTO之前,美国利用知识产权问题不断向我国施加压力,双方贸易战一触即发。中美两国为解决知识产权领域的问题,决定进行谈判。在此背景环境下,我方在既定的谈判目标、谈判原则、对策的基础上,制定了三套方案。

方案一:主动出击,谋求双赢。

谈判主题:以适当条件就中美知识产权问题达成协议。

谈判策略:积极主动约见对方,表明我方立场,阐述双方合作利益前景。

谈判目标:

1. 最优目标:在不做出妥协即维持现状的条件下,双方达成协议,扩大进入美国市场,加入世界贸易组织。

2. 以加强知识产权保护向美方进一步开放市场为条件,换取美国支持中国加入世界贸易组织。

3. 最低目标:解决贸易报复问题,避免贸易战的发生。

谈判原则:

1. 把握我方立场,积极而有诚意地解决问题。

2. 在维护自身利益的前提下,考虑对方利益,力争达到真正意义上的双赢。

3. 在焦点和重点问题上,求同存异地解决问题,对短时间难以解决的问题可以从长计议,不可以为了达成协议而损害我方的利益。对于双方都认同的问题,要抓住时机,加快解决问题。

谈判程序:

一、阐述我国为改善知识产权保护所做出的努力,反驳其指责我方侵权的不客观性。

二、在维持我国知识产权保护现状的情况下,提出希望美方支持我国加入世界贸易组织的目标。

谈判时间:

2月10日—2月15日　第一阶段

2月18日—2月25日　第二阶段

如若陷入谈判僵局,2月16日和17日进入休会阶段。

方案二:以退为进,见机行事。

谈判主题: 缺

谈判策略:先让对方提出要求和条件。针对对方提出的要求和条件制定我方相应的对策。

谈判目标:

1. 最优目标:在不做出妥协即维持现状的条件下,双方达成协议。扩大进入美国市场,加入世界贸易组织。

2. 可接受目标:以加强知识产权保护向美方进一步开放市场为条件,换取美国支持中国加入世界贸易组织。

3. 最低目标:解决贸易报复问题,避免贸易战的发生。

谈判原则:

1. 等待对方提出问题,根据对方的态度和实际进展来解决问题。

2. 力争达到真正意义上的双赢。但是对于对方提出的我方无法接受的条件,绝不接受。

3. 避免在焦点问题上做过多的纠缠,对短时间难以解决的而对方又咄咄逼人的问题,坚持我方立场。不可以为了达成协议而损失我方的利益。

谈判程序：

一、听取美方关于我方侵犯知识产权申述和提出的要求。

二、应对美方的要求和条件，原则问题上不妥协，运用迂回等谈判战术积极维护我方利益，争取做出最小的牺牲。

谈判时间：

2月10日—2月15日　第一阶段

2月18日—2月25日　第二阶段

如若陷入谈判僵局，2月16日和17日进入休会阶段。

方案三：终止谈判，以静制动。

谈判主题：缺

谈判策略：在谈判无法取得实质性进展或美方咄咄逼人的情况下，我方选择终止谈判，并且不再主动提出谈判。

谈判目标：

1. 最优目标：在不做出妥协即维持现状的条件下，双方达成协议。扩大进入美国市场，加入世界贸易组织。

2. 可接受目标：以加强知识产权保护向美方进一步开放市场为条件，换取美国支持中国加入世界贸易组织。

3. 最低目标：解决贸易报复问题，避免贸易战的发生。

谈判程序：

一、听取美方关于我方侵犯知识产权申述和提出的要求。

二、应对美方的要求和条件，原则问题上不妥协，运用迂回等谈判战术积极维护我方利益，争取做出最小的牺牲。

谈判时间：

2月10日—2月15日　第一阶段

2月18日—2月25日　第二阶段

如若陷入谈判僵局，2月16日和17日进入休会阶段。

（资料来源：吴海民.大国的较量：中美知识产权谈判纪实[M].武汉：长江文艺出版社，2009.）

【想一想】　该谈判方案所包含的基本内容有哪些？

【说一说】　可以使用何种方法拟定谈判方案？

【议一议】　谈判方案是对谈判活动的具体规划，要使谈判方案对谈判活动提供指导作用，谈判方案的拟订应科学合理、明确合理、简明扼要。谈判方案的制定应包含完整的过程，确定谈判主题、确定谈判目标、规定谈判期限、拟定谈判议程、安排谈判人员、确定谈判时间和选择谈判地点，这七个内容缺一不可。同时，在制定商务谈判方案时应富有创造性，拟订谈判方案必须借助群体思维，集思广益，并采用科学的方法。

一、拟订商务谈判方案的原则和程序

(一) 谈判方案拟订的基本原则

谈判方案是对谈判活动的具体规划,要使谈判方案对谈判活动提供指导作用,在拟订谈判方案时必须坚持以下几个基本原则:

1. 科学合理

商务谈判是一门科学,有自身的内在活动规律,谈判方案的拟订必须遵循谈判活动规律。只有科学合理的谈判方案,才会对谈判人员的谈判工作具有引导和指导意义,违背谈判活动规律的谈判方案不但是无效的,甚至会使谈判人员误入歧途。科学合理是谈判方案的第一要素。

2. 明确具体

明确是指对涉及谈判活动的相关因素要有准确的界定,清楚的阐述;具体是指方案要有具体内容,不空洞,对涉及谈判活动的相关因素的概括要全面、详细。只有明确具体的谈判方案才是可执行的方案。

3. 简明扼要

简明扼要是拟订谈判方案的另一个重要原则。简明是指谈判方案的脉络要清晰,所罗列的内容的表述既要全面,又要简单明了,要尽量使谈判人员比较容易地记住谈判的主题和方案的主要内容,运筹自如地对付错综复杂的谈判局面。如果方案不能简明、概括,就会增加谈判人员方案执行的难度,影响对谈判过程的控制。

4. 灵活弹性

灵活是指方案对可控制因素和常规事宜可安排得详细些,对无规律可循的事项应安排得粗略些。因为谈判过程千变万化,方案只能是谈判前某一方的主观设想或各方简单磋商的产物,不可能把影响谈判过程的各种随机因素都包括在内。

在谈判之前,谈判人员虽然做了大量的准备工作,对未来的谈判活动也有了一个比较清晰的认识,并做出了相应的判断和预测,但谈判活动是一个动态的过程,在谈判中会有突发、意外情况的发生,谈判方案的拟订必须具有灵活性,保持弹性,只有这样,当突发情况发生时,才能做到处变不惊,轻松应对。

(二) 谈判方案拟订的程序

商务谈判方案的制定,一般要经过四道程序:

(1) 起草方案。由谈判组和有关技术人员、业务员从实际出发,考虑企业长远发展的需要,以及进行经济合作或交易所要达到的目标起草谈判方案草案。

(2) 进行可行性论证。由本单位专业人员、有关专家集思广益,共同对谈判方案进行可行性分析与论证,并撰写分析论证报告。

（3）领导及谈判组成员集体讨论，共同完善谈判方案。

（4）方案审批。由主要负责人对谈判方案进行审批，如果谈判项目涉及企业有关发展计划及发展战略，还要报主管部门或计划部门审批。

二、商务谈判方案拟订的内容

一份完整的、科学的谈判方案应包括以下几个方面的主要内容：

（一）谈判主题

所谓谈判的主题就是参加谈判的目的。谈判主题应根据谈判的内容和类型进行确定。一次谈判一般只确定一个主题，对谈判主题的表述要做到高度概括、简洁明了。比如，一项关于汽轮机转子延迟交货索赔方案的主题是"解决汽轮机转子延迟交货问题，维持双方长期合作关系"。

（二）谈判宗旨

谈判宗旨包括谈判目的、谈判原则和谈判指导思想。例如，为解决我企业产品长期存在的质量问题，计划从国外引进一套生产流水线。在设备购进的谈判中，要坚持合法、平等、公正的原则，切实做到目标与效率的统一，既要坚持目标、把握机会、回避风险，又要紧贴市场、货比三家。为防止失误，除组织有经验的技术人员参加谈判外，还要聘请专家共同参与，防止出现失误造成损失。从技术交流、技术谈判、商务谈判、出国考察，到现场试运行、设备验收以及索赔均由该谈判组成员负责到底，无特殊情况中途不得换人。

（三）确定谈判目标

谈判目标是谈判活动所要达到的最终目的，为谈判人员提供了奋斗方向，是企业所追求的经济效益和社会效益。谈判目标的确定必须合理，如前所述，谈判目标应具有层次性，包括最高目标、最低目标和中间可接受目标。以设备的引进为例，谈判目标指设备的各种技术指标参数、各种性能标准、成交价格及其他交易条款的要求。比如，引进的生产设备确保是国际先进水平的目标；生产效率、技术性能指标与有关合同参数相符合的目标；设备可靠性、安全性、节能性等符合国际标准的目标；争取以低于 100 万美元的 CIF 价成交，并于 2010 年 9 月前交货的目标。

（四）选择谈判对象

在谈判之前，选择合适的谈判对象，认清谈判对象的优劣势，了解谈判对象的期望值，这样才能够在谈判中控制局面，以自身的优势获得谈判终局的胜利。

在选择谈判对手时，一般应确定在三个以内。如果谈判内容广泛，交易比较复杂，可将对手确定在两个以内。否则，对手过多，会分散己方注意力，难以处理和控制复杂的谈判过

程。谈判另一方也因竞争对手较多而失去谈判的信心,反而不利于谈判进行。对于一次性买卖,谈判对手的数目则不必受到限制。如果是大项目,企业可以采取招标的方式,在对方报价的基础上,确定谈判对手。

(五) 选择谈判人员

谈判人员是谈判活动的主体,是谈判活动必不可少的要素之一,谈判人员素质的高低、能力的强弱直接影响谈判的结果。商务谈判人员一般都是经验丰富、知识面广、能力强的高级人才,同时又是某一领域的专业人才。

(六) 确定谈判议题

谈判议题是指谈判各方所共同关心并希望解决的问题。一项商务谈判活动包括的议题较多,主要包括一到两个主要议题以及大量的次要议题。例如,在商品买卖谈判中,商品的质量、价格、交易数量、交货时间、交货地点、运输、保险、货款支付方式、违约责任等都是谈判议题。

列出所有谈判议题后,就应按优先顺序对这些议题进行排序。确定哪些议题(或交易条件)是最重要的,哪些是次要的,哪些是最不重要的。可以将这些议题按其重要性划分成三组:非常重要、一般重要和不重要。同时,谈判者还必须就这些议题之间的关系做出判断:是相对独立的,还是相关联的。

在对谈判议题进行优先排序后,谈判者应与谈判另一方就相关情况进行核实,以确定对方预备的谈判议题清单。这样将谈判双方各自准备的清单结合起来,就可以确定谈判议题的最终清单。谈判开始之前,双方应该明白无误地确定他们即将商讨哪些议题。

(七) 确定谈判议程

谈判议程分通则议程与细则议程。

通则议程是谈判双方共同遵守的日程安排,一般要经过双方协商确定。通则议程通常包括:双方讨论的中心议题,议题讨论的先后顺序,谈判总体时间及各阶段的时间安排,谈判中各种人员的细节安排,谈判地点及招待事宜等内容。

细则议程是根据通则议程拟订对谈判事项涉及的细节的安排,是己方谈判方案的具体体现,具有保密性。其内容一般包括:对外谈判中口径的统一,如文件资料说明、发言观点、证明材料、提供的证据等;对谈判过程中可能出现的各种情况的对策安排;己方发言的策略;谈判人员的调整策略;谈判时间的安排策略;谈判期限控制策略等。

1. 谈判时间与谈判期限安排

(1) 谈判时间。谈判时间包括谈判的开始时间、谈判各阶段的起点时间与时间跨度等。谈判时间安排就是要根据各谈判议题的重要性及复杂程度进行时间确定与分配。

(2) 谈判期限。谈判的期限与谈判的效率直接相关,现代谈判是否成功的一个重要评判标准就是谈判的效率,因而谈判期限的安排非常重要。

所谓谈判期限通常是指从谈判的准备阶段起到谈判的终局阶段的结束日期。谈判期限要从有利于解决问题,促成谈判,提高谈判效率等方面加以确定。所确定的谈判期限要明确、具体,有伸缩性,能够适应谈判过程中的情况变化。

2. 谈判地点的选择和安排

商务谈判中可供选择的谈判地点有三种类型,即己方所在地、对方所在地和第三方所在地。这些地点各有优缺点,谈判人员应注意趋利避害。

(1) 己方所在地。

谈判应尽量争取在己方所在地进行,一般而言,在己方所在地进行谈判能占据天时、地利、人和的优势。具体来说,具有心理上的优势、掌握谈判的主动权的优势、控制谈判议程、日程优势等。

(2) 对方所在地。

在对方所在地进行的谈判称为客场谈判。客场谈判也有一定的优势:谈判人员可全身心投入谈判,不受外界干扰;进退自如,不受过多客观条件的限制;决策果断,易于发挥谈判人员的能动性。

(3) 第三方所在地。

第三方所在地亦即中立地,在第三方所在地谈判,双方处于相同背景的环境,有助于创造一种冷静的气氛,排除了地点对双方的影响,在不受任何干扰的情况下,双方可以心平气和地讨论问题,便于消除误会,提高谈判效率。

(八) 确定谈判的基本策略

谈判的基本策略是指谈判者为了达到和实现自己的谈判目标,在对各种主客观情况充分估量的基础上,拟定采取的基本途径和方法。谈判准备阶段,应该对己方谈判过程中需要采取的策略在谈判团队之间充分地商讨,确定基本的谈判策略,并对对方可能采取的谈判策略进行推测,制订相应的策略及应对方案。

三、拟订商务谈判方案的方法

商务谈判方案应该是富有创造性的,因此,拟订谈判方案必须借助群体思维,集思广益,并采用科学的方法。主要的方法有头脑风暴法和德尔菲法。

(一) 头脑风暴法

头脑风暴法实质上是通过非正式会议来搜集众人构思的一种方法。这种方法在于刺激每一个人动脑对问题做创造性的思考。该方法的具体步骤如下:

1. 进行头脑风暴前

(1) 明确目的。目的力求越简单、越具体越好。

（2）选择参加者。参加的人数既应多到足以提供刺激性的交流，又要少到足以鼓励每个人参与讨论和进行海阔天空的想象，一般以5至10人为宜。

（3）改变环境。举行头脑风暴的时间、地点、形态都应不同于平常的碰头会或召集会，越是不同于平常的环境，参加者就越能畅所欲言和不做判断。

（4）营造一种非正式集会的气氛。努力使与会者精神放松，或边吃喝边谈，或到风景秀丽的景区去讨论。

（5）选一位召集人。为引导讨论，确保每个人都有机会发言，以及通过适时发问来刺激讨论，应挑选一位得力的召集人。

（6）提前告知与会人讨论的题目。召集人必须在开会前48小时把题目清楚地告诉参与者，好让他们有充裕的准备时间。

2．进行头脑风暴中

（1）让参加者并肩而坐面对问题。外在的环境会影响参加者的心理。在位置上并肩而坐可以使参加者产生一起解决共同的问题的想法。

（2）澄清规则。如果参加者互不认识，可先从介绍开始，然后说明基本规则：一是拒绝任何批评；二是欢迎自由运转；三是构想愈多愈好；四是鼓励构想的改进与合作。

（3）头脑风暴。鼓励参加者进行近乎疯狂的设想，从各种可能的角度去探讨问题，从而得到尽可能多的建议。

（4）记下所有的建议。把各种建议记在黑板上，或写在一张大纸上，这可以使大家有集体收获感。这种方式可强化"不允许批评"的规则，也可以减少重复，还可以激发其他建议和意见。

3．进行头脑风暴后

（1）选出最有前途的建议。完成头脑风暴之后，就可解除"不允许批评"的禁令，以便筛选出最有前途的建议。

（2）改进最有前途的建议。拿出一个有前途的建议，然后设法使之更完美、更切合实际，并且构思实行的方法。这一阶段的工作是尽量使建议更有吸引力。

（3）确定讨论和确定建设方案的时间。在结束讨论之前，先列出一份经过选择和改进的建议方案清单，然后确定何时讨论准备在谈判中提出的方案，以及如何提出。

（二）德尔菲法

德尔菲法是20世纪60年代初美国兰德公司的专家们为避免集体讨论存在的屈从于权威或盲目服从多数的缺陷提出的一种定性预测方法。为消除成员间相互影响，参加的专家可以互不了解，它运用匿名方式反复多次征询意见和进行背靠背的交流，以充分发挥专家们的智慧、知识和经验，最后汇总得出一个能比较反映群体意志的预测结果。其具体步骤如下：

第一步，确定问题。

第二步,每位参与人必须匿名、独立地完成第一轮问卷。

第三步,综合、编辑第一轮意见。

第四步,向每位参与人反馈第一轮意见。

第五步,参与人根据第一轮结果提出新的方案。第一轮结果常常激发出新的方案或改变某些人的原有观点。

第六步,重复第四、五步,直到取得大体一致的意见。

四、评价和选择商务谈判方案

经过商务谈判方案的构思阶段,我们获得了若干个具有一定可行性的备选方案。对这些备选方案,必须逐一进行全面、详尽的评价,从中遴选出较为满意的谈判方案。具体步骤是:

第一步,由专门人员确定评价标准和评价方法,对各个方案逐一进行分析判断,认真寻找差异,正确区分优劣,整理评价结果,写出评价报告。

第二步,正确估计方案实施过程中可能发生的变化。

第三步,选出最优方案。

经过以上步骤,我们就获得了一套切实可行的商务谈判方案。

五、商务谈判方案的写作

商务谈判方案一般由标题、主体和落款三部分组成。

第一部分为标题。标题一般由事由和文种组成,如《关于进口×××的谈判方案》《与日本商社洽谈×××商品的方案》等。

第二部分为主体。主体至少包括以下两项内容:一是前言。前言要写明谈判的总体构想、原则,说明谈判内容或谈判对象的情况。二是具体条款。包括谈判主题、谈判目标、谈判程序、谈判组织等条款。

第三部分为落款。落款无定式,可写明日期和谈判小组成员。

案例赏析

2021年12月10日,"70万一针的天价药进医保"的新闻登上了热搜,成为社会各界关注的热点。经过医保部门八轮价格谈判,原本70万元一针的罕见病药品诺西那生钠注射液价格最终以低于3.3万元每针的价格成交,整场谈判持续了一个半小时。

"大家很关注如何保证最终谈判价格的合理。谈判药品价格合理性这方面,确实关系到医保基金的安全,关系到患者受益的水平,也关系到医药企业的创新发展。"国家医疗保障局医疗保障事业管理中心负责人隆学文说,这也同时决定了药品目录谈判工作的可持续性。这些年,通过不断地摸索、完善,现在形成了比较完善的制度和工作机制,采取了一系列的措施提升和保证最终谈成价格的合理性。

隆学文详细介绍了国家医保部门为谈判所做的工作。

首先,科学评审。在专家评审阶段,组织临床专家、药学专家、药物经济学专家,还有医保管理等方面的专家,从安全性、有效性、经济性、创新性、公平性等不同维度对申报药品进行评审,通过评审,对符合医保用药保障需求的药品纳入谈判范围。

其次,精准测算。对于获得谈判资格的药品,医保部门组织企业按照统一模板,提交测算资料,主要包括:药物基本信息,相关安全性、有效性、经济性等信息,以及企业对药品的意向价格还有相应的佐证材料。医保部门同时要组织药物经济学、医保管理等专家,从药品成本效果、预算影响、医保基金负担等不同角度开展综合测算。

"通过科学测算,形成医保基金能够承担的最高价,也就是谈判团队信封里的底价,作为谈判专家开展谈判的依据和底线。"隆学文说,这里要强调的是,在测算过程中,专家们充分借鉴药物经济学指南和国际最新技术方法,充分考虑我国医保定位和市场环境等多方面的因素。同时,根据工作方案,会逐一与相关企业充分面对面沟通,尽最大努力掌握信息、掌握数据,使测算科学性、合理性、规范性,为谈判顺利进行和开展奠定了坚实基础。

再次,平等协商。组织专家与企业进行现场磋商,谈判成功的,当场确定谈判价格,纳入药品目录。谈判不成功的,说明医保基金能够负担的最高价格与企业的期待可能还有一定的差距。

隆学文表示,医保谈判绝不是简简单单地唯低价去谈,是在确保医保基金安全、满足患者合理的基本用药需求和推动医药产业创新发展之间找到一个合理平衡,是牢牢把握医保"保基本"的功能定位下,充分发挥医保基金战略购买作用,以"全国医保使用量"与企业磋商,达到患者、医保、企业多方共赢。

【扫一扫】
更多信息

(资料来源:《红星新闻》)

工作任务四 | 确定商务谈判目标训练

【任务要求】 根据目标定位内容和要求设计出谈判总体目标和分项目标。

【情景设计】 A组的任务是因工作调动,欲将购买三年的房子卖掉,该房为三室两厅两卫,面积为120平方。B组的任务是买二手房。经看房,买方对房屋的坐落地点、周围环境及结构比较满意,于是买卖双方商定两日后具体洽谈。

【任务实施】 (1)教师布置实训任务,组织学生温习本任务所述谈判对象选择的相关知识;(2)全班分成六个小组,其中三个小组为 A 组,另外三个小组为 B 组;(3)调查了解目前二手房的市场价格,确定价格目标层次;(4)结合调查情况,A、B 各小组分析已方和对方的优劣势,分析、定位各自的价格目标层次(期望目标、底线目标、可接受的目标)。

【任务实施应具备的知识】 谈判目标确定的原则;谈判目标确定的内容。

【任务完成后达成的能力】 通过模拟演练,培养学生确定和把握谈判目标的能力,进一步锻炼和提高发现问题和解决问题的能力,增强责任意识与规则意识。

【任务完成后呈现的结果】 各小组制定谈判目标方案;教师对各小组制定的谈判目标方案进行点评。

知识宝典

【实际需求目标】 谈判各方根据主、客观因素,考虑各方面情况,经过科学论证,预测和核算后,纳入谈判计划的谈判目标。

【可接受目标】 在谈判中可努力争取或作出让步的范围。

【最优期望目标】 己方在商务谈判中所追求的最高目标,也往往是对方所能忍受的最大程度。

【中立地谈判】 在谈判双方所在地以外的其他地点进行的谈判。

【卖方地位谈判】 谈判手以供应者身份参与的谈判。

【原则型谈判法】 要求谈判双方尊重双方的基本需求,寻求双方利益上的共同点,设想各种使双方各有所获的方案。

【立场式谈判法】 谈判者竭力谋求己方的最大利益,坚持对抗中的强硬立场,以迫使对方做出较大让步为直接目标的谈判方式。

【合同文本谈判】 商业交易条件形成后的法律鉴证文字的磋商。

【合同正文结构】 "合同条文"或"合同条款"的构成。

项目综合练习

一、不定项选择题

1. 在谈判中,确保实现的谈判目标是( )。
   A. 最优期望目标　　B. 最低限度目标　　C. 可接受目标　　D. 最佳目标
2. 谈判目标不断优化的过程体现在( )。
   A. 反复论证和可行性分析的过程　　B. 综合平衡的过程
   C. 各目标相互协调的过程　　D. 各目标之间在内容上调整的过程

3. 谈判对象的选择应把握(　　)。

A. 谈判对象的企业组织情况　　　　B. 谈判对象的资信情况

C. 参与谈判的人员状况　　　　　　D. 企业的产品情况

E. 价格水平及售后服务条件

4. 商务谈判的通则议程通常包括(　　)。

A. 双方讨论的中心议题　　　　　　B. 议题讨论的先后顺序

C. 谈判总体时间及各阶段的时间安排　D. 谈判中人员的细节安排

E. 谈判地点及招待事宜等内容

5. 谈判地点设在己方,其优势体现在(　　)。

A. 避免环境生疏带来的心理影响　　B. 可获得额外的收获

C. 可以及时处理谈判以外的事情　　D. 便于及时请示汇报

E. 节省旅途时间

二、辨析题(判断正误并说明理由)

1. 一项谈判也许会涉及到多个目标,因此要对这些目标依据主次确定优先顺序,以保证主要目标的实现。(　　)

2. 如果制定的谈判目标缺少弹性,那么谈判成功的机会就小;相反如果目标富有弹性,谈判就有较大的灵活性,成功的机会就大。(　　)

3. 细则议程是根据通则议程拟订对谈判事项涉及的细节的安排,是己方谈判方案的具体体现,具有保密性。(　　)

4. 谈判期限要从有利于解决问题,促成谈判,提高谈判效率等方面进行确定。(　　)

5. 商务谈判方案一般由标题、主体和落款三部分组成。(　　)

三、问答题

1. 怎样理解谈判主要目标与次要目标的关系?

2. 拟订谈判方案的原则是什么?

3. 如何评价和选择谈判方案?

四、案例分析题(运用所学知识进行分析)

【案例】 五年前我公司曾经购进××公司的矿用汽车,经试用性能良好,为适应我公司矿山技术改造的需要,现打算通过谈判再次引进××公司的矿用汽车及有关部件的生产技术。××公司代表将于4月3日应邀来京洽谈。制定方案如下:

关于引进××公司矿用汽车的谈判方案

一、谈判主题

以适当价格完成购买29台矿用汽车及有关部件生产技术引进的谈判。

二、目标设定

1. 技术要求

(1) 矿用汽车车架运行15 000小时不准开裂。

(2)在气温为40摄氏度的条件下,矿用汽车发动机停止运转8小时以上在接入220V的电源后,发动机能在30分钟内启动。

(3)矿用汽车的出动率在85%以上。

2. 试用期考核指标

(1)一台矿用汽车试用10个月(包括一个严寒的冬天)。

(2)出动率达85%以上。

(3)车辆运行3 750小时,行程31 250千米。

3. 技术转让内容和技术转让深度

(1)利用购买29台车为筹码,要求××公司无偿(不作价)地转让车架、厢斗、举升缸、转向缸、总装调试等技术。

(2)技术文件包括图纸、工艺卡片、技术标准、零件目录手册、专用工具、专用工装、维修手册等。

4. 价格

(1)××年购买××公司矿用汽车,每台FOB单价为23万美元;5年后的今天如果仍能以每台23万美元成交,那么此价格定为价格下限。

(2)5年时间按国际市场价格浮动10%计算,今年成交的可能性价格为25万美元,此价格为上限。

小组成员在心理上要做好充分准备,争取以价格下限成交,不急于求成;与此同时,在非常困难的情况下,也要坚持不能超过价格上限达成协议。

三、谈判程序

第一阶段:就车架、厢斗、举升缸、总装调试等技术附件展开洽谈。

第二阶段:商定合同条文。

第三阶段:价格洽谈。

四、日程安排(进度)

第一阶段:

4月5日9:00—12:00

4月5日15:00—18:00

第二阶段:

4月6日9:00—12:00

第三阶段:

4月6日19:00—21:00

五、谈判地点

第一、二阶段的谈判安排在我公司13楼洽谈室。第三阶段的谈判安排在××饭店2楼咖啡厅。

六、谈判小组分工

张××为我谈判小组总代表，为主谈；李××为主谈提供建议或见机而谈，为副主谈；叶××随时为主谈、副主谈担任翻译，还要留心对方的反应；成员A负责谈判、记录技术方面的条款；成员B负责分析谈判动向、对方意图以及财务及法律方面的条款。

××公司矿用汽车引进谈判小组
××年4月1日

思考分析：

根据谈判方案拟订的原则及内容，分析该谈判方案内容的完整性与可行性。

协心戮力　杜渐防萌

——商务谈判管理

学习目标

【知识目标】

1. 理解商务谈判队伍组织的重要意义；
2. 明确商务谈判队伍组织的结构及其内容；
3. 掌握商务谈判人员选拔的条件、谈判人员管理的手段和方法，模拟谈判的组织程序和内容。

【能力目标】

1. 能够进行谈判人员的分工、协调与配合，并能加强对谈判人员的有效管理；
2. 能够把握不同类型谈判管理的具体内容，从而有效地控制谈判进程；
3. 能够拓宽国际化视野，提升跨文化沟通能力和冲突管理能力，生成与深化价值共识和秩序理念，树立"融合共生、协同创新"的团队价值观。

学习任务提要

- ★ 商务谈判队伍的规模；
- ★ 商务谈判队伍的结构；
- ★ 商务谈判人员的选拔与使用；
- ★ 商务谈判的管理；
- ★ 模拟商务谈判。

工作任务提要

★ 模拟商务谈判训练

建议教学时数

★ 8学时

学习任务一 | 打造商务谈判队伍

案例导入

【听一听】 2021年11月,国家医保局谈判代表张劲妮"灵魂砍价"的场面火了,她经过前后8轮谈判,将首次报价每支5万多元的药,价格降至3万多元。而上市之初,这款药品每支价格高达70万一支,被称为"天价"药。

张劲妮在谈判中表现出了对罕见病患者高度负责的精神,以及高超的谈判技巧。事实上张劲妮背后是一个强大专业的团队,由国内各省市具体从事医保、工伤、药招行政和经办工作多年的25名专家组成。基于每一品种药品的国内外价格,25名专家多维度进行了测算、比价,定出谈判最低参考价,也就是国际最低价,以此奠定了谈判成功的基础。

谈判期间,25名专家团队分为五组,每组组织每天上下午两场谈判,每天谈判约10余个品种的药品。谈判前,随机抽取谈判间,专家进入谈判间后才知道当场次所要谈判的具体药品。谈判的三天里,专家团队实施全封闭管理,谈判前专家均签订了保密协议,谈判专家要严格遵守谈判纪律,与谈判企业不发生任何利益瓜葛,确保清正廉洁谈判。谈判中专家要严格谈判方式和规则,根据所谈药品的背景资料和参考价格,与药品企业进行议价,最终确定入围药品品种,所有谈判过程均有室内摄像头实时摄录。

【想一想】 从该案中你得到了什么启示?

【说一说】 你认为选择谈判人员和确定谈判人数规模的标准是什么?

【议一议】 商务谈判人员是商务谈判的主体。谈判人员除了应具备应有的思想品行、知识、经验等要素外,还应遵纪守法,有高度的责任感。并根据不同的谈判需求,组建合理的商务谈判队伍。

一、商务谈判队伍的组织

商务谈判是一项复杂、范围较广、专业性较强的工作。要使谈判达到预定的目标,就需要组织一个规模适宜、结构合理、高质高效、性格互补的谈判团队。谈判人员的良好责任心和谈判队伍的整体优化是商务谈判成功的组织保证。

(一) 谈判队伍的规模

商务谈判工作通常要通过谈判队伍的整体力量才能完成。谈判队伍规模的大小,很大程度上影响着谈判工作完成的质量。

谈判队伍的规模是指组成谈判队伍人员的多少。多大的规模合适,要视谈判的性质、对象、内容、目标、地点、难易程度等方面而定。谈判队伍的规模,必须遵循精干、实用和高效的原则,并具体考虑以下因素进行确定:

1. 谈判内容的复杂程度

谈判的复杂程度在许多情形下是同谈判人员队伍规模成正比的。谈判项目越复杂,涉及的所需知识和经验越多,参加谈判的人员也应该适当多一些。

2. 谈判项目对专家的需要程度

一些普通消费用品的买卖一般不需要专门的产品技术专家,而一些高科技产品的买卖和技术专利的买卖必须依赖熟知技术性能要求的专家;有些谈判不涉及复杂的法律问题,不必让法律专家参与,而有些谈判就涉及复杂的法律问题,必须有法律专家参与。

3. 可供选择的谈判人员人力资源状况

如可供选择的人力资源条件较好,就组建较大规模谈判人员队伍;反之则只能组建较小规模的谈判人员队伍。

4. 谈判项目牵涉的利益方的多少

如果所谈判的项目只涉及一个部门或少数部门的利益,参加人员可以少一些;如果涉及多个部门的利益,则需要多个部门派人参加。

5. 对方谈判的阵容

如果在组织谈判队伍时,已经了解到对方谈判阵容的大致情况,则应根据对方的"智力结构"来组织己方的谈判队伍,人数方面也应大体与对方相当。谈判队伍的"智力结构"或阵容上的较大差异,有可能使谈判各方之间产生心理障碍,增加谈判的难度。

影响谈判人员队伍规模的因素,除了以上几个方面外,还可考虑谈判时间的长短,企业领导对此项谈判的重视程度等方面。但众多因素中最重要的是谈判项目的复杂程度和对专家的需要程度。在通常的情况下,谈判人员队伍以4~6人为宜。这比较符合提高工作效率的要求。人员过多有时反而会出现人浮于事、相互推诿的现象,影响工作效率。

（二）谈判队伍的结构

谈判队伍的结构主要是指谈判队伍的素质结构和人员结构。

1. 谈判队伍整体素质结构

（1）年龄结构。

据多方面调查表明，人的年龄与智力及能力有一定的关系。不同年龄的人资历不同，所处的环境不同，自我认识不同，接受能力不同，判断能力不同，解决各种问题的方式也不同。就复杂的商务谈判活动而言，谈判团体应当考虑建立一个适合进行各种谈判的年龄结构，并使这种结构处于不断发展的动态平衡之中。只有建立合理的年龄结构，才能按照人的心理特征与智力、能力水平以及谈判的要求，发挥各自的最优效能，也才能有利于谈判目标的实现。

（2）知识结构。

人的知识总是有多有少，有深有浅。因此，在谈判团体中就有一个具有不同范围和程度知识的人的最佳组合问题。这种最佳组合就是谈判团体中各种知识的立体化。知识立体化的形成，使谈判团体不仅有知识广博的人，也有在某一方面、领域中很有造诣的人；不仅有通晓经营管理的人才，还有精通业务知识与技巧的人才；不仅有商务谈判的理论人才，也有具有丰富实践知识和谈判经验的人才。从而形成一个无往而不胜的合理的知识密集型谈判团体。

（3）能力结构。

现代商务谈判客观上要求必须构建科学合理的智能与技能的结构。这种结构的建立，不是进行具有各种能力的人的随意组合，而是根据谈判的目标、内容、成交的可能性以及每个人的职责来合理构建他们的能力结构。以谈判团体中每个人的职责为例，对于谈判负责人来说，应在扩大视野、通观全局的基础上，增强控制谈判、分析问题以及决策的能力；对于业务主谈人来讲，要在扩大业务与知识水平的基础上，熟练掌握谈判策略、技巧以及论辩技术；对于专业或一般谈判人员而言，则要注重掌握各种专门技术与操作技能。只有按照一定的恰当比例和层次构成完整的能力结构，才能形成合力，并发挥最优的能力效能。

2. 谈判队伍成员结构

商务谈判队伍成员结构包括下面四部分：

（1）谈判队伍的负责人。

谈判班子的负责人一般也是谈判的主谈人。谈判班子的负责人或主谈人是谈判的主要角色，是谈判班子的核心，必须认真挑选。

谈判班子负责人一般应具备较强的组织工作能力，必须善于组织协调全体人员让其充分发挥主观能动性；必须具有强烈的事业心和责任感；必须尽可能全面掌握谈判所涉及的各方面的知识，并能够在谈判中运用自如。

谈判班子的主谈人应精通商务或市场营销实务，有娴熟的策略技能，知识广博，思维敏捷，表达能力强，善于随机应变。

（2）商务主谈人与技术主谈人。

一般来说，在一个谈判队伍之中，应当指定两个方面的主谈人，即技术主谈人和商务主谈人。他们各有各的主要职责，但彼此之间更应当及时地交换意见，密切配合。

表5-1　商务谈判团队人员工作职责

团队的成员	工作职责
谈判队伍负责人	掌控谈判的全局，监督谈判程序，把握谈判的进程； 组织协调专业人员和谈判团队的意见； 决定谈判过程中的重要事项； 代表单位签约； 汇报谈判工作
商务主谈人或 技术主谈人	阐述己方谈判的目的和条件，了解对方的目的和条件，找出双方的分歧和差距； 与对方进行商务谈判细节的磋商； 向谈判队伍负责人提出谈判的基本思路和财务分析意见； 修改草拟谈判文书的有关条款
专业人员 （技术方面、 法律方面、金融方面）	评价商品的质量、价格、包装和工艺等事项； 准备专业技术的资料和数据； 检查谈判文件专业技术方面的合理性、准确性和科学性； 谈判过程中有关专业问题的补充阐述； 确认对方经济组织的法人地位； 监督谈判在法律许可的范围内进行； 检查谈判文件的合法性、真实性和完整性； 草拟相关的法律文书等； 决定支付方式、信用保证、证券与资金担保等事项
翻译人员	准确传递谈判双方的意见和态度缓解谈判的气氛
记录人员	准确、完整、及时地记录和整理谈判内容

（资料来源：李旭穗，刑金虎．商务谈判［M］．北京：清华大学出版社，2009．）

在谈判之前，商务主谈人应当和技术主谈人一起组织全体谈判人员拟定总体谈判方案，并报上级批准后对整个谈判共同负责。在谈判时，各自应在坚持谈判主要目标的基础上各司其职。在洽谈技术条件时，技术主谈人负责召集参加谈判的技术人员、管理人员和有关专家准备技术附件并主持发言，他必须对所有技术附件的完整性和准确性负责。此时，商务主谈人及其他谈判人员和法律顾问应当根据自己掌握的材料和在实践中积累的经验，对拟定技术附件积极地提供参考意见。同时，应认真分析谈判各方在技术附件中所享受的权利、承担的义务及法律责任，根据情况给技术谈判人员以必要的支持。

在谈判价格及支付条件等内容时，商务主谈人应当主持会谈，按照事先拟定的总体谈判方案进行组织，负责进行讨价还价。在支付条件的谈判中，必须充分听取金融专家的意见，确保收款的安全。

(3) 专业人员。

谈判班子应根据谈判的需要配备有关专家,应选择专业对口,又有实践经验和谈判本领的人。视谈判的内容,专业人员大致可以由商务方面、技术方面、法律方面、金融方面的人员组成。但如果商务谈判活动较为复杂,在谈判中会遇到一些特殊问题,还需要请有关专家参与。对于一些规模小、影响不大的谈判,参加谈判的专业人员也可身兼两职或三职。

(4) 翻译人员。

在国际贸易谈判中,为解决语言交流的障碍,还需配备翻译人员。一个好的翻译,能洞察对方的心理和发言的实质,既能改变谈判气氛,又能挽救谈判失误。翻译应自始至终参加谈判的全过程,一般不宜中途换人,以防工作脱节。

二、商务谈判人员的选拔与使用

(一) 谈判人员的选拔

组建的谈判团队是否优秀,谈判人员的选择是关键。作为谈判的组织者,能否根据谈判内容的难易和谈判对手的特点,选择不同特征的人参加谈判至关重要。如果选择的谈判人员不合适,谈判只能以失败告终。

1. 谈判人员选拔的条件

谈判主体的个人素质是指谈判者在谈判中应具有的思想品行、知识、经验等要素的有机结合及其所形成的各种能力的总和。它既是谈判人员的内在条件和特征,也是谈判状况及其效果的决定因素。

谈判主体可以是一个团体,也可以是单个的人,但它首先表现为各个单个的人。当然,在一次谈判中,有各种类型的谈判者,由于他们在谈判中的地位、任务、工作性质和职责不同,是有所差别的。但不论哪种类型的谈判人员,都应具备相应的基本素质。一般来说,一名胜任谈判工作的人员应当具备以下基本素质:

(1) 遵纪守法,有高度的责任感。

要坚持维护国家、民族和本企业利益的立场,廉洁奉公;遵守国家法律和谈判组织的工作纪律;有理想,有敬业精神,有事业心和责任感,愿挑重担,勇于进取,敢于创新,不断开拓;善于沟通,团结同仁,具有合作精神。

(2) 具有广博的知识面。

一个真正的商务谈判者必须掌握政治、政策知识,把握交易的基本性质和方向;精通心理学、行为科学和社会学的知识,善于分析己方及对方的各种需要、动机和行为,充分发挥谈判人员的积极性和创造性;懂得企业经营管理、经济学、商务谈判理论和经济理论,掌握商务谈判的有关策略和技巧;具有较高的语言、文学修养,使谈判能够生动活泼,有声有色;懂得国家法律和国际法则、法规知识,做到遵守法、用好法,确保谈判的合法性,捍卫谈判成果。

（3）具有较强的能力。

谈判者的能力是指谈判人员驾驭商务谈判这个复杂多变的"竞技场"的能力，是谈判者知识运用的主观条件，是人的素质的综合表现。一个合格的谈判人员除了掌握必要的商品贸易知识外，还应具备多种能力：

第一，观察能力。观察能力是指谈判人员对谈判对象进行观察并善于发现和抓住其典型特征与内在实质的能力。谈判人员如能在同谈判对手的接触中判断出其本质身份，获取所需要的资料，最后勾画出对方真实意图的轮廓，这对己方采取相应对策具有重要意义。谈判中己方的提议遭到拒绝时，谈判人员要善于分辨出两种不同的拒绝：一是真的拒绝；二是策略性拒绝或犹豫性拒绝。对后一种拒绝，谈判人员应该提供各种提议依据或针对性讨论，促使协议达成。

第二，表达能力。表达能力是指谈判人员在谈判中运用口头语言和行为语言传递有关信息的能力。商务谈判的过程实质上就是一种人际交往的过程，要达到这样的交往目的，必须实现信息的有效沟通。因此谈判人员的表达能力至关重要，它决定着谈判中信息沟通的有效程度。谈判人员的表达能力应具有表现力、吸引力、感染力和说服力。尤其是口头表达，更要准确和适度，防止说理无据、强词夺理、任意发挥。说错话或露出破绽，都可能导致谈判失败。

第三，自制能力。自制能力是指谈判人员在环境发生激烈变化时自我克服障碍的能力。商务谈判是一项复杂的活动，有时甚至非常激烈。这就要求谈判人员要坚持外松内紧的原则，善于在冲突或激变中控制自己的意志和行为，排除一切违反既定方针、意见的各种杂念。激烈的谈判表现在说理上，不是表现在声音高低上。辩论时，谈判人员应以平静的态度和平和的举止来影响对方。发生争执时，须待之以礼，不可怒形于色；得到意外收获时，也不可骄傲自大，喜形于色。

第四，推理能力。推理能力是指谈判人员必须在谈判中由一个或几个已知的前提推出未知事物的能力。从某种意义上讲，商务谈判的过程是复杂的推理过程。谈判的对手绝非等闲之辈，双方心理上处于对立状态，利益上又存在依存关系，如何发现对手的真实意图，如何摸清对手的情况，就需要进行周密的推理。

第五，控制能力。控制能力是指谈判人员有目的地运用各种谈判策略和技巧，使谈判的发展变化保持在既定的目标内的能力。谈判趋势变幻莫测，随机性很强，稍有不慎就可能处于被动的境地，谈判人员应具有良好的应变能力，能运用各种有效的方法和手段把握住谈判的局势，善于捕捉一瞬即逝的机会，以变应变，让谈判按预定轨道前进。

第六，协调能力。协调能力是指谈判人员在商务谈判过程中解决各种矛盾冲突，使谈判班子成员为实现谈判目标而密切配合统一行动的能力。协调能力包括解决冲突的能力、善于沟通情况的能力、善于鼓动和说服的能力。协调能力是成功谈判的根本保障。

（4）具有丰富的经验。

商务谈判是一种具有实践性、应用性的艺术。因此，对商务谈判的理论研究所得出的

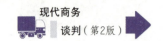

一般结论,只能作为谈判人员的行动指南。要做到在谈判中炉火纯青,谈判者还需要经过多方面的反复实践,积累谈判经验。经验是实践知识与能力的结晶。如果谈判者只有书本知识,没有实践经验,只能使谈判成为纸上谈兵。

(5) 具有健康的身体素质。

谈判的复杂性、艰巨性也要求谈判者必须有一个良好的身体素质。谈判者只有精力充沛、体魄健康才能适应谈判超负荷的工作需要。

2. 谈判人员选拔的方式

人员选拔是按照一定的原则、程序和要求进行的,它是保证谈判队伍组成科学合理,运转高效的一个先决条件。选拔的基本方法可以是公开竞争的考试方法,如笔试、口试、表演式、操作式等;也可以根据谈判人员的过去的表现,采取委任、指派的形式;还可以根据谈判的需要和要求,采取合同聘任的方法等。不论采取何种方式,都应注意要量才使用,用人之长,避其之短。做到用人不疑,疑人不用,用之则信,信之则忠,从而把符合谈判条件并能出色地完成谈判任务的人才选拔出来。

(二) 谈判人员的培训

培训是指对谈判人员任职所要求的知识与能力进行专门的培养和训练。培训要确定培训的基本项目和培训方式。一般说来,培训的基本项目有:企业的条例和工作程序、事业心和责任感、谈判中有关法律和交易的准则及有关的基本知识、谈判的策略和基本技巧等。培训的方式很多,如通过专门的谈判培训机构进行集中训练,或者将人员送到有关的大专院校去培训,或者进行在职在岗培训,即与有经验的谈判人员共同工作,从而学习谈判知识和经验。

(三) 谈判人员的考核

考核是对谈判人员一定时期工作成绩的衡量与评估,以确定其是否称职,成效如何。通过考核,可以对谈判人员做出恰如其分的评价,给予公正的待遇,同时,可以将考核的结果作为奖惩、任用、提升的依据。谈判人员的考核,要在正确地规定考核的内容、标准、指标体系以及考核方式的情况下进行,要形成一定的考核制度。只有这样,才能使考核的结果有利于谈判人员各尽所能,尽职尽责,求同存异,团结合作。

(四) 对谈判人员的激励

1. 激励理论

根据马斯洛的需要层次理论,将人的需要从低到高划分为五个层次,即生理需要、安全需要、社会需要、尊重需要和自我实现需要。人的需要是从低向高发展的,当较低层次的需要满足后就会产生较高层次的需要,没有满足的需要具有最好的激励作用。在商务谈判过程中,应善于分析哪些是谈判人员尚未满足的需要和当前急迫的需要,并制定相应的激励

项目五 协心戮力 杜渐防萌

措施。

2. 激励方法

在商务谈判过程中,对谈判人员的激励常见的有以下几种方法:

(1)奖励。包括物质奖励和精神奖励,物质方面的如奖金、晋升工资、奖励实物等;精神方面的如表彰、授予称号、提级升职、提供学习机会等。在奖励时应注意奖励的方式应不断创新,同时奖惩相结合,只有这样才会有最好的效果。

(2)谈判人员参与谈判决策。商务谈判人员都是各领域的专业人才,谈判过程中在不同程度上让员工参与谈判决策及各项谈判工作的研究和讨论,可使谈判人员感觉到公司、企业对其的信任,使其有一种主人翁感,从而激发其主动性和创造性。

(3)工作内容丰富化。即根据谈判人员的能力、谈判经验,在不同的谈判活动中,安排不同的角色,授予不同的权力,以使谈判人员有一种成就感。

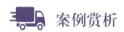

案例赏析

2019年12月史上耗时最长的联合国气候变化大会,终于在马德里时间15日13点55分正式闭幕。本届气候大会中国代表团成员超60人,核心谈判代表不到30人,"80后"是"主力军",平均年龄不到35岁;专业覆盖广泛,包括环境科学、大气物理、国际政治等。代表团成员里既有中国生态环境部、外交部、科技部等各部委的代表,也有清华大学和国家气候战略中心等高校和研究机构的精兵强将。作为中国气候谈判代表,必须至少具备以下四种素质:有爱国心、有大局观、有专业能力、有坚强的意志和健康的体魄。

因多边机制和缔约方众多,差异多元的诉求让谈判推进缓慢、异常艰辛。对于谈判代表来说,大会期间的每一天都在加班,白天黑夜无缝衔接。谈判代表们一直在跟时间赛跑。

"80后"高翔是复旦大学毕业的博士,连续11次参加气候大会谈判的他今年有双重任务,一个是作为《巴黎协定》透明度议题的联合主持人,另一个是"七十七国集团加中国"在周期性审评议题上的集团协调员。作为主力军,高翔每天只能睡三个小时。

在谈判中,中国代表团在会场内外都获得各方的高度评价。中国在展现大国形象的同时,维护发展中国家利益,在一些重要的场合和重要的谈判中,敢于并且善于发挥引导和领导的作用;在某些议程上,中国也给了一些发达国家非常好的警示。

【扫一扫】
更多信息

(资料来源:中国新闻网)

学习任务二 管理商务谈判过程

案例导入

【听一听】 美国某一家厨房用品生产企业与经销商就厨房用品交易事项进行了若干回合的谈判,并最终就各项交易条件达成了共识。然而,就在合同即将签约之际,生产企业突然接到了经销商的电话,经销商说:"真是遗憾,事情发生了变化,我的老板改变了主意,他要和另一家生产企业签订合同,如果你们不能把价格再降低10%的话,我认为有可能毁掉我们双方所付出的努力。"

该生产企业慌了手脚,经营状况不佳,已使他们面临破产的危险,再失去这个客户企业就真的要破产了。无奈,该企业经研究同意再降价10%。这个降价幅度虽说只有10%,但它对于这个濒临破产的企业来说却是一个巨大的数目。然而该企业却不知道这次被迫降价的背后却有一个阴谋。

事情还要追溯到谈判的最后阶段,该企业的谈判人员在一次与经销商的私下交谈时说道,他们的企业正在承受着巨大的压力,销售状况不佳,企业已面临破产的边缘。对于这位谈判人员的诚实,经销商非但未对他们给予同情,还趁机敲诈了一把,因为他知道对于急需销售产品的这个企业来说,销售出去才是他们唯一的选择。就这样因为企业谈判人员的疏漏而给企业带来了巨大的损失。

(资料来源:百度文库,2022.)

【想一想】 通过案例分析,评价谈判人员应具备的素质要求。

【说一说】 如何规范管理商务谈判?

【议一议】 商务谈判的整个过程中,每一个环节都很重要,谈判过程中的每一句话都会给对方一定的信息,因此,谈判人员应对商务谈判的过程进行有效的管理,以期达成预期的谈判目标。

一、商务谈判的管理

商务谈判的管理是谈判过程管理的重要内容。在动态的谈判过程中,谈判者必须面对复杂多变的谈判环境,随时处理各种可能出现的问题,如果离开了严格的管理,谈判者的行为就可能偏离既定的计划和目标的要求。从某种意义上讲,商务谈判的管理,不仅关系到某一项交易的成败得失,还会对以后的谈判工作产生潜在的影响。只有通过科学、严格的管理,才能有效地利用各项资源,把各个因素、各个方面的工作有机地结合起来,提高谈判活动的效率。商务谈判的管理一般包括谈判人员的行为管理、谈判信息的管理、谈判时间的管理及谈判后的管理等内容。

（一）谈判人员的行为管理

谈判人员行为管理的核心是制定严格的组织纪律，并在谈判过程中认真执行组织纪律。一个谈判班子的组织纪律应包括以下几个方面的内容：

1. 坚持民主集中制的原则

一是谈判人员必须为制定谈判方针、方案出谋献策，对谈判的全局与细节有比较清楚的了解；二是谈判团队的负责人要集中大家的意见，作出最后的决策。决策确定以后，任何人都必须坚决地不折不扣地服从，绝对不允许任何人把个人的见解和看法带到谈判桌上。

2. 不得越权

企业对谈判团队的授权是有限的，在谈判中，同样每个谈判人员的权力也是有限的。任何人都不得超越权限范围作出承诺或提出某些要求。原则上，是否让步或承诺某项义务，应由谈判领导人员作出决策。

3. 分工负责、统一行动

在谈判中，谈判人员之间要进行明确的职责分工，每一个人都要承担某一方面的工作，每个谈判人员都应把自己的工作严格控制在自己的职责范围之内，绝不可随便干预他人的工作；同时，每一个成员又都必须从谈判的全局出发，服从统一的调遣。除非允许，否则任何人都不得单独地与对方接触，商谈有关内容，以免在不了解全局、考虑不周的情况下盲目作出决定。

4. 由谈判领导单线联系

当谈判小组需要与企业主管部门联系时，应由谈判领导人员单线联系，其他成员原则上是不允许直接与职能部门领导进行联系。这一程序对谈判负责人有效地控制谈判的全过程是非常重要的。如果谈判成员都能各自向其部门主管汇报有关问题，而不通过谈判团队负责人，对保证谈判团体内部领导的集中统一和把握谈判局势是极为不利的。

（二）谈判信息的管理

对谈判信息的管理包括两个方面的内容，一是信息的搜集与整理，二是信息的保密。

从信息的搜集与整理上来看，信息的搜集渠道非常广泛，在接触过程中对方的语言、表情、手势乃至体态都蕴含着一定的信息，谈判人员要善于获取这种信息。为保证信息的真实性和可靠性，还必须对信息进行分析、处理，去伪存真。

从信息的保密方面来看，以下两种情况需要特别注意：

第一，客场谈判的保密措施。尤其是涉外商务谈判在客场进行，在国外的谈判小组必须与国内的管理机构进行联系时，应该采取必要的保密措施。比如，凡发往国内的电报、电传一律自己亲手去发，不要轻信旅馆的服务员、电话总机员，避免因此而泄露机密。对那些在政治上属于敏感性的问题，或者是商业上的机密内容，应该运用事先约定的密码暗语与

国内进行通讯联络。

第二，谈判小组内部信息传递的保密。在谈判桌上，为了协调本方谈判小组各成员的意见和行动，或者为了对对方的某一提议作出反应而需商量对策时，谈判小组内部需要及时传递信息，应尽可能采用暗语形式，或者通过事先约定的某些动作或姿态来进行，或者到谈判现场以外的地方去商量。由于这种传递本身就处于谈判对手的观察之中，所以保密就显得尤为重要。

除上述两个方面以外，谈判人员还应注意培养自己良好的保密习惯。

第一，不要在公共场所讨论业务问题。

第二，在谈判休息时，不要将谈判文件留在洽谈室里，资料应随身携带。如果实在无法带走，要确保谈判开始第一个进入洽谈室。

第三，如果自己能够解决，那么最好不要叫对方复印文件、打字等。如果迫不得已，应在己方人员的监督下完成，而不要让对方单独去做。

第四，不要将自己的谈判方案敞露于谈判桌上，特别是印有数字的文件。因为对方可能是一个倒读能手。

第五，在谈判中用过而又废弃的文件、资料、纸片等不能随便丢弃，对方一旦得到，即可获得有价值的情报。

（三）谈判时间的管理

时间的运用是谈判中一个非常重要的问题。从某种意义上讲，掌握了时间，也就掌握了主动权。谈判时间的管理主要包括以下内容：

1. 谈判日程的安排

在客场谈判的情况下，做客谈判的一方总会受到一定的时间限制，在安排谈判日程时，要尽可能在前期即将活动排满，尽快进入实质性谈判，以防止因时间限制而匆忙作出决策。因此，在客场谈判时，一定要有强烈的时间意识和观念，不能被对方的盛情招待所迷惑。

如果在主场谈判，由于我方在时间安排方面比较宽裕，应想方设法推迟进入实质性谈判，以缩短双方讨价还价的时间。为此在谈判的前半段，要尽可能安排一些非谈判的内容，如游览、酒宴等，从而在谈判时间上赢得主动。

2. 对己方行程的保密

客方确定何时返回，这是做东谈判的一方最想知道的信息。因为一旦掌握了这个信息，就可以有针对性地调整和安排谈判日程与谈判策略。因此，客场谈判时绝对不要向对方透露本方准备何时返回，预订机票、车票等工作应回避对方。

（四）谈判场所的布置与安排

1. 谈判场所的布置

如果谈判在己方所在地进行，则作为东道主应对谈判场所进行布置。谈判场所的布置要幽雅、舒适、方便、不受干扰,有利于创造出谈判的良好氛围。

谈判场所至少需要两个房间,其中一间是主要谈判室,另一间为秘密会谈室即私下会谈室,以便于当需要时可进行个人之间的直接交往。若有可能,最好再配一间休息室。休息室是供谈判双方在紧张的谈判间隙休息使用的。休息室应该布置得轻松、舒适,有利于双方放松紧张的神经。

谈判室内的桌子一般居于房间的中间,可以是长方形的,也可以是圆形或椭圆形的,一般以长方形为佳。

2. 谈判室的座位安排

(1) 谈判座次的形式。

① 圆桌式。圆桌式是指谈判双方或多方代表环桌而坐举行谈判的一种方式。这种方式适合于中、小型谈判,尤其适用于酒会或工作餐桌前所举行的谈判。这种形式容易营造轻松融洽的气氛。

② 并列式。并列式是指谈判双方主谈人并列而坐,其他谈判人员依次坐下或在后排就座,如果谈判人员较多,次要人员还可以在后排站立。这种方式适合于中、大型谈判或较为正式、严肃的谈判。采用这种方式的往往是参加谈判人员较多,涉及范围较广的谈判。

③ 相对式。相对式是指两方谈判时,双方谈判人员面对面就座,谈判负责人坐中间。这种方式适合于各种类型的谈判,是谈判普遍采用的形式。

(2) 谈判座次的安排。

座位的安排直接影响谈判氛围,影响双方在谈判过程中的内部交流与控制,因此,极有讲究。最常见的座位安排是谈判双方各居一边,中间可以有桌子也可以没有;另一种可供选择的排位方法是任意就座,谈判双方人员混杂落座,没有分明的阵线。在某些情形下,根本不就座或根本不用谈判桌也是一种排位方法。双方人员自由交换意见,最后达成协议。但此种方式适用于双边关系十分友善的状况,且应限制在小范围内。

谈判座位的安排一般应遵循国际惯例,讲究礼节,但从谈判战术角度讲,选择谈判座位是具有艺术性的。

安排座位时,一定要掌握对等的原则,不能留下某一方占主导地位的印象。一般情况下,如果是两方谈判,则应面对面就座,谈判负责人坐中间。便于各方低声协商或查阅一些向对方保密的资料。座位中间的距离也要适当,坐得太靠近,双方人员会感到拘束;离得太远,交谈时不方便或有疏远感。

合理的座次排列可以体现谈判双方平等互利的关系,可以创造较松愉快的良好情境,可以提高谈判效率和效果。

(五) 谈判后的管理

谈判后的管理主要是对签约以后的有关工作进行管理。

1. 谈判总结

合同签订后,本方谈判小组应对本项谈判进行总结。总结的内容主要包括以下两个方面:

第一,从总体上对本方谈判的组织准备工作、谈判的方针、策略和战术进行再评价,即事后检验。通过总结经验和教训,可以有效地培养和提高谈判人员的谈判能力。

第二,对签订的合同进行再审查。虽然合同已经签字生效,在一般情况下没有更改的可能。但是,如果能尽早地发现其中的不足,就可以主动地思考对策采取弥补措施,早作防范。

2. 保持与对方的关系

协议的达成并不意味着双方关系的了结,相反,它表明双方的关系进入了一个新的阶段。合同的签订把双方的关系紧紧地联结在一起,为本项交易及以后的交易奠定了基础。因此,为了确保合同得到认真彻底的履行,以及维持今后双方的业务关系,应该安排专人负责与对方进行经常性的联系,以使双方的关系保持在良好的状态。

3. 资料的保存与保密

对本项谈判的资料,包括总结材料,应编制成客户档案,妥善保存。这样,在以后再与对方进行交易时,上述材料可成为非常有用的参考资料。

在保存资料的同时,还应就有关资料的保密工作进行恰当的安排。无论本方的资料还是客户的资料,非有关人员,未经许可不得调阅,这应成为企业的一项制度。

二、模拟商务谈判

模拟商务谈判是商务谈判前从己方人员中选出某些人扮演谈判对手的角色,提出各种假设和臆测,从对方谈判的立场、观点、风格出发,同己方人员进行谈判的想象练习和实际演习,检查实施既定谈判方案可行性的过程。

模拟商务谈判是真实谈判的预演,是商务谈判准备工作中的重要内容。模拟谈判的组织应尽量接近正式谈判,才能产生模拟效果。

(一) 模拟商务谈判的作用

模拟商务谈判是预演谈判的过程,对促进谈判的成功具有重要作用。

第一,能使谈判者获得一次临场的操练,锻炼和提高谈判能力。

第二,能暴露一些可能被忽视的问题,找出可能出现失误的方面及原因,使商务谈判准备的更充分,更准确。

第三,能对拟定的谈判策略、措施等进行某种检验及相应的修改和完善,使原定计划更具实用性和有效性。

第四,能使谈判者选择适合自己充当的最佳角色,减少谈判中的冒险成分。

总之,通过预演,可以及早发现自身可能出现的失误,从而及时进行调整,以获得谈判的成功。

(二) 模拟商务谈判的组织

组织好模拟商务谈判，关键是做好以下两方面的工作：

1. 进行正确的假设推理

根据假设的内容，假设可分为三类：一是对有关谈判客观事物的假设；二是对谈判对方的假设；三是对己方的假设。

（1）对有关谈判客观事物的假设。主要包括对环境、时间、空间的假设。通过这些假设，进一步摸清事实，使己方在谈判中占据主动地位。

（2）对谈判对方的假设。主要包括对方对商品价格、商品质量、付款方式等方面的要求；对方在谈判过程中采取的策略、技巧等。对对方的准确假设可使己方知己知彼，找出相应的对策，争取谈判的主动权。

（3）对己方的假设。主要包括谈判者对自身心理素质、谈判能力的自测与自我评估；对己方的经济实力、谈判实力、谈判策略、谈判准备等方面的评估等。对己方的准确假设可提高己方在谈判中的地位。

进行正确的假设推理，关键在于提高假设推理的精确度，使之更接近事实。为此，必须注意以下方面：

第一，必须让商务谈判经验丰富的人提出假设。如在国际贸易谈判中，谈判者几乎是清一色的"某国通"。

第二，必须明确区分哪些是事实本身，哪些是自己的主观臆测。

第三，必须按照正确的逻辑思维推理，不能违背思维的一般规律。

第四，必须以事实为基础拟定假设，根据的事实越多，假设的精确度就越高。

2. 进行正确的想象练习

谈判前的想象练习就是想象谈判的全过程。即从谈判的开始到结束按照谈判顺序想象谈判的各个阶段、各种情形、有关的各种要素，包括谈判现场气氛、谈判中可能涉及到的问题、对方会提出的各种反对意见、己方谈判策略技巧的实施等。

进行正确的想象练习，采用的形式主要有两种：

（1）沙龙式。沙龙式是指谈判人员聚集在一起充分讨论，自由发表意见，共同想象谈判的全过程。

这种形式的优点是使谈判人员充分发表意见，互相启发，共同提高谈判水平。

要组织好沙龙式模拟谈判，必须注意两点：一是要有一个富有谈判经验的强有力的组织者与领导者；二是参加者不要只限于谈判人员，还应请有关专家及商务谈判经验丰富的人参加，使之更好地开动脑筋，想象更准确。

（2）戏剧式。戏剧式是每个谈判人员都在模拟谈判中扮演某一特定角色，根据拟定的不同假设，安排各种谈判场面，随着剧情的发展，进行谈判全过程的演习。

戏剧式模拟谈判较之于沙龙式模拟谈判更加真实、生动、具体。

要组织好戏剧式模拟谈判，必须注意为扮演者分派好各种角色，特别是按谈判方案的人员分工来分派，以便发现不称职人员时可及时更换调整。

 案例赏析

XYZ 公司因公司策略转型，积极求售其 A 事业部门。2019 年某日，七家参加投标的集团代表为了参与 XYZ 公司 A 事业部门的标售聚集在一起。在接下来的 24 个小时内，XYZ 的银行团和律师群和有意的投标者分别进行了多次的谈判。在稍早一个月前，经由非公开拍卖的相关咨询，XYZ 最后将预估的价格设定在 10 亿人民币左右。但是到第二天早上，出价最高的投标集团只报出 5 亿多人民币的报价，只有 XYZ 集团预估的一半。当时 XYZ 集团几乎沮丧得要接受 5 亿多人民币的出价了。不过 XYZ 顾问团队中的一位资深专家的"神来一笔"，把每一回合出价最低的 1－2 家"淘汰"，并减少两个席位，整个谈判过程一下子变成一场"荒岛求生实景秀"。通过这种规则与场地座位的改变，参与投标的集团瞬间有了紧迫感，使得出价迅速往上飙，最后以超过 13 亿的价格完成谈判交易。

【扫一扫】
更多信息

工作任务五 | 模拟商务谈判训练

【任务要求】 通过有效利用各种资源，对谈判客观事物、对方和己方进行假设，并进行控制进程的想象练习和实际演习。

【情景设计】
(1) 中国天津制药工业公司和美国 S.K 药业公司的合资企业谈判；
(2) 桂林客车制造厂和美国福特公司的货物购销谈判；
(3) 桂林客车制造厂和韩国大宇公司的货物购销谈判；
(4) 中国进出口贸易总公司与日本三菱重工公司的索赔纠纷谈判。

【任务实施】
(1) 学生根据模拟商务谈判的资料要求进行准备。具体准备要求：各组组长负责召集小组会议，研讨谈判资料，策划谈判总体方案；进行人员分工，确定各议题的主谈人与辅谈人，各人根据自己的分工，进一步搜集与议题有关的信息情报（包括经济、技术、政策、制度、法规等），策划所负责议题的具体谈判方案；各小组第二次集中，研讨各人具体议题的谈判方案，提出修改意见，然后汇总各人的方案，修订并整合出谈判总体实施方案。
(2) 教师安排商务谈判模拟实训室，学生自己准备座牌，谈判教室尽可能按照谈判场所的要求布置，如谈判桌、台布、花饰、水杯和欢迎标语等。要求双方谈判人员需穿戴整齐、

讲究,以渲染谈判气氛,提高仿真度。

(3)由指定方(或发邀方、主场谈判)的谈判小组组长主持谈判。根据教师给定的谈判议题和各自策划的谈判方案展开谈判,谈判时间限定为1小时。

(4)学生根据教师临场前给出的补充资料,调整谈判方案。谈判过程中要有教师在现场作适当指导,但不干涉。

(5)对谈判过程各方均要做记录,谈成的项目需写出最终的确认书,对未谈成的项目需另外行文写出说明,并注明未达成一致的原因,由双方组长签字认定。各项目均谈成的成功谈判,双方需签订协议书,并由双方组长签字认定。

(6)需按谈判过程及要求逐一展开,在谈判过程中,各成员要认真严肃,尽力扮演好自己担当的角色,言谈举止需符合谈判的气氛要求,以确保仿真程度。

(7)模拟谈判结束后,双方各选出一名代表,解密己方的谈判方案,并谈模拟谈判的体会。指导教师需对其谈判过程及结果进行讲评。

【任务实施应具备的知识】 模拟谈判的组织程序和模拟内容。

【任务完成后达成的能力】 培养学生能够依据谈判的要求进行模拟谈判的组织与管理,提高自身驾驭谈判的能力,强化责任意识和规则意识。

【任务完成后呈现的结果】

(1)每个谈判小组按要求与格式撰写模拟谈判报告,并上交作为模拟谈判活动成绩评定的依据。

(2)指导教师根据谈判小组、小组中的个人在模拟谈判活动中的表现、小组评分及模拟谈判报告给出每个谈判小组的成绩。小组成绩即是谈判小组每个成员的成绩。

知识宝典

【本职分工】 参加谈判的人员的自然、专业分工。

【口头谈判】 双方(或各方,下同)的参与人员在一起,直接进行口头的交谈协商,主要指面对面的谈判和电话谈判。口头谈判有助于双方对谈判行为发展变化作出准确的判断。

【书面谈判】 谈判双方不直接见面,而是通过信函、电报等书面方式进行商谈。

【开场白】 谈判开始的第一席话称为开场白。

【射幸合同】 合同的法律效果在订立合同时尚未确定的合同。

【纵向观测】 在不同时间里对谈判对手进行观察分析,借以取得一连串连续完整的记录,供谈判决策时参考。

【横向观测】 在一个特定时间和外界条件下,对谈判对手的各种活动进行观察,由点到面了解谈判对手的有关情况,揣摩对手。

【擒将法】 在买卖双方的谈判中,事态的发展往往取决于主谈人。因此,常常围绕主谈人或主谈人的重要助手出现激烈的争斗,以实现谈判的优越条件。

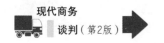

项目综合练习

一、不定项选择题

1. 商务谈判队伍成员结构包括(　　)。
   A. 谈判班子的负责人　　　　　　B. 商务主谈人与技术主谈人
   C. 专业人员　　　　　　　　　　D. 翻译人员和记录人员

2. 商务谈判人员的能力要求包括(　　)。
   A. 观察能力　　B. 表达能力　　C. 自制能力　　D. 推理能力
   E. 控制能力　　F. 协调能力

3. 商务谈判信息管理的内容包括(　　)。
   A. 保证信息搜集与整理的客观性与实用性　B. 确保信息的时效性
   C. 确保信息的保密性　　　　　　　　　　D. 确保信息传递的灵活性

4. 谈判后的管理工作主要包括(　　)。
   A. 进行谈判总结　　　　　　　　B. 制定保持与对方良好关系的措施
   C. 加强资料的保存与保密工作　　D. 履行合同

5. 模拟谈判的重要作用体现在(　　)。
   A. 锻炼和提高谈判能力
   B. 暴露一些可能被忽视的问题,找出可能出现失误的原因
   C. 使原定计划更具实用性和有效性
   D. 使谈判者选择适合自己充当的最佳角色,减少谈判中的冒险成分

二、辨析题(判断正误并说明理由)

1. 在谈判中,专业谈判人员的主要任务是与谈判对手直接进行磋商。(　　)
2. 对谈判人员最有效的激励手段,就是进行物质奖励。(　　)
3. 在谈判中,是否向对方让步或承诺某项义务,只能由谈判领导人员作出决策。
   (　　)
4. 谈判过程中,只要是谈判小组的人员,都可以与直接负责该谈判的上级领导人进行联系。(　　)
5. 谈判后的管理主要是对签约以后的有关工作进行管理。(　　)

三、问答题

1. 优秀的商务谈判人员应具备哪些素养?
2. 为什么说商务谈判管理最重要的内容是对谈判人员行为的管理?
3. 怎样进行模拟谈判?

四、案例分析题(运用所学知识进行分析)

【案例】　巴西一家公司应邀到美国采购成套设备。当巴西谈判小组的成员进入谈判

场所时,对谈判现场极为不满,花了很长时间来指责美方代表不重视这次谈判,如果是这样的话,以后很多工作难以合作。不尊重对方,就是没有合作的诚意和愿望。对此美方代表感到理亏,只好不停地向巴方代表道歉。谈判开始以后,巴方代表仍旧心情不佳,最后,谈判草草收场,没有取得任何结果。

(资料来源:马克态.商务谈判:理论与实务[M].北京:中国国际广播出版社,2004.)

思考分析:

1. 你从该案例中得到什么启示?
2. 该案例中疏忽了哪些商务谈判管理内容?该如何改进?

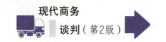

珠联璧合　旗开得胜
——商务谈判开局

 学习目标

【知识目标】
1. 明确谈判开局的重要作用；
2. 理解谈判开局的主要任务和开局方式；
3. 掌握营造谈判开局气氛的方法；
4. 掌握谈判开局的策略与技巧。

【能力目标】
1. 能够在谈判实践中根据开局目标，顺利完成开局阶段的主要任务；
2. 能够运用开局的策略与技巧，正确处理开局中的问题；
3. 能够在谈判实践中坚持和谐共赢原则，建立"合作共赢"的谈判思维模式，塑造"善与他人合作分享"的优秀品格。

学习任务提要

★ 商务谈判开局的重要性；
★ 商务谈判开局的目标；
★ 商务谈判开局的气氛营造；
★ 商务谈判开局的任务；
★ 商务谈判开局的策略；
★ 商务谈判开局的技巧。

工作任务提要

★ 设计谈判开局方案训练

建议教学时数

★ 8学时

学习任务一　平稳商务谈判开局

案例导入

【听一听】 2022年9月16日,美国或迎来一场30年来第一次全国性铁路大罢工,这对美国经济可能产生灾难性影响,或加剧当地供应链短缺及能源危机。

据报道,美国铁路公司和工会之间的矛盾由来已久。2022年7月,由于拜登政府的介入,劳资双方进入60天冷静期,白宫同时任命总统紧急事务委员会(PEB)来推动双方谈判。

PEB上个月发布了解决争端的建议,包括增加工资和改善医疗保险,但该提案遗漏了工会方面的诉求。因谈判至今仍未达成有效协议,劳资双方冷静期将于当地时间9月16日凌晨00:01结束,届时,美国总统也没有权力再次阻止罢工,外界只能寄希望于国会干预,强制解决冲突。

但这一希望或也再次落空。美国共和党人提出一项提案,欲让两大工会强行签订合同,迫使铁路工人留在工作岗位上,以避免可能出现的罢工。然而,民主党人、无党派参议员伯尼·桑德斯认为,该提案对铁路工人不公平。由于未得到所有参议员的同意,该提案也未获通过。

【想一想】 铁路工人的罢工预警为谈判营造了怎样的气氛?

【说一说】 营造有利于自身的谈判气氛主要考虑哪些因素?

【议一议】 商务谈判开局为整个商务谈判营造气氛。良好的开局很大程度上预示着良好的谈判结局。因此,在商务谈判的"破局"阶段,应营造良好的商务谈判气氛。

一、商务谈判开局的作用

（一）开局的含义

人们通常将谈判的开局称为"破冰"，谈判开局对整个商务谈判过程起着非常重要的作用。在开局阶段，谈判双方就会谈的目标、计划、进度和参加人员等问题进行商谈，并尽量取得一致意见。通过本阶段的商谈为以后具体议题的洽谈奠定基础。

商务谈判开局是指一场谈判开始时，谈判双方之间的寒暄和表态以及对谈判对手的底细进行探测，为影响和控制谈判进程奠定基础。开局阶段一个重要的特征是不涉及实质性问题的讨论。开局阶段所进行的内容主要包括双方相互介绍、致意、闲谈、陈述立场、讨论附加议题以及进行必要的底线探测等。在一次商务谈判中有许多开局，因为一次谈判往往持续许多天，在这期间，每一轮磋商或每天开始谈判时都需要一个开局，讨论当天的议程安排或其他活动的安排，营造当天的谈判气氛，使双方对当天的磋商内容和其他活动做到心中有数，以保证谈判的有序进行。

（二）开局的作用

商务谈判开局从时间上来看，只占整个谈判程序中一个很小的部分。从内容上看，似乎与整个谈判主题无关或关系不大，但它却很重要。开局阶段对整个谈判过程有着重要的影响。

1. 开局阶段为整个谈判定下了一个基调

开局阶段是谈判的起点，起点是后续进程的引导和助推器，开局的方式、气氛，双方人员的态度、精神面貌、说出的话语等，都会形成一定的基调，关系到整个谈判过程。

2. 开局的气氛和效果影响谈判的推进和协议的达成

轻松、愉快、自然、友好的开局方式和气氛，谈判基调热烈、欢快，双方谈判人员在后续的磋商中以礼相待，对于谈判过程中遇到的问题，本着互利共赢的原则，双方友好协商，互相让步，利于谈判的推进和协议的达成；而对立、冷淡、敌视的开局方式和气氛，整个谈判基调沉重、压抑，双方人员互不让步，在磋商的问题上只考虑己方利益，往往陷入僵持的局面，不利于推进谈判和达成协议。

3. 开局阶段会影响双方人员的谈判心理和谈判状态

积极、热烈、协调的谈判开局，会使谈判双方充满信心，双方都会从对方的热情中得到鼓励，后续的谈判进程将会顺利和高效；相反，谈判中一方人员态度冷漠、心不在焉，对方必定会心生疑问，心理上会产生困惑，精神状态不佳，情绪低落，精神难以集中，也就不可能产生好的谈判结果。

二、商务谈判开局的目标

开局目标是指在开局阶段希望达到的结果。开局目标是一种与谈判的终极目标紧密相连又相互区别的阶段性谈判目标,是为实现或有利于实现总体性谈判目标服务的。开局目标的内容大致有两个方面,一是建立某种谈判气氛,二是在附加议题磋商中取得希望的结果。就商务谈判而言,谈判人员主要应该追求的开局目标是建立良好的谈判气氛。营造良好的谈判氛围是谈判开局的首要目标。

任何谈判都是在一定的氛围中进行的,特别是开局阶段,有什么样的谈判氛围,就会产生什么样的谈判结果,所以无论是竞争性较强的谈判,还是合作性较强的谈判,成功的谈判者都很重视在谈判的开局阶段营造一个有利于自己的谈判氛围。

(一) 谈判气氛类型

商务谈判气氛是指商务谈判对象之间的相互态度,以及由它引起的商务谈判人员心理、情绪和感觉上的反应。每一场谈判都有其独特的气氛,开局气氛应服从于谈判的目标,服从于谈判的内容,服从于谈判的方针和策略。商务谈判气氛一般有以下几种类型:

1. 热烈、积极、友好的气氛

多见于双方真心诚意合作的谈判开局。在该气氛下,谈判双方态度诚挚、语气轻松,双方对谈判的成功充满信心,把谈判成功看成友谊的象征。有这种气氛作为开端,谈判往往比较轻松、愉快,遇到问题和挫折,双方都会从容解决。

2. 冷淡、对立、紧张的气氛

多见于双方缺乏诚意,缺乏合作的谈判开局。在该气氛下,谈判双方态度冷淡、目光旁视、语带双关,彼此寸土不让,谈判的气氛紧张和对立。这一类型的谈判气氛通常是在双方利益对立情况下产生。

3. 平静、严肃、严谨的气氛

多见于涉及双方重大的原则问题和发展方向的谈判。在该气氛下,谈判双方态度严肃、话题谨慎、语气冷峻,双方处于相互提防、似有成见的状态。

4. 松垮、持久、漫不经心的气氛

在该气氛下,谈判双方衣冠不整、左顾右盼,显出一种可谈可不谈的无所谓的态度。多见于一方或双方无诚意的谈判。

5. 混合型的气氛

更多的谈判气氛都介于上述四种气氛之间。就整个谈判过程来说,多数商务谈判都是在既热烈又冷淡、既对立又友好、既严肃又活泼的气氛中完成的。其实这种热烈中有冷淡、友好中有对立、严肃中有活泼的矛盾的对立统一,才真正符合商务谈判的合作原则。要想使谈判自始至终都在轻松、愉快的气氛中进行,是不切合实际的。

(二) 谈判气氛的营造

1. 用轻松的话题、语言来创造轻松的环境

在谈判开始前,可以运用引起双方感情共鸣、交流轻松的话题和语言来开启谈判之门。

如畅谈谈判的目的、议事日程安排、进展速度、谈判人员的组成情况等，或双方感兴趣的题外话。在双方通过轻松的交谈，感情已见趋近，气氛比较和谐的情况下，一方才可试探性地选择一些相同或近似的正式话题进行交流，以此由表及里、由浅入深地循序渐进，使正式谈判之门慢慢打开。

2. 利用友善的形象、动作来营造友好的谈判气氛

形象，包括一个人的姿势、表情、仪表、目光等。谈判者形象可以反映谈判的信心、态度、诚信和期望，它对谈判气氛的影响很大。谈判者要注意自身仪表和体态的修饰，以谦逊、友善、礼仪、规范的态度和形象营造积极友好的谈判气氛。

3. 以恰当的洽谈速度来确定有利于谈判顺利进行的洽谈基调

谈判的进展速度，在很大程度上取决于谈判开局进行的速度。所以谈判人员应该把握在开局阶段谈话的自然速度和所谈内容递进的速度，既不要讲话速度过快、滔滔不绝、慌慌张张，也不能在最初交谈时就停顿或冷场，从而减缓随后谈判的速度。谈判双方都应积极寻求一种既轻松而又高效率的洽谈速度。

4. 以谦和、坦诚来奠定谈判气氛的基础

热爱谦和是人类的共性。谦和往往比精明逞强更能获得人们的帮助和信赖。谦和不是谈判各方地位的反映，而是谈判力量的表现。坦诚可以使谈判各方相互信任，创造感情上的相互接近。尽管谈判会出现争论，使用某种策略、技巧，但谦和与坦诚应是不变的信条，应当成为谈判主旋律。只有这样，才能真正使整个谈判进程始终保持和谐的气氛。

三、商务谈判开局的任务

（一）协商谈判议程

谈判议程，即谈判的议事日程，是指谈判的程序，是谈判事项安排的次序和主要方法。谈判议程包括通则议程和细则议程两种类型。这里所述协商谈判议程主要指通则议程的协商。

谈判议程的协商是谈判开局的重要任务之一。无论事先双方是否已协商确定了谈判议程，但作为谈判的开始阶段，进一步协商和明确谈判议程是十分必要的。

1. 确定谈判议程的原则

由于谈判议程在谈判中的重要性。它往往成为谈判双方争夺的焦点，为了贯彻谈判的合作原理，在谈判议程上应掌握如下原则：

（1）坚持谈判议程的互利和平等，兼顾双方的利益需要和习惯，把双方的谈判置于一个公平、公正的环境中。

（2）谈判议程的内容应简明扼要、一目了然、便于记忆。

（3）坚持谈判议程安排的灵活性，要便于双方根据谈判的变化进行调整。

2. 确定谈判议程的程序

确定谈判议程的程序亦即安排谈判议程。谈判议程的安排实际上是谈判策略、技巧和

智慧的反映,在议程安排时,既要有利于己方,又不失谈判的平等互利合作的原则。我们可以作下列选择:

(1) 先易后难。即先讨论容易解决的问题,而后讨论解决难度较大的问题。前面容易问题的解决所形成的良好势态,为困难问题的攻坚营造良好的气氛,增强合作的信心。一般来说,大都可采用先易后难的安排顺序。

(2) 先难后易。即先集中讨论重要的难度较大的问题。一旦突破这个障碍双方达成一致,其他的问题就容易解决了。这是一种先苦后甜的安排,富于挑战性,是对对方实力和谈判诚意的全面检验。这次谈判的成功将为以后的合作打下坚实的基础。但这种安排只适用于两个"强人"间的谈判。

(3) 混合型。即不分主次,不分难易,把所有要讨论的问题都一起提出来加以讨论,逐一加以明确,最后达成一致。混合型的安排对一些小型谈判、一般的业务洽谈或一些遵守现存习惯的谈判来说比较适用。

3. 谈判议程的审议

谈判议程的审议主要包括以下五个方面:

(1) 是否有哪些项目遗漏;

(2) 对己方不能接受的内容,应提出意见;

(3) 对方的人员是否与己方具有对等的决策权;

(4) 所安排的时间、地点是否对己方不利;

(5) 整个程序的安排是否对己方不利。

(二) 表明谈判意图

1. 表明己方的谈判意图

表明己方谈判意图就是有选择性地将己方的要求和对己方有利的事项先向对方阐明。主要内容有:

(1) 己方所坚持的原则、立场。包括双方以前合作的结果,己方的良好商业信誉,以及对双方合作可能出现的良好前景或障碍的预测。

(2) 己方认为此次谈判应涉及和要解决的主要问题。如双方交易商品的数量、质量、品名等。

(3) 己方的利益。尤其是对己方来说至关重要的、不能作让步的利益,比如交易商品的质量、交货时间等。

(4) 己方为对方利益考虑可以商量和让步的事项。

(5) 己方为保证双方共同获得利益可以采取的方式等。

2. 了解对方意图

了解对方意图包括的主要内容有:

(1) 了解对方真正关心的利益所在;

（2）了解对方的谈判诚意；

（3）了解对方所要达到的目标；

（4）了解对方对谈判议题的看法。

四、商务谈判开局的方式

开局的方式是制订开局策略的核心问题。谈判准备工作就绪后，一方需要向另一方提出洽谈的愿望和方案，而另一方也应主动回应对方的邀约，谈判正式进入开局阶段。谈判开局的方式通常有以下三种：

（一）书面式开局方式

这种方式是一方向对方提出书面条件，不做口头上的补充，双方均以书面所提交易条件为准。这种开局方式有较大的局限性，因为缺少口头的补充说明和其他的语言辅助形式，书面的文字表达要求非常严格，各项交易条款要准确无误，不能产生歧义。对方对于交易条件只能用"是"或"否"来回答，不需要解释。

书面式开局一般只在两种情况下运用：

（1）己方在谈判规则的束缚下不可能选择别的方式；

（2）己方准备把所提交的最初的书面交易条件作为最后的交易条件。

（二）口头式开局方式

这是指谈判时双方正式见面后，一方向另一方直接提出交易条件，而不用任何书面形式进行补充。这种开局方式有很大的灵活性，双方谈判人员可以根据现场的气氛、感情、个人关系等因素洽谈，缓冲开局时的紧张气氛。但这种方式也有缺点：遭到对方反击时会形成尴尬，一些数据和图表难以用语言阐述清楚，语言不当还可能造成彼此的误会。

运用这种方式应该注意：

（1）明确双方交谈的内容，抓住要点，忌东拉西扯；

（2）每一个问题应谈深、谈透，但不要纠缠于一个问题；

（3）表面上要镇定自若；

（4）要留有余地；

（5）随时注意纠正对方的错误理解和错误概念。

（三）互补式开局方式

这是一种较为理想的开局方式。在正式谈判时，一方向对方提出书面交易条件，同时在正式见面谈判时以口头方式对交易条件进行解释和补充说明。书面形式可以将复杂的问题阐述清楚，口头形式可以用表情、语音、语调等非语言的方式营造谈判的气氛，拉近彼此间的距离，加深双方的情感交流。大多数的谈判都是用这种方式开局的。

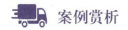

案例赏析

2022年9月16日,第19届中国—东盟博览会、中国—东盟商务与投资峰会在广西南宁市开幕。商务部国际贸易谈判代表兼副部长王受文发表致辞。

他表示,中国与东盟都是全球重要的生产制造基地,拥有超大消费市场,双方密切的经贸往来,增进了十一国人民的生活福祉。中国连续13年保持东盟最大贸易伙伴,东盟于2020年起成为中国最大贸易伙伴。去年,中国和东盟正式宣布建立全面战略伙伴关系,树立了双边关系史上新的里程碑,为双边关系发展指明了方向。

王受文表示,2022年是中国—东盟全面战略伙伴关系开局之年,也是RCEP正式生效实施之年,期待各方用好中国—东盟博览会这一平台,共同开拓中国和东盟经贸合作新局面。

越南常务副总理范平明9月16日表示,东盟和中国持续互为最大贸易伙伴,中国也是许多东盟国家的最大外国直接投资来源国。双方在减贫、社会安全、文化教育和人文交流方面的合作也在不断加强,双方关系不断丰富。

对于东盟与中国未来的合作,范平明表示,越南将用好RCEP和东盟—中国自由贸易区提供的机遇,以平衡和可持续的方式加强双边贸易,确保货物在越中边境口岸在任何情况下都能顺利通关。

【扫一扫】
更多信息

学习任务二 巧用商务谈判开局策略与技巧

案例导入

【听一听】 我国北方的某个城市与美籍华侨洽谈一个合资生产碳化硅的项目。开始时,这位华侨对项目兴趣不大,只是在国内亲友的一再劝说下,才勉强同意与有关方面进行接触。这个城市的洽谈小组由副市长挂帅,在会谈的过程中,他们对这位华侨的态度十分友好,而且十分坦率。他们把自己的实际情况,包括搞这个项目的目的,项目对当地冶金工业发展的重要性,独资兴办这个项目存在的困难,以及他们对国外华侨的期望等和盘托出。这位华侨觉得对方非常有诚意,深受感动,就提出了许多有价值的建议。最后,双方经过坦诚的会谈很快签订了合作意向书。

(资料来源:范红.商务谈判开局气氛的营造[J].科教导刊(电子版),2015,15(5):42.)

【想一想】 通过案例分析,构思商务谈判开局使用的技巧。

【说一说】 我方谈判人员在谈判开局阶段采取的是何种策略?

【议一议】 营造适当的谈判气氛实质上就是为实施谈判开局策略打下基础。商务谈判的全过程,无时无刻不体现着策略的运用。

一、商务谈判开局的策略

(一) 谈判开局策略的含义

谈判开局策略是谈判者谋求谈判开局有利形势和实现对谈判开局的控制而采取的行动方式或手段。营造适当的谈判气氛实质上就是为实施谈判开局策略打下基础。商务谈判的全过程,无时无刻不体现着策略的运用。当谈判双方刚刚正式接触,便展开了策略的较量。由于谈判开局关系到整个谈判的方向和进程。因此,把握和应用好谈判开局的策略,对谈判的中局和终局都尤为重要。

任何商务谈判都是在特定的气氛中开始的。所以,谈判开局策略的实施也要在特定的谈判开局气氛中进行。谈判的开局策略和开局气氛是互为影响的。谈判开局的气氛会影响谈判开局策略,谈判的开局策略也会反作用于谈判气氛,成为影响或改变谈判气氛的手段。所以,当对方营造了一个不利于己方的谈判开局气氛时,谈判者可以采用适当的开局策略来改变这种气氛。

(二) 谈判开局策略的选择与应用

1. 协商式开局策略

协商式开局策略是指谈判各方就洽谈程序、议题以及具体内容等相互协商,补充和发表双方一致的观点和意见,以便取得共识,形成良好和谐的开局气氛,从而使谈判在愉快友好的气氛中进行。

协商式开局策略也可以贯穿于谈判开局的始终,从而把开局谈判自然地引向实质性谈判。实施协商式开局策略,可以简单地运用婉转而友好的问话,例如,

甲方:"我们彼此介绍一下各自的生产、经营、财务和商品的情况,您看如何?"

乙方:"完全可以,如果时间、情况合适的话,我们可以达成一笔交易,您会同意吧?"

甲方:"完全同意。我们谈半天如何?"

乙方:"估计介绍情况一个小时足够了,其他时间谈交易条件,如果进展顺利,时间差不多。"

甲方:"那么,是贵方先谈,还是我先谈?"

乙方:"随便,就请您先谈吧。"

(资料来源:http://www.jdy.com,金碟/小微企业云服务平台.)

从以上例子可以看出，协商开局虽然简单，却有助于谈判者在自然轻松的气氛中进入正式洽谈，从而使谈判各方在谈判程序、方式和速度等方面达成一致意见。

运用这种方式应该注意的问题是：拿来征求对手意见的问题应是无关紧要的问题，即对手对该问题的意见不会影响到己方的具体利益。另外，在赞成对方意见时，态度不要过于献媚，要让对方感觉到己方是出于尊重，而不是奉承。

协商式开局策略可以在高调气氛和自然气氛中运用，尽量不要在低调气氛中使用，因为在低调气氛中使用这种策略易使自己陷入被动。协商式开局策略如果运用得好，可以将自然气氛转变为高调气氛。

2. 保留式开局策略

保留式开局策略是指在谈判开局时，对谈判对手提出的关键性问题不作彻底确切的回答，而是有所保留，从而给对手造成神秘感，以吸引对手步入谈判。

采用保留式开局策略时不能违反商务谈判的道德原则，即以诚信为本。向对方传递的信息可以是模糊信息，但不能是虚假信息，否则，会将自己陷入非常难堪的局面之中。

保留式开局策略适用于低调气氛和自然气氛，而不适用于高调气氛。保留式开局策略还可以将其他的谈判气氛转为低调气氛。

3. 坦诚式开局策略

坦诚式开局策略是指以开诚布公的方式向谈判对手陈述自己的观点或想法，从而为谈判打开局面。坦诚是现代商务谈判所提倡的，是获得对方好感和信赖的好方法。采用这种策略不但可以把对方想知道的情况坦诚相告，而且还可以站在对方的立场上设想并回答一些问题，从而拉近谈判各方之间的距离。避免不必要的矛盾和纠缠，节约谈判时间，提高谈判效率。

采用这种开局策略时，要综合考虑多种因素，例如，自己的身份、己方与对方的关系、当时的谈判形势等。

坦诚式开局策略可以在各种谈判气氛中应用。这种开局方式通常可以把低调气氛和自然气氛引向高调气氛。

4. 慎重式开局策略

慎重式开局策略是指以严谨、凝重的语言进行陈述，表达出对谈判的高度重视和鲜明的态度，目的在于使对方放弃某些不适当的意图，以达到把握谈判局势的目的。

慎重式开局策略适用于过去有过商务往来，但对方曾有过不太令人满意的表现，己方要通过严谨、慎重的态度，引起对方对某些问题的重视。这种策略也适用于己方对谈判对象的某些情况存在疑问，需要经过简短的接触摸底。当然慎重并不等于没有谈判诚意，也不等于冷漠和猜疑，这种策略正是为了寻求更有效的谈判成果而使用的。

5. 进攻式开局策略

进攻式开局策略是指通过语言或行为来表达己方强硬的姿态，从而获得谈判对象必要的尊重，并借以制造心理优势，使谈判顺利进行的一种策略。运用进攻式开局策略必须做到有理、有利、有节,不能使谈判一开始就陷入僵局。要切中问题要害,对事不对人,既表现出己方的自尊、自信和认真的态度,又不能过于咄咄逼人,使谈判气氛过于紧张。一旦问题表达清楚,对方也有所改观,就应及时调整策略,使双方重新建立起一种友好、轻松的谈判氛围。

进攻式开局策略可以扭转不利于己方的低调气氛,使之走向自然气氛或高调气氛。

谈判开局策略的选择要受到谈判双方实力对比、谈判形势、谈判气氛营造等一系列因素的制约和影响。选择谈判开局策略,必须全面考虑这些因素,并在实施时依据谈判经验适时进行调整。

二、商务谈判开局的技巧

（一）开局目标的设计技巧

在商务谈判中,谈判双方的要求和态度的不同,将可能导致谈判双方对开局目标设计的不同。究竟何时何地采取何种技巧设计开局目标,要视具体情况而定。

1. 根据谈判双方企业之间的关系,设计开局目标

（1）双方企业过去有过业务往来,且关系很好,开局阶段的气氛应该是热烈的、亲切的。开局时,语言上应该是热情洋溢的;内容上可以畅谈双方已进行的合作关系,适当地称赞对方企业的进步与发展;姿态上应该是自由、亲切、轻松的,可以较快地将话题引入实质性谈判。

（2）双方企业曾经有过业务往来,但关系一般。那么开局目标则是要争取创造一个友好、合作、随和的气氛。语言上热情而有度,内容上可以先聊一下过去业务往来的人员及往来过后的情况,姿态上可以自然些、随和些,自然而然地将话题引入实质性内容。

（3）双方企业过去有过业务往来,但合作不佳,印象不好。那么开局时,双方应该本着不计前嫌、一切向前看的原则,坐到谈判桌前。只要真诚的合作,一切都可以从头开始。因此开局时,应注意礼貌,大大方方、堂堂正正地谈判。注意亲切而不亲密,有距离而不疏远。

（4）双方企业初次接触,以前没有交往。那么,开局时,应力争创造一个友好、真诚、合作的气氛,使谈判在互相信任、增进彼此了解、携手共进的氛围中进行。因此,在语言上应亲切友好,不失身份;话题上轻松广泛;姿态上稳重又不失热情,自信又不骄傲。在适当的时候,转换话题,切入到谈判内容上。

2. 根据谈判人员个人之间的关系,设计开局目标

尽管谈判双方都是以企业为单位进行的,但谈判都是以双方谈判人员之间的对话开展的。因此,双方谈判人员之间的个人关系对谈判进程及结果的影响无时不在。甚至有时谈判是在两个场合进行的,一是双方在谈判桌上你来我往,据理力争;二是在谈判桌下,双方谈判人员个人之间的沟通、交流与对话,也就是场外交流。场外交流这个第二战场胜负的关键取决于双方谈判人员个人之间关系的好坏与熟悉、亲密程度。有时场外交流在谈判中

的作用远远大于正式谈判桌上的运作。特别是在谈判陷入僵局时,更是如此。

3. 根据谈判双方的实力,设计开局目标

(1) 双方实力旗鼓相当。与实力相当的对手谈判,首先应超越实力概念,以合作、互利为中心。只有淡化实力意识,把眼光放在合作上才能以自信、轻松的心境去对待对方。在开局阶段,应营造一个友好和谐的气氛。

(2) 己方实力具有明显优势。与弱方谈判不能轻敌,为了使对方在谈判中不抱过高的期望值,需要做到既对对方产生了威慑作用又不至于将对方吓跑。在语言和姿态上,要做到既礼貌友好,又充满自信,要表现出友好和诚意。

(3) 己方实力弱于对方。当与强于己方的对手谈判时不要畏惧,要做到扬长避短,发挥优势,开局时既要表现出友好与合作,又要谈吐大方、充满自信,表现出沉着和冷静。

(二) 开局目标的表达技巧

开局目标设定后,便是开局目标的表达。要使己方的开局目标易于为对方所理解并对对方的开局目标产生积极的影响,谈判各方就应选择恰当的表达技巧,并对己方的谈判人员进行合乎开局目标要求的行为约束。

1. 以协商、婉转、友好、间接的交谈方式表达开局目标

在这里特别要注意的是:表达用语、语气要把握好分寸,多用礼貌用语、寒暄用语、设问用语,切忌使用命令的、冒犯的、冷淡的语言;要淡化表达语言的主观色彩,增强开局目标的表达效果。不要讲"我提出""我方认为"等语言,要以协商、婉转的口吻表述,争取建立和培养谈判双方的"一致感"。

2. 以坦诚、直率的交谈方式表达开局目标

表达的语言明确简洁,要体现谈判者的智慧和表达能力,能使对方产生好感。要把握好表达的分寸,直陈而不急躁,期待而不急慢。要控制好坦诚、直率表达的限度,不能把己方的一切和盘托出,尤其是关系己方根本利益的意图,在表达时必须保留。

3. 以突然、激动、令谈判对方意外甚至受窘的交谈方式表达开局目标

冲击表达要有突然性和创意性,令对方意外。同时,表达要富于新意,不落俗套。

(三) 开局目标的实现技巧

开局目标设定和表达之后,还要选择恰当的技巧,实现或基本实现开局目标。

1. 以中性话题实现开局目标

选择的中性话题应是积极的,避免令人沮丧的话题。同时,应积极主动入题,努力防止开局冷场,促使整个谈判气氛活跃起来。互叙中性话题不可太长,应适可而止,避免过分闲聊,离题太远,浪费谈判时间。千万不要在开局阶段讨论双方有分歧的意见。

2. 以坦诚态度实现开局目标

要以开诚布公的态度与谈判对方交谈,尽早向对方表露己方的真实意图,以取得对方

的理解和尊重,赢得对方的通力合作。

3. 以幽默语言实现开局目标

采用幽默的语言需要注意的是:幽默要合时宜,即要符合谈判的对象、环境和事项,还要尽可能力求内容健康而不落俗套,寓意含蓄而不晦涩,语言风趣而不庸俗。不要在幽默中加进嘲笑的成分,要做到调皮却不风凉,委婉却不悲观,尖锐却不刻薄。

(四) 谈判议程安排技巧

谈判议程是商务谈判的程序安排,是决定谈判效率高低的重要环节。在谈判中,确定谈判议程要有一定的技巧性。

(1) 在安排谈判议程时,首先应把谈判的时间、地点、人员作一个总的规划,使其尽可能地保持合理性、系统性、完善性以及对己方的有利性。

(2) 在一定的谈判时间内,合理地分配好各议题分别占用的时间,以便把握谈判的进程和有效地利用时间。尤其要合理安排并保证洽谈重要的议题、原则性的问题、技术性很强的问题以及其他较复杂的问题的时间。

(3) 找出本次谈判的主要议题,或预测双方意向差距较大的焦点性问题,并将其安排在谈判进行已到总需时间的 3/5 的场合提出来,有时会更有助于问题的解决。

(4) 安排一定的谈判机动时间。安排机动时间正是为了保证谈判按双方的意图顺利进行。

(5) 在谈判程序的安排上要能给己方提供达到谈判目标、扬长避短的机会。

(6) 在谈判开始时,应选择一个对自己不甚重要,但可以给对方优惠或较大让步的问题进行谈判,借以表明合作的诚意,这种姿态的目的,是为了争取对方更大的让步。

(7) 选择对己方利害关系不大,但对对方却是一个重要的问题进行谈判,借以摸清对方的谈判方式和可能给予的让步。

(8) 适时转入对己方至关重要的问题的讨论。

(9) 谈判即将进入尾声时,所安排的压轴议题应是一个较为次要而己方又能做出较大让步的问题,以作为最后的姿态,这既能显示己方从大局出发、立足长远、真诚合作的大家风范,又能使对方在一定程度上得到心理上的满足感。

(五) 掌握谈判开局的主动权技巧

营造有利的谈判气氛,还应包括创造有利于各方目标实现的条件,这就是开局谈判的主动权问题。掌握谈判主动权对于谈判开局来说更为重要。具体应采取以下技巧:

1. 创造信息优势

信息就是实力。谈判人员在开局时要正确地利用各种信息,公开地、明白无误地、有理有据地阐明己方的立场,并努力捕捉对方的种种信息。同时,要把自己真正的利益、需要和关注的重要问题策略性地藏匿起来。

2. 创造时间优势

创造时间优势,就是要使对方感到谈判占用的时间、时效以及谈判截止期限的压力,使己方感到轻松、自由,能够主动支配时间。这就要求谈判人员,首先,要有效地利用谈判时间,提高工作效率;其次,要迫使对方在时间和精力上不断增加"投资",感到时间紧张;最后,由于时间和精力的投资量过大,而不得不变得通融。另外,还要正确利用谈判时间的死线(截止日期)来迫使对方作出抉择。

3. 创造权力优势

谈判人员要设法使对手知道,你所持有的各种权力比你实际拥有的权力要多。这不仅是指谈判内容上的决策权,还包括在谈判竞争中的对手选择权,以及由己方人员专业知识或谈判经验形成的专业权力等等。谈判人员要在谈判中设法创造足够的权力,把对方拖入竞争的境地,充分发挥自己的专业权力,给对方形成压力,这就能够影响和改变对方的态度和行为。

案例赏析

有一家日本公司想要在中国投资加工乌龙茶,然后返销日本。日本公司与我国福建省一家公司进行了接触,双方互派代表就投资问题进行了谈判。谈判一开始,日方代表就问道:"贵公司的实力到底如何,我们还不十分了解,能否请您向我们介绍一下,以增加我方进行合作的信心。"中方代表回答道:"不知贵方所指的实力包括哪几方面?但有一点我可以明确地告诉您,造飞机我们肯定不行。但是制茶我们是内行,我们的制茶技术是世界第一流的,福建有着丰富的茶叶资源,我公司可以说是近水楼台。贵公司如果与我们合作的话,肯定会比与其他公司合作更满意。"

【扫一扫】
更多信息

工作任务六 | 设计谈判开局方案训练

【任务要求】 在谈判实践中根据开局目标,营造有利于自身的谈判气氛,并能顺利完成开局阶段的主要任务。

【情景设计】

美国华克公司承包了一项建筑,要在一个特定的日子之前,在费城建一座庞大的办公大厦。开始计划进行得很顺利,不料在接近完工阶段,负责供应内部装饰用的铜器的纽约承包商突然宣布,他无法如期交货。糟糕,这样一来,整个工程都要耽搁了!要付巨额罚金!要遭受重大损失!于是,长途电话不断,双方争论不休。一次次交涉都没有结果。华克公司只好派高先生前往纽约。

高先生一走进铜器承包商的办公室，就微笑着说："你知道吗？在布洛克林巴，有你这个姓氏的人只有一个。哈！我一下火车就查阅电话簿想找到你的地址，结果巧极了，有你这个姓的只有你一个人。"

"我一向不知道。"承包商兴致勃勃地查阅起电话簿来。"不错，这是一个很不平常的姓。"他有些骄傲地说："我们这个家族从荷兰移居纽约，几乎有200年了。"他继续谈论他的家族及祖先。当他说完之后，高先生就称赞他居然拥有一家这么大的工厂，承包商说："这是我花了一生的心血建立起来的一项事业，我为它感到骄傲，你愿不愿意到车间里去参观一下？"高先生欣然而往。在参观时，高先生一再称赞他的工厂组织制度健全，机器设备新颖，这位承包商高兴极了。他声称这里有一些机器还是他亲自发明的呢！高先生马上又向他请教那些机器如何操作、工作效率如何。到了中午，承包商坚持要请高先生吃饭。他说："到处都需要铜器，但是很少有人像你这样对这一行感兴趣的。"

到此为止，你一定会注意到高先生一次也没有提起此次访问的真正目的。

吃完午餐，承包商说："现在，我们谈谈正事吧。自然，我知道你这次来的目的。但我没有想到我们的相处竟是如此愉快。你可以带着我的保证回到费城去，我保证你们要的材料如期运到。我这样做会给另一笔生意带来损失，不过我认了。"高先生轻而易举地获得了他所急需的东西。那些器材及时运到，使大厦在契约期限届满的那一天完工了。

（资料来源：刘文广，张晓明.商务谈判[M].北京：高等教育出版社，2005.）

【任务实施】 （1）以4～5人为一个谈判小组；（2）阅读本任务相关知识和能力培养与训练中的案例；（3）确定谈判开局气氛类型；（4）确定谈判双方之间的关系；（5）设计谈判开局方案；（6）组与组之间进行谈判开局情景模拟。

【任务实施应具备的知识】 营造谈判开局气氛的方法；谈判开局的开局方式。

【任务完成后达成的能力】 掌握谈判开局的要点，培养学生谈判气氛的营造能力，提高学生驾驭谈判的能力。

【任务完成后呈现的结果】

（1）各谈判组形成文字总结材料，并上交作为成绩评定的依据。

（2）指导教师点评谈判开局方案小组的表现。

知识宝典

【感情攻击法】 在营造低调气氛时，诱发对方产生消极情感，致使一种低沉、严肃的气氛笼罩在谈判开始阶段。

【沉默法】 以沉默的方式来使谈判气氛降温，从而达到向对方施加心理压力的目的。

【疲劳战术】 使对方对某一个问题或某几个问题反复进行陈述，从生理和心理上疲劳对手,降低对手的热情,从而达到控制对手并迫使其让步的目的。

【指责法】 对对手的某项错误或礼仪失误严加指责,使其感到内疚,从而达到营造低调气氛,迫使谈判对手让步的目的。

【蘑菇战】 以耐心、耐性和韧性拖垮对手的谈判意志,从而达到己方预期谈判目标的方法。

【疲劳战】 通过有意的超负荷、超长时间的谈判或故意单调的陈述,使对手从肉体上、精神上感到疲劳,或因疲劳造成漏洞,或因烦倦而动摇立场的做法。

【车轮战】 以多个助手针对某个论题或几个论题,轮番上台与对手辩论,在会场制造一种紧张、论理强硬的气氛,给对手精神上形成沉重压力,迫使其在疲于应战中主动退却的做法。

【影子战】 一种以虚为主、以情报见长的谈判艺术。

【强攻战】 在谈判中以绝不退让或以高压的态度迫使对方让步的策略。

【蚕食战】 一种以小积大,步步紧逼,逐渐达到预期谈判效果的策略。

项目综合练习

一、不定项选择题

1. 开局阶段,了解对方意图包括的主要内容有(   )。
   A. 了解对方真正关心的利益所在　　B. 了解对方的谈判诚意
   C. 了解对方所要达到的目标　　　　D. 了解对方对谈判议题的看法

2. 开局阶段创造时间优势的方法包括(   )。
   A. 使对方感到谈判占用的时间、时效的压力
   B. 使己方感到轻松、自由,能够主动支配时间
   C. 有效地利用谈判时间,提高工作效率
   D. 使对方在时间和精力上不断增加"投资"
   E. 利用谈判时间的死线(截止日期)来迫使对方作出抉择

3. 运用进攻式开局策略应注意的问题是(   )。
   A. 有理、有利、有节　　　　　　　B. 对事不对人
   C. 对人不对事　　　　　　　　　　D. 表现出己方的自尊、自信和认真的态度

4. 双方企业曾经有过业务往来,但关系一般,其开局目标设计为(   )。
   A. 友好、合作、随和气氛　　　　　B. 平淡气氛
   C. 高调气氛　　　　　　　　　　　D. 紧张气氛

5. 实现开局目标通常采取(   )技巧。
   A. 以中性话题实现开局目标　　　　B. 以坦诚态度实现开局目标
   C. 以幽默的语言风格实现开局目标　D. 以谦让的姿态实现开局目标

二、辨析题(判断正误并说明理由)

1. 开局中倾听对方谈话的艺术在于准备好如何反驳他,因为倾听时的任务就是找对方的漏洞。（　　）

2. 当你处于不利的地位时,谈判开局应先提出适度的要求,然后坚持这个要求,不再轻易向对方做出任何让步。（　　）

3. 保留式开局策略适用于低调气氛和自然气氛,而不适用于高调气氛。（　　）

4. 采用慎重式开局策略的目的在于使对方放弃某些不适当的意图,以达到把握谈判局势的目的。（　　）

5. 双方过去有过业务往来,但合作不佳,印象不好。开局时就应严肃面对。（　　）

三、问答题

1. 谈判开局一般有几种方式?
2. 以坦诚、直率的交谈方式表达开局目标应注意哪些问题?
3. 以中性话题实现开局目标要注意哪些问题?

四、案例分析题(运用所学知识进行分析)

【案例】　珠海光纤公司与国外公司谈判引进光导纤维成套设备及购买技术专利时,先后同国外几家公司进行摸底性谈判。每一次谈判都进行经济、原材料、技术指标、培训内容和条件、专利、设备、辅助设施、零售配件等指标的分析,逐步掌握了各项指标的行情。在这个基础上,选定了美国ITT公司作为主要谈判对手,同时还约了英国的STC公司进行谈判。

在跟美国ITT公司代表团的谈判过程中,中方代表团在压价中好像是无意中透露给对方STC公司已把价格压得很低,并已形成了文件的信息。美国人得知这个消息后,为防止让英国人抢去生意,赶忙在价格上让步,结果把报价压下去了16万美元。

思考分析:

1. 中方在该场谈判的开局阶段运用了什么谈判策略?
2. 中方在该场谈判的成功之处表现在哪里?

刀光剑影　互利共赢
——商务谈判磋商

学习目标

【知识目标】
1. 理解谈判报价策略的内容；
2. 明确谈判还价的时机和主要还价方式；
3. 掌握谈判还价的常用技巧；
4. 掌握谈判让步的主要方式及策略。

【能力目标】
1. 能够在谈判实践中学会谈判报价策略和技巧的应用，掌握谈判报价的基本技能；
2. 能够在谈判实践中学会谈判还价策略和技巧的应用，掌握谈判还价的基本技能；
3. 能够在谈判实践中学会谈判让步策略和技巧的应用，掌握谈判让步的基本技能；
4. 能够在谈判实践中培养高效沟通和团队协作的能力，正确理解物质利益与价值观念的冲突，建立稳定的共同利益或关切基础，培育诚信服务、德法兼修的职业素养。

学习任务提要

★ 商务谈判报价的要求及策略；
★ 商务谈判报价的技巧；
★ 商务谈判还价前的筹划；

★ 商务谈判还价的方式与策略；
★ 商务谈判还价的技巧；
★ 商务谈判让步的内容；
★ 商务谈判让步的方式；
★ 商务谈判让步的策略。

工作任务提要

★ 让步实施训练

建议教学时数

★ 12学时

学习任务一　科学商务谈判报价

案例导入

【听一听】　某市针对拆除一处屠宰场并负责清理场地这一项目进行了一次公开招标。有好几家拆迁公司参加了书面投标，标价从10 000元到25 000元不等。但有一家公司提出的标价却只有1元。当地政府经过核实后，确认这并非打字错误，决定由该公司中标。如此艰巨的任务，该公司的要价为什么只有1元呢？后来他们在现场调查中发现，该建筑物中钢梁和钢管有500吨，其他金属物有100吨，报废价值不少于200万元！那些公司的生意丢了，能怨谁呢？

【想一想】　这家公司是依据何种因素确定投标价格的？

【说一说】　这家公司采取的是何种报价技巧？

【议一议】　报价是商务谈判的关键信息之一，科学商务谈判报价，有利于企业在众多竞争对手中脱颖而出，获得商机。

一、商务谈判报价的基本要求

（一）报价的含义

所谓报价是卖方或买方依据影响价格的多种因素（如成本、需求、标的物的品质及其他交易条件),向对方就某种标的物价格及有关交易条件所作出的发盘行为。

报价标志着谈判的正式开始,是一个非常复杂的行为过程。报价不仅表明了谈判者对有关交易条件的具体要求,也集中反映了谈判者的需要与利益。如果报价的分寸把握得当,就会有效把控谈判局面,从而在之后的价格磋商中占据主动地位;反之,报价不当,可能会使己方陷入被动境地。可见,报价问题直接影响整个谈判的走势和结果。

商务谈判中的报价是指有关整个交易的各项条件,并非仅指价格条款,具体有以下几个要点:

(1) 报价的根本任务是正确表明己方的立场和利益;
(2) 报价应以影响报价的各种因素为基础在合理的范围内报出;
(3) 报价时要考虑己方可能获得的利益和对方的承受能力;
(4) 报价要科学合理,并且要含有策略性虚报的因素。

(二) 报价的基本要求

1. 报价应具有合理性

尽管报价有很多策略和技巧,但不可不切实际、信口开河。它要求谈判人员必须反复核实、验证,确定己方报价所依据的信息资料的可靠性,所确定的报价备调幅度的合理性。

以商品价格报价为例,在报价时应充分依据诸如成本、市场需求状况、品质、竞争等可靠的信息资料,确定合理的价格金额——"底价"以及底价至最高报价的弹性区间——备调幅度。以确保己方最基本利益的界限,以使谈判人员对报价做到心中有数。否则,如果根据虚设和主观想象,所报的期望价过高或备调幅度不切实际,势必在对方提出异议后,讲不清依据和道理,就会使己方处于不利的地位,甚至丧失信誉,动摇己方的谈判信心,影响谈判顺利进行。

2. 报价应具有策略性

开盘价是报备调幅度内的较高价或最高价,还是报较低价或底价,这要根据谈判的总体目标进行确定。正常情况下,最初的开盘期望价应当是最高的或是较高的,这是报价策略的具体要求。最高的或是较高的报价首先为发盘方维护自己的经济利益筑起了一道防线,也为以后的讨价还价提供回旋余地。当然,报高价的同时,要考虑到今后的让步策略,也要清醒地认识到,高价会扩大交易双方的差距,有可能在近期内不会有结果,也不能指望对方会给予早期的让步。这就产生了一个对运用策略通盘考虑的问题。

3. 报价要体现综合性

在实际谈判中,让对方接受己方较高的报价一般是非常困难的。因此,要提高报价的成功率,报价时必须考虑对方的需求,兼顾对方的利益。为此,有必要制定一个综合性的报价方案。这个方案既要考虑价格,也要考虑对价格有着影响作用的其他交易条件(如数量、交货条件、支付方式、服务要求等),还要符合报价欲得利益与对方接受的可能性之间的最佳吻合区间,使报价成为最高可行价。

二、商务谈判报价起点的确定及报价方式

（一）报价起点的确定

报价起点的确定,通常需要考虑以下几个方面:

(1) 依据谈判目标确定报价目标。报价目标一定要与谈判目标结合起来,先明确己方各条件的最低报价标准,以便明确在什么情况下放弃谈判,什么情况下力争最好的结果。

(2) 在合理的范围内,卖方应采取高报价,买方应采取低报价的方式。

(3) 要综合考虑谈判对手的意图、谈判需求、谈判作风及其谈判诚意等因素确定报价起点。

(4) 要给后续的报价调整与让步留出较大的余地确定报价起点。

（二）报价的具体方式

1. 口头报价

口头报价是指一方向另一方以口头的方式陈述己方的交易条件。口头报价一般要做到以下三点:

(1) 报价要坚定而果断,坚定报价的信心,不要犹豫不决。以向对手显示己方立场坚定、条件合理,报价很难改变。

(2) 报价简洁明了、含义清楚,报价时所用概念、术语、言语以及条件严谨、准确,不能使对方有任何误解。涉及的数字,为避免口误或记忆造成的差错,在给予明确的表达之后,最好写在纸上递给对方。

(3) 对报价的内容尽可能地坚持不懈,直接报价,抽象阐述,不主动作任何具体的解释和说明。因为对方若有不清楚之处,自然会提出问题。在此之前,谈判人员若主动作出解释或评论,常会使对方察觉到己方所关注或心有顾忌之处。

2. 书面报价

书面报价是指一方向另一方以草案(合同草案)的方式报出自己的交易条件。在书面报价时,应力求按照合同格式及要求书写,但草案与正式合同毕竟不同,在表达方式上可以灵活一些。书面报价一般要做到以下三点:

(1) 粗细适度。粗到能说明问题,细到无孔可钻。如对产品主要性能、指标、技术条件,说明到满足购买者的需要即可,不必把各种参数一一列出。待洽谈时应对方要求再酌情补充说明,以创造让步条件,表示己方的诚意。

(2) 明暗相间。明示条件令人喜爱,暗含条件使己不亏。例如,把服务费的价格报得便宜些,但其他条件,如往返机票、食宿、交通等费用均由买方负担。个别谈判者在文字上制造暗含条件,如"逗留费""差旅费"由买方负担,就可留下理解差异,因为逗留和差旅可以是仅包括食宿、交通,也可以还包括其他活动。当需进一步明示时,就可以进行讨价还价。

(3) 留下伏笔。在报价中,把未来的技术前端加进去,为以后新的交易做准备。或者在设备与备件价格上做文章,降低设备价格而保留备件的高价格,待买方日后再增加备件时,从中获利。

三、商务谈判报价的策略

(一) 主动报价策略

商务谈判双方在结束了非实质性交谈之后,就要将话题转入到有关实质内容的正题上来。主动报价策略是指商务谈判的一方根据谈判的形势抢先报价的方法。

1. 主动报价的利、弊分析

(1) 主动报价的优点:先报价对谈判的影响较大,它实际上等于为谈判划定了一个框架,最终协议将在这个范围内达成。先报价在整个谈判中都会持续地起作用,因此,先报价比后报价的影响要大得多。

(2) 主动报价的缺点:对方听了己方的报价后,可以对他们自己的原有的想法进行最后的调整。由于己方先报价,对方对己方的交易条件起点有所了解,他们就可以修改原先准备的报价。采取一切手段,调动一切积极因素,集中力量攻击己方的报价,逼迫己方一步一步地降低报价条件,而他们却并不透露自己真实的报价。

2. 运用主动报价策略的条件

(1) 在预期谈判将会出现激烈竞争的情况下,或是双方可能出现矛盾冲突的情况下,"先下手为强",采取抢先报价的策略,争取在谈判之初占据主动,给对方以较大的心理压力。

(2) 在开局阶段双方冲突气氛较浓的情况下,宜抢先报价。

(3) 己方是谈判的发起人,宜主动报价。

(4) 对方缺乏谈判经验,己方宜主动报价。

3. 运用主动报价策略应注意的问题

(1) 在己方进行了详尽的调查研究,知己知彼,并作了充分的准备的条件下才能主动报价。这样做有利于主动地扩大己方价格的影响,可以把谈判对方始终约束在一个特定的范围内。

(2) 若己方对谈判的对方了解得不够,或者己方缺乏谈判的经验,则不宜采用主动报价法。否则,会产生限制自己期望值及过早暴露自己的不利影响。

(二) 被动报价策略

被动报价策略,是指商务谈判的一方根据谈判的形势,在对方先报价后才跟着报价的策略。

1. 运用被动报价策略的主要条件

(1) 对市场不够熟悉,感觉先报价所需的信息量不够而后报价。

(2) 谈判对手是行家,而自己经验不足,则让对手先报价较为有利,己方可以从对手的报价中扩大自己的视野。

(3) 己方若不是谈判的发起人,按照谈判惯常程序,宜后报价。

2. 运用被动报价策略应注意的问题

(1) 应及时地根据对方的报价,对己方的想法进行调整,经修改后再报价。

(2) 认真听取先报价的一方的陈述,在对方进行陈述时力求做到:首先,不要干扰和影响对方的报价,不要中途打断对方的报价,以免影响对方的思路与情绪,暴露出己方的弱点;其次,在对方报完价之后,对一些主要条件和内容要适当加以重复,以明确自己是否真正了解了对手的报价;最后,如果对方的报价不合理,甚至是故意刁难,也不要马上回绝。比较可行的做法是,要求对手解释报价的原因,同时考虑哪一部分有进一步谈判的可能,哪一部分报价无法接受。

(三) 诱惑报价策略

诱惑报价策略是指商务谈判的一方运用各种手段进行虚假报价,从而达到己方谈判目的的策略。

1. 运用诱惑报价策略的主要条件

(1) 对方缺乏谈判经验,不熟悉市场行情。

(2) 对方以投标的形式来挑选谈判对手,使己方面临着多个竞争对手。

2. 运用诱惑报价策略应注意的问题

(1) 己方不涉及价格问题,误以为对方已经知道价格,而且无异议,待对方收货以后再议价。

(2) 己方不明确报价,但仍巧妙地提出最低价,试探对方反应。

(3) 己方故意将价格提高,试探对方反应。

(4) 己方不报价,而反问对方会出何价。

(5) 假出价。即卖方(或买主)利用出低价(或出高价)的办法消除了同行的竞争,取得了出卖(或购买)的权利,但买卖一旦开始,卖主(或买主)就开始利用各种借口开始提价(或削价)。

四、商务谈判报价的技巧

报价策略的实施与原则的掌握,有赖于各具特点的报价技巧的运用。不求一劳永逸,但求一招一式;不期出奇制胜,但求滴水穿石。这是选择和运用报价技巧的基本要求。

(一) 高价与低价技巧

低报价和高报价,争取有利于己方的交易条件和利润空间,是买卖双方在谈判中追求的永恒主题。然而,有利的交易条件和利润空间是对方所给予的,因此,报价不可以撇开对方的利益和需求,一味地追求自身的利益和需求。应该综合考虑产品的特点以及由此而决定的市场需求状况,将报价控制在己方欲得利益与对方接受的可能性区间内。

一般情况下,报高价的产品必须具有新、奇、稀、缺等特点,且市场无有力的竞争对手,产品供不应求,需求弹性小。例如,某些新兴的化妆品、电子产品、保健产品、流行款式的服装、具有高技术的劳务工程、新型和特殊的服务项目等均可运用高价策略。

报低价可以吸引客户,迅速占领市场,排斥竞争对手的加入,但产品报低价大多数是受客观情况所迫,比如,市场上竞争激烈,竞争品或替代用品多,产品进入成熟期,客户接受的可能性较小等。在这种情况下,许多劳动成本很低的经营组织,只能报低价,例如,生产日用品的乡镇企业等。但是,报低价未必不能赚钱,报价低可以薄利多销。另外,高价与低价是一个相对的、发展的概念,不是永恒的、一成不变的,报价人更应掌握其转化过程中的尺度与技巧。

(二) 综合报价技巧

谈判中的报价不是孤立的问题,是与其他交易条件紧密联系的。由于各种条件的具体情况不同,因此报价也应不同。采取综合报价技巧,目的是在保证己方存有广泛回旋余地的前提下,使对方感觉到得到报价优惠。如因客户性质、购买数量、需求急缓、交易时间、交货地点、支付方式等方面的不同,就要报不同的价格。对老客户或大批量需求的客户,为巩固良好的客户关系或建立起稳定的交易联系,可适当实行价格折扣;对新客户,有时为开拓新市场,亦可给予适当让价;对某些需求弹性较小的商品,可适当实行高价策略;对对方急需的产品,价格则不宜下降;在支付方式上,一次性付款较分期付款或延期付款的价格需给予优惠等。以达到让对方有选择的余地,让其感受到优惠的目的。

(三) 心理报价技巧

根据客户的心理因素,采用不同的报价技巧会有积极的效果。

1. 尾数报价技巧

尾数报价是指对商品进行报价时报一个价格尾数,以零头数结尾来报价。尾数报价可以满足消费者求实求廉的心理,使价格更容易被对方所接受,对促成交易有较好的作用。比如,29.9 元要比 30 元使人感到便宜;9.95 元比 10 元的报价更让人觉得符合实际情况,更客观、更严谨。尾数报价技巧通常适用于日用品或低档商品。

2. 整数报价技巧

它是指根据某些特殊商品和特殊消费的特点,利用人们追求"高贵""豪华""讲排场"的心理进行整数报价的技巧。整数报价更迎合有特殊需要和较高消费层次的客户的心理需要,便于他们选购、消费。整数报价技巧主要适用于名贵、高档产品及个性化的服务等。

3. 声望报价技巧

即利用客户崇拜名牌、讲求优质、显示身价等心理,有意提高报价的技巧。采用这种报价会给客户带来更好的效益,给人以安全感。既可以增强报价者的信心,也可以使对方觉得产品质量可靠,刺激购买欲望。声望报价技巧主要适用于名牌产品、高科技产品。

4. 习惯报价技巧

即根据某些产品的通行价格和客户习惯支付的价格报价的技巧。如一些进入成熟期的日用品价格一般是相对固定的,人们往往在心理上习惯于根据价格来判断卖者的诚意,衡量所卖产品的品质。如果价格高了,影响销售;如果价格低了,也会使客户以为产品质量存在问题。对于这些类型的产品,即使成本下降,也不能轻易降价;若成本上涨,也不能轻易涨价,只能薄利多销。

5. 招徕报价技巧

即以各类特种促销方式,满足客户特种购买心理的报价技巧。为了吸引客户,使客户接受所报价格,可以用"特价""拍卖"等报价形式,或者用为客户提供诸如免费送货、周到舒适的服务,或者有意降低主机价格,然后提高附件和零配件价格等形式达到招徕客户,并使其接受即定价格的目的。

案例赏析

北欧深海鱼产公司的冻鱼产品质量优良,深受各国消费者的喜爱,但其却从未进入中国市场。深海公司希望能在中国找到合作伙伴并开展冻鱼销售业务。后经由我国某市经委介绍,该公司派代表与我国北方某一罐头制品厂进行冻鱼产品的经销谈判。该罐头制品厂在国内有广泛的销售网络,非常愿意与北欧深海鱼产公司合作,因此在开始阶段会谈气氛十分融洽。但谈到价格问题时双方出现了较大的分歧,罐头制品厂的谈判代表表示,深海公司所提出的报价过高,按此价格进入我国市场销售,很难为中国消费者接受。深海公司一方则认为他们的报价已经比在国际市场上的报价降低了4%,无法继续降低价格,谈判进入僵局。

谈判休会期间,罐头厂公关部组织深海公司代表参观了谈判所在城市的几个大型超市,使深海公司的代表对我国人们的消费习惯和消费水平有了初步了解。罐头厂代表特别向深海公司代表指出,中国人口众多,中国人们消费水平逐步提高,市场潜力很大,超市中络绎不绝的人流是世界各国中所少见的。这一点给深海公司代表留下很深印象,他们看到了一个未来极有发展潜力和前途的新市场。深海公司的代表在和总部的领导反复协商之后,为了在开始阶段打入中国市场,决定将冻鱼制品的报价降低30%,并向我国的经销商提供部分广告和促销费用。

【扫一扫】
更多信息

学习任务二 灵活商务谈判还价

案例导入

【听一听】 我国从日本 S 汽车公司进口大批 FP148 货车,使用过程中普遍发生了严重的质量问题,致使我国蒙受了巨大的经济损失。为此,我国向日方提出索赔。

谈判一开始,中方简明扼要地介绍了 FP148 货车在中国各地的损坏情况以及用户对此的反应。日方对中方的这一招早有预料,因为货车的质量问题是一个无法回避的事实,日方无心在这个问题上纠缠,便不动声色地说:"是的,有的车子轮胎炸裂,有的挡风玻璃炸碎,有的电路有故障,有的铆钉震断,有的车架偶有裂纹。"

中方觉察到对方的用意,便反驳道:"贵公司代表都到现场看过,经商检和专家小组鉴定,铆钉非属震断而是剪断;车架出现的不仅仅是裂纹,还有裂缝、断裂;而车架断裂不能用'有的'或'偶有'表达,最好还是用具体数据表达,更科学、更准确……"

日方淡然一笑说:"请原谅,具体数据尚未准确统计。"

"那么,对货车质量问题贵公司能否取得一致意见?"中方对这一关键问题紧追不舍。

"中国的道路是有问题的。"日方转了话题,答非所问。

中方立即反驳:"诸位已去过现场,这种说法是缺乏事实根据的。"

"当然,我们对贵国实际情况考虑不够……"

"不,在设计时就应该考虑到中国的实际情况,因为这批车是专门为中国生产的。"

中方步步紧逼,日方步步为营,谈判气氛渐趋紧张。中方觉得该是举证的时候,于是把商检部门的结果呈现在大家面前。日方一位部长不得不承认,这属于设计和制作上的质量问题所致。初战告捷,但是我方代表意识到更艰巨的较量还在后头,索赔金额的谈判才是根本性的。

随即,双方谈判的问题升级到索赔的具体金额上。中方主谈代表擅长经济管理和统计,精通测算。他问:"贵公司为每辆车支付的加工费是多少?这项总额又是多少?""每辆车 10 万日元,共计 5.84 亿日元。"日方接着反问道:"贵国报价是多少?"中方立即回答:"每辆 16 万日元,此项共计 9.5 亿日元。"精明强干的日方主谈人淡然一笑,与其副手耳语了一阵,问:"贵国报价的依据是什么?"中方主谈人将车辆损坏后各部件需如何修理、加固,花费多少工时等逐一报价。"我们提出的这笔加工费并不高。"接着中方代表又用了欲擒故纵的一招:"如果贵公司感到不合算,派员维修也可以。但这样一来,贵公司的耗费恐怕是这个数的好几倍。"这一招很奏效,顿时把对方将住了。日方被中方如此精确的计算所折服,自知理亏,转而以恳切的态度征询:"贵国能否再压低一点。"此刻,中方意识到,就具体数目的实质性讨价还价开始了。

(资料来源:百度文库,2022)

【想一想】 日方还价时该如何掌握好还价次序、还价起点、还价时间?

【说一说】 日方可以用哪些还价方式?

【议一议】 讨价还价是商务谈判的核心阶段,也是最复杂、最考验谈判者的阶段。灵活商务谈判还价,掌握科学的还价策略,更能获得谈判的成功。

一、商务谈判还价前的筹划

还价必须建立在市场调查与"货比三家"的基础之上。要求还价者必须掌握标的物市场供应和价格状况及发展趋势、交易标的物的质量等各项技术指标以及市场竞争情况等,以确保还价具有一定的科学依据。

(一) 对报价进行分析

对对方的报价主要从以下几方面进行分析:

(1) 在还价之前必须了解对方报价的含义,准确地分析对方提出条件的全部内容,摸清对方报价中的条件哪些是关键的、主要的,哪些是附加的、次要的,哪些是虚设的或诱惑性的,甚至有的条件的提出,仅仅是交换性的筹码。只有把这一切搞清楚,才能提出科学的还价。

(2) 为了摸清对方报价的真实意图,应逐项分析对方报价中所提的各项交易条件的依据,注意倾听对方的解释和说明。

(3) 分析对方报价的区间范围,与己方要提出还价条件的差异幅度,如果差异幅度较大,不必草率地提出自己的还价,而应先拒绝对方的报价。必要时可以中断谈判,让对方在重新谈判时另行报价。

(二) 还价前的主要措施

(1) 根据对方的报价及己方所掌握的信息资料进行周密的计算,推算出对方报价虚报幅度的大小,核查、调整或修改己方在谈判中的期望值及保留条件。如有可能则把对方报价中虚头最大、己方反驳论据最充分的条款确定为杀价的主要突破点。或者以对方报价内容计算的结果为基础,进而考虑己方应采取怎样的策略。

(2) 在还价前应列一张提问表和实施要点表。提问表是便于会谈中掌握所提问题的顺序,并针对其薄弱环节适当、适时地提问;实施要点表包括对报价方各项条款中不能作让步的交易条款,以及可以优惠或可以让步的交易条款两部分内容,明确坚持的条款与让步的幅度和节奏,以便心中有数。

（3）根据己方的目标设计出几种不同的备选方案，力求使自己的还价既要给对方造成压力，以表示己方的力量，影响或改变对方的判断，同时又要使对方有接受的可能性。

（三）确定还价的次序

还价次序应按照以下顺序确定：

（1）双方差距小的优先。为了使还价结果能起到提高双方谈判积极性的作用，可先选择那些差距小的内容进行还价，这样容易达成一致，保持良好的谈判气氛。

（2）先分后总。即先分项还价再总体还价。如服务费，先还培训单价，再按培训总价还，然后再集中到所有的费用（技术费、技术指导费、培训费、设计费等）还价。这也是还价的一种步骤，分级实现还价目标。

（3）根本性条件优先。在谈判中，尤其是在还价项目多的时候，为了节省时间，最好先抓根本性、决定交易成败的部分还价。其他一般性的问题，在根本性问题还价解决以后也就比较容易解决了。

二、商务谈判还价的起点与时机

（一）还价的起点

还价的起点是指第一次还价的价位。还价起点的确定，对谈判的进程有重要影响。还价若能激起对方的兴趣和热情，使对方跟着己方还价走，说明还价是成功的；反之，若还价不当引起对方的反感，则可能导致谈判破裂，所以要十分慎重地确定还价的起点。从买方来说，还价太高有损于还价方的利益，还价太低则显得缺乏诚意，均不利于商务谈判的正常进行。

以价格为例，还价的起点受预定成交价、交易物的实际成本和还价次数三个因素的制约。预定成交价是买方根据自己的预算所确定的可以接受的成交价格。从理论上讲，还价的起点应在预定成交价之内。还价还必须考虑对方接受的可能性。事实上，谈判的第一次还价很少立即被对方所接受。因此，在确定还价起点时应考虑对方的再次攻击及自己的防守余地。若预计还价不能一次成功，还价起点可适当提高一些。

（二）还价的时机

还价的时机是指何时还价。还价时机选择得当可以减少还价次数，改善还价效果，因此还价时机是谈判者十分重视的问题。首次还价应在报价方对讨价做出回应，并更改报价后进行。其最佳时机是在报价人对报价作了两次更改之后。

时机的选择要考虑给人以无可奈何的艰苦抉择的印象和有时间给对方做出新的反应。要看准情况再还价，即以对方条件改善的状况为还价前提。

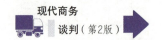

三、商务谈判还价的方式与策略

(一) 还价的方式

在商务谈判中,主要包括以下几种还价方式:

(1) 逐项还价。它是指对交易标的所涉及各项条件逐项进行还价。例如,交易标的是机器设备,则按主要设备逐台还价,而对安装调试费、员工培训费、技术指导费、工程设计费、资料费等分项还价。

(2) 分组还价。它是指根据交易标的的质量、规格等进行分组,按照价格差距档次分别还价。

(3) 总体还价。它是指把交易标的以及与交易标的有关的服务项目分别集中还两个不同的价,或仅还一个总价。

总而言之,以上方式采取哪种合适,应具体分析,不能生搬硬套,越适合自己的具体情况,效果越好。

(二) 还价的策略

在商务谈判中,针对对方的报价策略和方式,还价的策略主要有以下三种:

1. 比照还价策略

比照还价策略,是指谈判的一方通过对对方的报价的了解分析,对比参照报价,按照一定的升降幅度进行还价的策略。

(1) 运用比照还价策略的主要条件:

① 已弄清对方为何如此报价,即对方的真正期望。

② 已判明谈判的形势及对方讨价还价的实力。

③ 己方谈判实力不甚雄厚,对价格及相关交易条件掌握不甚明了。

(2) 运用比照还价策略应注意的问题:

还价的方式一般应针对对方报价或重新报价的方式进行确定。还价方式的一致性便于谈判双方评价各自的条件,判定交易的形势。在还价方式的选择上一般不轻易从总体上还价,而是从新报价明显改善的部分先还价;根据先易后难的原则分批还价;选择差距最小或金额最小的部分先还价。

(3) 当己方遇到对方采用比照还价的策略时,其破解的方法有:

① 以退为进,变被动为主动,通过一连串的反问探询对方还价的根据,摸清对方的谈判目标,确定己方的最高目标、理想目标、最低目标,做到心中有数,不轻易让步。

② 若对方还价太低,胡乱杀价,可以运用较激烈的情绪表达自己的不满,或报以长时间的沉默,摆出一副可谈可不谈的架势,迫使对方作出较大让步,重新还价。

2. 反攻还价策略

反攻还价策略是指商务谈判的一方采用反驳攻击的方法,部分否定甚至全部否定对方报价的策略。

(1) 运用反攻还价策略的主要条件。

① 对方的报价极不合理,策略性虚报的部分过分夸大。

② 对方缺乏谈判经验,对价格及相关条件掌握不甚明了,对对手缺乏了解。

(2) 运用反攻还价策略应注意的问题。

① 作好反攻的资料准备。即己方根据报价的内容和自己所掌握的比价资料,推算出对方的虚价程度大小,并尽力揣摩对方的真实意图,制订攻击的方案。

② 作好反攻的对策设计。一般把对方报价中虚价最大、我方反驳论据最充分的内容作为攻击点,由点到面,全面推翻对手的报价。

③ 作好反攻的实施安排。通过对问题进行分门别类,分清问题的轻重缓急,设计出相应的对策。通常的做法是可列出提问表、实施要点表等表格,并以此表为依据同对方交涉。

④ 要有理有据地反驳对方的报价,不作无中生有的攻击,更不能进行人身攻击,态度要温和友好。

(3) 当己方遇到对方采用反攻还价的策略时,其破解的方法有:

① 当己方的合理报价被对方全盘推翻时,说明对方没有正确对待己方的报价或有意施展谈判伎俩,此时己方可以拿出一个明显不合理的方案,以其人之道还治其人之身,以谋求谈判的主动权。

② 己方后发制人,以谦虚求教的态度请求对方拿出自己的方案,然后针对方案指出问题,变被动为主动,引导对方回到自己的立场上来。

3. 求疵还价策略

求疵还价策略是指商务谈判的一方采用挑剔的方法提出部分真实、部分夸大的意见,以试图否定对方报价的策略。

(1) 运用求疵还价策略的主要条件。

① 对方的报价确有问题,但多属枝节方面的问题。

② 对手欠缺谈判经验。

(2) 运用求疵还价策略应注意的问题。

① 以商品交易为例,若己方为买方,必须掌握对方商品的有关技术知识,才能对商品吹毛求疵,如果能挑出商品性能、质量、款式、色泽等方面存在的问题,将会对对方的报价形成较大的压力。

② 求疵还价要有针对性,切忌面面俱到,如果抓不住重点,击不中要害,这样不但不足以说明问题,还会引起对方的怀疑,从而影响谈判的进展。

③ 求疵还价要有"度"的界限。对一些优质产品、名牌产品不能一味贬低。对某些商品如果贬低过火,可能会激怒对方。

④ 面对谈判对手，不可直率地表露出自己的愿望或动机，要耐心地、合理地保持若即若离的态度，使对手一直处于焦虑不安的状态。这样才能更好地把握谈判的主动权。

(3) 当己方遇到对方采用求疵还价的策略时，其破解方法有：

① 沉着应对。那些虚张声势的问题及要求，随着时间的推移，自然会渐渐地露出马脚，并且失去影响力。

② 对于某些非关键性的问题和要求，要能避重就轻或视若无睹地一笔带过。

③ 当对方在浪费时间，节外生枝，或作无谓的挑剔，提出无理的要求时，必须及时提出抗议。

④ 向买主建议一个具体且彻底的解决方法，而不去讨论那些没有关联的问题。

⑤ 千万不要轻易让步，以免对方不劳而获。对方的某些要求很可能只是虚张声势而已。因此，己方应该尽量削弱对方的声势，同时，己方也可以提出某些虚张声势的问题来加强自己的议价力量。

四、商务谈判还价的技巧

在商务谈判中，还价的技巧主要包括以下几个方面的内容：

(一) 投石问路

在还价谈判中，投石问路技巧是指针对对方的报价，不急于还价，而是提出与报价条件有关的假设条件，请对方回答，以便搜集对还价有利的情报和寻找还价的机会。常见的问题有：假如我们订货的数量加倍或减半呢？假如我们与你签订长期订货合同呢？假如我们以现金支付或分期付款呢？假如工程由我们自己提供材料和工具呢？假如我们成套购买或仅购买主机或零部件呢？假如提高货物的品质标准呢？假如我们自己提货呢？

通过以上的提问和对方的回答，有利于还价方了解与交易标的有关的条件，对方的价格政策乃至谈判的策略，进而提出有利的还价。

(二) 从小处入手

从小处入手是指对于大型项目和较复杂的交易，还价可采取分批还价的方式，一般可选择差距小的部分先还价。其好处是：还价相对容易被接受，引发谈判的热情，树立谈判的信心，了解对手风格。如果谈判出现僵持局面，不妨可以考虑在小处适当作一些让步，然后再在大项目、大金额的部分进行猛攻。比如，对方主机价格报价 50 万元，技术费报价 10 万元，零配件价格报价 5 万元，还价可先从零配件或技术费入手。一旦谈判顺利，再谈主机价格，并且还价收紧，这样，有利于向对方施加压力，巩固谈判成果，取得谈判的主动权。

(三) 充分利用竞争

充分利用竞争是指在一些交易条件构成比较复杂的商品或大型劳务工程项目谈判中，

还价一方为了争取最有利的成交条件,可充分利用或制造对手竞争的局面。比如,在工程项目发包中,采用招标的方法,使各承包商为了战胜竞争对手争取中标,除了提高工程质量外,还要尽量压低工程报价。

(四)灵活应对

灵活应对是指在谈判中,还价的方式很多,不要被报价方牵着鼻子走。比如,在谈判中,价格一时降不下来,可根据具体情况,灵活运用其他交易条件,如改变支付方式,要求给予折扣以及免费提供售后服务等。又如,可根据报价方的价格解释、态度及己方掌握的资料状况等,采用逐项还价、分组还价、总体还价等还价方式。

案例赏析

我国某机械进出口公司欲向国外订购一台专用设备,在收到报价单并经过讨价还价之后,我方决定邀请拥有生产该设备技术的外国某公司来华进一步谈判。在谈判中双方集中讨论了价格问题,一开始我方的出价是10万美元,而对方的报价依旧是与报价单一致的20万美元。

在第一轮报价之后,双方都预计到最后的成交范围在14万~15万美元之间,同时大家也估计到需要几个回合的讨价还价才能实现这一目标。我方有关人员讨论之后提出了以下让步幅度:

第一种:我方还价14万美元;

第二种:我方还价10.5万美元;

第三种:我方先还价11.4万美元,然后依次加价,不过加价幅度越来越小。

我方最后决定采用第三种方式还价,经过四轮讨价还价,我方先后报出了11.4万美元、12.7万美元、13.5万美元,最后双方以14万美元成交。

【扫一扫】
更多信息

学习任务三 | 交换商务谈判让步

案例导入

【听一听】有一家大型知名超市即将在北京开业,供应商蜂拥而至。王某代表某个小品牌的机械厂家与该超市进行进店洽谈,谈判异常艰苦,对方的要求十分苛刻,尤其是60天的到账期实在让厂家难以接受,谈判陷入了僵局并且随时都有破裂的可能。

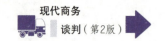

一天,超市的采购经理打电话给王某,希望厂家在还没有签订合同的情况下,先提供一套现场制作的设备,以便吸引更多的消费者。王某知道有一套设备在库房里,但却没有当即答应,他回复说:"陈经理,我会回公司尽力协调这件事,在最短的时间内给您答复,但您能不能给我一个正常的到账期呢?"最后,他赢得了一个平等的合同,超市因为现做现卖吸引了更多的顾客。一次双赢的谈判就这么完成了。

(资料来源:晓路. 商务谈判绝不是一个"退"字. 虾盟资源网,2007.)

【想一想】 分析谈判取得成功的原因?

【说一说】 你理解的案例中的让步方法。

【议一议】 在商务谈判过程中,谈判各方对交易条件做出一定的让步是双方必然的行为,让步是谈判者共同面临的极其微妙的问题。当然,让步不可随意进行。

谈判本身是一个讨价还价的过程,也是一个理智的取舍过程。讨价还价的权利与让步的义务是统一的。在商务谈判过程中,谈判各方对交易条件作出一定的让步是双方必然的行为。如果谈判双方都坚持自己的阵线,不后退半步,谈判永远也达不成协议,谈判追求的目标也就无法实现。当然,让步不可随意进行,它可能取得正效果,即通过适当的让步赢得整个谈判的成功;也可能取得负效果,即做出了某种牺牲,却招致对方的进一步进攻,为对方创造了有利的条件。因此,让步是谈判者共同面临的极其微妙的问题。

一、商务谈判让步的一般原则

(一) 利益目标让步原则

让步的根本目的是保证和维护己方的整体利益。以牺牲局部利益换取整体利益是让步的出发点。因此,让步前一定要清楚什么问题可以让步,什么问题不能让步,让步的最大限度是什么,让步对全局的影响是什么等。

(二) 条件让步原则

让步通常意味着妥协和某种利益的牺牲,因此,让步必须是有条件的。若无法使谈判向预定目标推进,就绝不要轻易让步。让步所付出的代价一定要小于让步所得到的利益,要避免无意义的让步。要用己方的让步换取对方在某些方面的相应让步或优惠,体现出得大于失的原则。让步的内容有多种,可以是价格上的让步,也可以是其他交易条件和关系上的让步,但无论是哪种内容的让步,一定是为了己方的全局利益。

(三) 主次问题让步原则

让步是一种极有分寸的行为,不可"眉毛胡子一把抓"。为了争取主动权,保留余地,一般不首先在原则问题、重大问题,或者对方尚未迫切要求的事项上让步。明智的做法是尽量让对方在原则问题、重大问题上先让步,而己方则在对方的强烈要求下,在非原则的、次要的、较小的问题上适当让步。

(四) 把握"交换"尺度让步原则

谈判中双方"交换"让步是正常的。但应注意,"交换"让步不能停留在"愿望"上,要保证"交换"的现实性,可以在让步后,等待和争取对方让步,在对方做出相应让步前,绝不再让步。"交换"让步,是以利益和必要性为依据的,不可因为对方让步,我就让步,对方让我"半斤",我就让他"八两"。

(五) 不轻易让步原则

商务谈判中双方做出让步是为了达成协议。但是必须让对方懂得,己方每次做出的让步都是重大的让步。使对方感觉到是付出努力之后才能得到的一次让步,这样才会提高让步的价值,也才能为获得对方的更大让步打下心理基础。

(六) 适当的幅度和次数让步原则

让步的幅度要适当,一次让步的幅度不宜过大,让步的节奏也不宜过快。如果一次让步过大,会把对方的期望值迅速提高,使对方进攻欲望更强,程度更猛烈,从而使己方在谈判中陷入被动局面;如果让步节奏过快,对方觉得轻而易举就可以得到需求的满足,因而认为己方的让步很容易,不需要付出多大代价,也就不会引起对方对让步的足够重视。因此要让对方意识到得到你的每一次和每一点让步都是来之不易的。

(七) 适时让步原则

让步时机要恰到好处,不到需要让步的时候绝对不要做出任何让步。让步之前必须经过充分的磋商,时机要成熟,使让步成为画龙点睛之笔,而不要变成画蛇添足之举。当对方没有表示出任何退让的可能,让步不会给己方带来相应的利益,也不会增强己方谈判的力量,更不会使己方占据主动地位,一般来说,在这种情况下,不能做出任何让步。

二、商务谈判让步的内容

让步是一种有力的工具,为了熟练地运用让步取胜的方法,商务谈判双方需要掌握让步的主要内容,以便制定自己的让步计划。

(一) 卖方可以给买方的让步

主要包括:
(1) 降低某些项目的价格。

（2）对大量购买给予必要的优惠。

（3）提供便利的付款方式，如分期付款或延期付款，简化支付程序。

（4）在包装上提供便于库存控制、便于堆放、便于销售的条件。

（5）在规定期限内，提前制定送货计划。

（6）提高商品的品质。

（7）对稳定的客户，在一定的时期内，采取稳定的价格。

（8）培训技术人员。

（9）提供完善的服务，免费维修调试。

（二）买方可以给卖方的让步

主要包括：

（1）迅速支付货款，在某些特定项目上合资经营。

（2）在卖方需要时，可以提供必要的技术援助。

（3）迅速反馈商品使用信息，便于卖方提高商品质量，提高竞争力。

（4）在允许的条件下，推迟交货期。

（5）签订比较能够反映实际情况的价格升降协议，按原材料在总成本中的相对比重确定价格升降幅度。

（6）出于共同利益，并照顾到卖方的特殊情况，双方可以共同做好广告宣传。

（7）根据实际情况，适当降低包装要求。

（8）增加采购数量，以减少卖方库存。

商务谈判中的让步是涉及谈判成败的关键问题。接受让步或做出让步必须审慎权衡、认真对待。在让步时应该注意两点：

（1）在决定让步以前，先不要向对方透露让步的具体内容。当谈判一方打算做出让步时，其具体内容要等一等再向对方公开。

（2）要以自己让步的许诺来换取对方做出相应的让步。

三、商务谈判让步的方式

在实际谈判中，其让步"量"的概念是无法具体规定的，让步方式也不可能有成规可循，因为让步方式是受交易标的特性、市场需求状况、谈判策略、经营计划、客观环境等一系列因素制约和影响的。作为谈判人员，应根据具体情况，灵活选择和应用各具特点的有效的让步方式。

例如，谈判一方在价格上让步的幅度为100元，共分四次让步，所表现的具体让步方式如表7-1所示。

表 7-1　一个假设的卖方常见的让步方式　　　　　　　　　　　　　单位：元

让步方式	让步尺度	第一次	第二次	第三次	第四次
第一种	100	0	0	0	100
第二种	100	25	25	25	25
第三种	100	13	23	27	37
第四种	100	37	27	23	13
第五种	100	78	20	0	2
第六种	100	100	0	0	0

第一种是最后一次到位的让步方式。这是一种强硬型的让步方式，表现为立场坚定、态度强硬，让对方一直以为妥协的希望很小，甚至缺乏合作与成交的诚意之感。如果是一个软弱的买方可能由于卖方的坚持而过早停止和卖方讨价还价了；如果是一个坚强的买方则会坚持，继续讨价还价，迫使卖方做一定的让步。卖方在第一、二、三次不做让步可能是作试探，看看对方的态度，若碰到的是坚强的买方，他接着会采取最后一次到位的让步方式。这种方式的采用者可能自恃实力雄厚，交易地位优越。但是，采用这种方式，必须解决好两个可能存在的问题：一是对方在再三要求让步而均遭拒绝的情况下，可能等不到最后就会离开谈判桌；二是最后让步虽然很晚，但幅度过大，往往会导致对方进一步纠缠，而且进攻可能会更猛烈。卖方这样做必然冒着形成僵局的风险。

第二种是均衡让步方式。均衡让步不符合成本价格计算精确的原则。均值型的让步方式是为了使让步"细水长流"，均匀地满足对方的要求与需要，并获取对方的好感。但是，采用这种方式会导致买方贪得无厌，期望对方出现更进一步的让步。如果不能做到使对方意识到最后的让步已使价格降至谷底，不能再做让步，就较难说服对方，从而有可能使谈判陷入僵局。

第三种是递增式的让步方式。可能开始是为了使让步的口子开得小一点，以充分显示成交的诚意。但是，其存在一个明显的问题，就是会刺激对方要求进一步让步，而且胃口可能越来越大，最终会使谈判难以收场。递增式的让步是最忌讳的让步方式，一次次越让越大，每次让步之后，对方不但不感到满足，反而诱发了对方要求更大让步的欲望，卖方将会损失惨重。

第四种是递减式让步方式。这种方式开始以较大幅度让步表示卖方的诚意，接着步子越来越小，显示卖方的立场越来越强硬，同时给对方以警告，买方适可而止。但是，由于最后的让步数额仍然不小，还有让步的余地，这就会使对方抱有希望从而进一步施加压力。如果最后不再让步，可能会造成不愉快的局面。但无论如何这是比较理想的让步方式。

第五种是快速让步方式。这种方式开始就大幅度让步，这将会提高买方的期望，不过接着而来的是拒绝让步和小让步，它会很快冲消对方的期望，使对方知道即使更进一步讨论也是徒劳无益的。有时还会出现在第三次让步中不仅不让步，反而加价（可能是刚发现

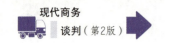

成本计算错误),第四次让步再减价,目的是遏制对方要求无限制的让步。

第六种是一次性让步方式。这种方式一开始便把所有的让步幅度给了对方,其用意显然是为了谋求尽快地达成协议,提高谈判效率,争取时间。但是,在谈判中坦诚是会带来风险的,它会使对方怀疑你是否真的坦诚,会使对方更猛烈地向你发起进攻,逼迫你再作让步。否则,就很容易形成僵局,甚至导致谈判的破裂。当然,如果这种方式已成为交易中的惯例,或者谈判对象是老客户,彼此非常熟悉,也未必不可。

以上六种让步方式表明,不同的让步方式可以传递不同的信息,对方的反应取决于你让步的幅度、速度。经验表明,成功的谈判者会在磋商过程中不断改变自己的让步方式;不成功的谈判者往往无法控制让步的程度,要么不让步,要让步就会出现一连串的让步。因此,在商务谈判中,谈判者要视谈判进程,或者根据不同人、不同情况分别采取不同的让步方式,再辅助以一定的让步策略,争取在磋商中处于主动地位。

四、商务谈判让步的策略

(一) 己方的让步策略

1. 互惠互利的让步策略

谈判让步是双方的,一方做出让步,另一方也应相应的给予让步。但是,在实际谈判中,一方在做出让步后,能否获得对方互惠互利的让步,在很大程度上取决于该方的商谈方式。

争取互惠式让步,需要谈判者具有开阔的思路和视野。除了某些己方必须得到的利益必须坚持以外,不要太固执于某一个问题的让步,而应统观全局,分清利害关系,避重就轻,灵活地使己方的利益在某方面能够得到补偿。

具体应做到:

(1) 当己方谈判人员做出让步时,应向对方表明做出这个让步是不易的,是在谈判人员的最大权限范围内做出的最大让步,因此,对方也必须在某个问题上有所回报。

(2) 把己方的让步与对方的让步直接联系起来,表明只要在己方要求对方让步的问题上能够达成一致,己方可以做出这次让步,一切问题都能顺利解决。

2. 予之远利代之近惠的让步策略

在商务谈判中,通过给予其期待的满足或未来的满足而避免给予其现实的满足,即为了避免现实的让步而给予对方以远利也是一种切实可行的让步策略。

具体应做到:

当对方在谈判中要求己方在某一问题上做出让步时,己方可以强调保持与己方的业务关系将能给对方带来长期的利益,而本次交易对是否能够成功地建立和发展双方之间的这种长期业务关系是至关重要的,向对方说明远利和近利之间的利害关系,以避免现实的让步。

3. 丝毫无损的让步策略

丝毫无损的让步策略，是指在谈判过程中，当对方就某个交易条件要求已方做出让步，而已方又不愿意在这个问题上做出实质性让步时所采取的一种策略。

具体应做到：

对待对方温和而有礼貌，认真地倾听对方的诉说，真诚地表述已方不能做出让步的理由，尽量给对方最圆满、最满意的解释，使他相信给其他客户的待遇都没有他的好。要肯定其要求的合理性，并对他们诚恳、谦让、积极的合作给予肯定和赞赏。

（二）迫使对方让步的策略

1. 软硬兼施策略

软硬兼施策略也称红白脸策略，就是在谈判人员的角色搭配及手段的运用上软硬兼施、刚柔并济。在某一方的谈判班子中，有的人扮演"强硬者"，坚持本方的原则和条件，向对方进行胁迫；其他的人则以"调和者"的面孔出现，向对方表示友好或者予以抚慰。这种做法的效果就是，当"强硬者"寻找借口离开谈判现场之后，对方变得更愿意向扮演"调和者"的"好人"提供更多的材料。从某种意义上讲，这实际上是一种变相的"对比"效应。通常，这种策略在对付那些初涉谈判场合的对手时作用较大，而那些谈判老手对此则是会应付自如的。

2. 制造竞争策略

当谈判的一方存在竞争对手时，另一方完全可以选择其他合作伙伴而放弃与他的谈判，那么，他的谈判实力就将大大减弱。在商务谈判中，谈判者应该有意识地制造和保持对方的竞争局面，在筹划某项谈判时，可以同时邀请几方，分别与之进行洽谈，并在谈判过程中适当透露一些有关竞争对手的情况。在与其中一方形成最终协议之前不要过早地结束与另外几方的谈判，以使对方始终处于几方相互竞争的环境中。有的时候，对方实际上并不存在竞争对手，但谈判者仍可巧妙地制造假象来迷惑对方，以借此向对方施加压力。

3. 虚张声势策略

在有些谈判中，双方在一开始都会提出一些并不期望能实现的过高的要求，随着时间的推移，双方再通过让步逐渐修正这些要求，最后在两个极端之间的某一点上达成协议。谈判者可能会将大量的条件放进议事日程中，其中大部分是虚张声势，或者是想在让步时给对方造成一种错觉，似乎他们已作出了巨大牺牲，但实际上只不过舍弃了一些微不足道的东西。过分的要求并不一定表示实力的强大，但却可能动摇对方的信心，迫使其修改自己的期望，并降低自己的目标和要求。

4. 各个击破策略

如果对方的谈判班子由几个成员构成，成员之间必然会存在理解力、意见及经验等方面的差异，这些差异可能在开始表现得并不明显，然而只要存在极小的差异，就可能会被扩大。利用对方谈判人员之间不一致的方面来分化对手，重点突破，这就是所谓的各个击破。

其具体做法是,把对方谈判班子中持有利于本方意见的人员作为重点,以各种方式给予鼓励和支持,与之结成一种暂时的无形同盟,反之则采取比较强硬的态度。如果与你谈判的是由几方组成的联盟,你的对策就是要使联盟的成员相信,你与他们单个之间的共同利益要高于联盟成员之间的利益。

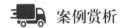

案例赏析

一位电器开关供应商与一位承包商洽谈中东的一项工程。供应商首先出示了报价单,结果遭到承包商的抗拒,他硬是拒绝接受报价单上的价格。

气愤的供应商提出这样的问题:"你为何如此坚持要我们再减价?"

"因为去年你给我们一家子公司一成的折扣。"

"可是那只是为特别的生意所做的仅此一次的折扣,为的是希望往后还有生意。"

"那好,我现在所提出的合约是那笔生意的另一部分,我也要你们再低于报价单上的价钱供货!"此时电器开关供应商气愤得无言以对。

为什么供应商的"先行"让步,会有这种结果呢?从对方的观点来考虑,看见你让步,他可以用两种方式来解释你所做的事:你若不是在"表示你的善意"就是"显示你的软弱"。纵使他接受第一种解释,他也不必以善意和慷慨来回报,他仍然有采取更强硬姿态的欲望;如果他以第二种来解释你的让步,他更易于采取强硬立场。结果,供应商向承包商投降。

【扫一扫】
更多信息

工作任务七 | 让步实施训练

【任务要求】 分析购物谈判中形成僵局的原因和背景,使用让步策略处理价格谈判僵局。

【情景设计】 选择购买一种可以讨价还价的商品,尝试当价格谈判陷入僵局时让步的处理办法。

【任务实施】 (1)以4~5人为一个谈判小组;(2)有意识地使用让步策略;(3)实践要体现出让步策略与技巧的实质性内容。

【任务实施应具备的知识】 谈判让步的原则与策略;处理僵局的技巧,包括让步应用的效果分析。

【任务完成后达成的能力】 培养学生能够在谈判实践中学会运用谈判让步的策略和技巧,掌握让步的基本技能,提高控制谈判局势的能力。

【任务完成后呈现的结果】

（1）各谈判组撰写《让步实践心得体会》，并上交作为成绩评定的依据。

（2）教师对学生撰写的《让步实践心得体会》进行点评。

知识宝典

【讨价】 向对方提出改善价格的要求。

【还价】 应被讨价人的要求，或针对对方返回的交易条件直接表明己方交易条件的行为。

【讨价还价】 交易各方一来一往地报价，是讨价、还价之后，一定阶段中出现的较为激烈的再讨价和再还价的行为。

【妥协】 讨价还价之后，谈判各方根据自己的目标和力量，对解决双方尚存的分歧所做的最后努力。

【价格解释】 对价格的构成、报价依据、计算的基础以及方式方法等作出详细的解释。

【日本式报价战术】 将最低价格列在价格表上，以求首先引起买主的兴趣，由于这种价格一般是以卖方最有利的结算条件为前提的，并且在这种低价格交易条件下，各个方面都很难全部满足买方的需要，如果买主要求改变有关条件，则卖主就会相应提高价格。因此，买卖双方最后成交的价格往往高于价格表中的价格。

【西欧式报价术】 首先提出虚拟的价格，然后根据买卖双方的实力对比和该笔交易的外部竞争情况，通过给予各种优惠，如数量折扣、价格折扣、佣金和支付条件上的优惠（如延长支付期限、提供优惠信贷等）来逐步软化和接近买方的市场和条件，最终达成交易。

项目综合练习

一、不定项选择题

1. 如果你是某饮料厂的销售科长，正与某客户磋商供应汽水事宜。该客户要求你厂的汽水每打必须削价1元，每年向你厂采购汽水8 000万打，否则他就改买其他饮料厂不同品牌的汽水。面对他的要求，你的做法是（   ）。

    A. 礼貌地拒绝他   B. 提出一个折中的解决办法
    C. 表示你可以考虑   D. 坚决不予让步

2. 还价时机的把握应该是（   ）。

    A. 在报价方对讨价做出回应，并更改报价后进行还价
    B. 在报价方对报价作了两次更改之后进行还价
    C. 在对方报价后立即进行还价
    D. 在报价方对讨价做出回应，未更改报价时进行还价

3. 在商务谈判中,主要包括( )几种还价方式。

　A. 逐项还价　　　　　　　　　　　B. 分组还价

　C. 总体还价　　　　　　　　　　　D. 总体还价加逐项还价

4. 采用互惠互利的让步策略应注意的问题是( )。

　A. 具有开阔的思路和视野　　　　　B. 应统观全局,分清利害关系,避重就轻

　C. 不要太固执于某一个问题的让步　D. 必须坚持既得的利益

5. 采用予之远利代之近惠的让步策略应注意的问题是( )。

　A. 强调长期业务关系是至关重要的　B. 说明远利和近利之间的利害关系

　C. 真诚地进行交流　　　　　　　　D. 坚决不予让步

二、辨析题(判断正误并说明理由)

1. 采取综合报价技巧的目的是在保证己方存有广泛回旋余地的前提下,使对方感觉到报价的优惠。( )

2. 在确定还价起点时应考虑对方的再次攻击及自己的防守余地。若预计还价可能一次成功,还价起点可适当提高一些。( )

3. 在还价方式的选择上一般不轻易从总体上还价,而是从新报价改善的明显部分先还价。( )

4. 一次性让步方式很容易造成谈判僵局,甚至导致谈判的破裂。( )

5. 与其中一方最终形成协议之前不要过早地结束与另外几方的谈判。( )

三、问答题

1. 怎样确定报价起点?

2. 应如何确定还价起点和还价时机?

3. 己方的让步策略及迫使对方的让步策略有哪些?

四、案例分析题(运用所学知识进行分析)

【案例】 一天,杰克·韦尔奇接到美国 B-G 公司的一名董事——皮特·彼得森的电话,他也是一位投资银行家。彼得森对韦尔奇说:"你是不是准备把你们的家用电器业务卖掉?"韦尔奇回应道:"你这是个什么问题?"彼得森表明他是代表 B-G 公司的董事长兼 CEO 拉里·法尔利来与韦尔奇通话,希望他们之间能够进行一笔家用电器业务的交易。

"那好,如果你是认真的,我可以为你做些什么呢?"韦尔奇认真地问。"这样,在一到三之间,一代表你永远不会卖,二代表你要卖个大价钱,三代表你准备以公平价格出售,你选择哪一个?"彼得森问道。"我的大家用电器业务差不多介于一和二之间,我的小家用电器业务是三。"韦尔奇说道。"好,这正是我们感兴趣的。"彼得森说道,双方很快形成了默契。

两天后,11 月 18 日,彼得森、法尔利和韦尔奇坐在了位于纽约列克星敦大街 570 号通用公司的办公室里。法尔利列了一个长长的问题单,韦尔奇对对方提出的大部分问题都做了回答。然后,彼得森直截了当地问韦尔奇这项业务想卖多少钱。韦尔奇说:"3 亿美元,一分都不能少,而且这项业务的总经理鲍勃·莱特不能随着这笔交易过去。"没过多久,对

方就给了韦尔奇回音,他们同意继续进行交易磋商。以后,谈判进展得很顺利,双方彼此间非常信任,很快达成了希望的交易。

(资料来源:杰克·韦尔奇,约翰·祥恩.杰克·韦尔奇自传[M].曹彦博,等译.北京:中信出版社,2017.)

思考分析:

1. 杰克·韦尔奇在该场谈判中运用了何种报价策略?
2. 该场谈判的成功之处表现在哪里?

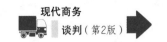

项目八

识变从宜 克敌制胜

——商务谈判排障

学习目标

【知识目标】
1. 了解谈判僵局的类别；
2. 明确谈判僵局产生的原因；
3. 掌握缓解和突破谈判僵局策略的内容；
4. 掌握谈判陷阱的表现形式及应对策略。

【能力目标】
1. 能够正确地分析出现谈判僵局的原因，并能学会运用缓解和突破谈判僵局的策略；
2. 能够在谈判实践中学会谈判威胁战术、陷阱设置及应对策略的应用；
3. 能够在谈判出现僵局时，秉持合作共赢价值观灵活运用谈判技巧，以价值互鉴代替价值冲突，促使交易双方、共事双方或多方实现双方或多方的共同收益。

学习任务提要

★ 谈判僵局产生的原因；
★ 缓解谈判僵局的策略；
★ 突破谈判僵局的策略；
★ 谈判中的威胁战术；

★ 谈判中的陷阱。

工作任务提要

★ 处理谈判僵局训练

建议教学时数

★ 8 学时

学习任务一 | 处理商务谈判僵局

案例导入

【听一听】 中国 K 公司与法国 G 公司就计算机制造技术的交易在北京进行谈判，K 公司接触过一些厂家后，认为 G 公司的技术很符合需要，有意与其合作。G 公司也认为自己的技术不错，有竞争性，同意与 K 公司谈判。

经过技术交流后，中方专家表现的赞许态度使法方感到极为自信、自得。当进入商务主要条件谈判时，G 公司主谈杜诺先生的态度变得非常强硬，而且不大尊重 K 公司主谈邢先生，对邢先生的说理和友善的态度全然不当回事。意思是：我就这条件，同意，就签合同；不同意，就散伙。对此合同，K 公司邢先生不能说同意，更不能说散伙。怎么办？

邢先生设计了一个方案：让助手继续与杜诺先生谈判，把参与人员减少了一半，原则是能往前谈就往前谈，谈不拢也陪着杜诺先生谈。一天过去了，杜诺先生没见到邢先生，问其助手："邢先生去哪儿了？"助手答："无可奉告。"第二天上午，谈判仍无大的进展。杜诺先生要求见邢先生，助手答应下午安排。

下午，邢先生见到了杜诺先生问："谈判进展如何？"杜诺说："不大。"并问邢先生："你为什么不参加谈判？"邢先生一笑，说："我有我的事。"杜诺问："我们的交易怎么办？"邢先生说："我的助手有能力与您谈判所有问题。""可到目前为止进展不大呀！"杜诺先生说。邢先生回答："原因一定不在我助手这方面。"杜诺一笑，说："我希望您能参加我们的谈判。"邢先生说："我也乐意，等我安排好时间再说。"并说："我还有事，希望您与我的助手合作愉快！"随即告辞。

随后的谈判，中方再次调整了谈判时间，一天改为半天，半天时间还安排得靠后。这样断断续续又过了两天，杜诺先生要求与邢先生面谈。

邢先生与杜诺见面了。杜诺先生抱怨:"K 公司不重视与 G 公司的谈判。"邢先生说:"不对,K 公司一直很重视本次谈判,尽管工作很忙,也未中断过与 G 公司的谈判。"杜诺先生反驳说:"如果重视,为什么您本人不参加谈判?贵公司参加谈判的人都没有决定权,而且时间安排也不紧凑。"邢先生说:"有可能您的问题太复杂,他们一时难以答复。时间不紧凑是误会,我们可是忙得很,没闲着。"杜诺先生追问:"您忙什么?有什么比与我们公司谈判更重要的吗?"邢先生诡秘地笑了:"杜诺先生,这可是我公司内部的安排,我得服从啊!"杜诺先生沉默了一会儿,很严肃地对邢先生讲:"我公司来北京谈判是有诚意的,不论贵方有多忙,我希望应先与我公司谈。"邢先生答:"是呀!我是最早与您谈的,不正反映了我方的重视吗?""可贵方现在没有这么做。""可是我与贵方洽谈时,贵方并未重视我方的意见,我公司也不能浪费时间呀!""我希望邢先生给我讲实话,是不是贵公司正在与别人谈判。"邢先生乐了,说:"您的消息真灵通。"杜诺先生马上严肃起来,庄重地说:"邢先生,不管事态是否如此,我公司强烈要求给我们机会,我本人也希望与您直接谈判。"邢先生收住笑容,也认真地回答:"我理解贵方的立场,我将向上级汇报,调整我的工作,争取能与您配合谈判该项目。"

双方恢复了谈判,一改过去的僵持,很通情达理地进行了相互妥协,最后达成了协议。

(资料来源:百度文库)

【想一想】 案例中谈判僵局产生的原因是什么?

【说一说】 中方 K 公司是如何处理僵局的?

【议一议】 商务谈判中,虽然谈判双方都不希望出现僵局,然而实际上谈判僵局却经常产生。本节分析了形成谈判僵局的原因,给出了应对僵局的处理方法。

谈判僵局是指在商务谈判中,双方因暂时不可调和的矛盾而形成的对峙局面。在商务谈判中,谈判僵局的出现是不可避免的。出现僵局虽然不等于谈判破裂,但它严重影响谈判的进程,如不能很好地解决就会导致谈判破裂。所以僵局出现以后,谈判人员应紧紧把握谈判双方的利益,寻找共同利益点,运用谈判技巧突破僵局,从而达到双方都满意的目标。妥善地处理僵局,必须对僵局的性质、产生的原因等问题进行透彻的了解和分析,并加以正确的判断,采取相应的策略和技巧,选择有效的方案,使谈判得以继续。

一、商务谈判僵局产生的原因

(一)谈判僵局的分类

许多谈判之所以陷入僵局,从商务谈判实践的角度去看,多是因为双方基于情感、立场、观点、原则上的主观因素所引发,所以基于此种原则可以把僵局分为三类:

第一类,策略性僵局。即谈判的一方有意识地制造僵局,给对方造成压力而为己方争取时间和创造优势的带有拖延性质的策略。

第二类,情绪性僵局。即在谈判过程中,一方的讲话引起对方的反感,使冲突升级,出现以牙还牙、唇枪舌剑、互不相让的局面。

第三类,实质性僵局。即双方在谈判过程中涉及商务交易的核心——经济利益时,意见分歧差距较大,难以形成一致的意见。双方固守己见,毫不相让,从而形成实质性的僵局。

(二) 出现僵局的原因

出现谈判僵局的原因通常有以下几方面:

(1) 谈判双方势均力敌,同时各自的目的、利益都集中在某几个问题上。比如,一宗商品买卖交易,买卖的双方都十分关注商品的价格、交易方式这两个条款。这样双方通融、协调的机会就比较小,很容易在此问题上斤斤计较、互不相让,形成僵局。

(2) 双方对交易内容的条款要求差别较大。例如,一桩进口机械的设备买卖,卖方要价为20万元,而买方报价为10万元,卖方要求一次性付款,买方则坚持两次付清。这样一来,要协调双方的要求就比较困难。通常的方法是双方都做出同等让步,如有任何一方不妥协,僵局就会出现。

(3) 谈判中,由于一方言行不慎而伤害了对方的感情,也会形成谈判的僵局。通常这种僵局最难处理,一些有经验的谈判专家认为,许多谈判人员维护自己的面子胜过维护公司的利益。如果在谈判中,一方感到丢了面子,他会奋起反击挽回面子,甚至不惜退出谈判。此时这种人的心态处于一种激动不安的状态,态度特别固执,语言也富于攻击性,即使是一个微不足道的小问题,也毫不妥协退让,谈判随之进入僵局。

(4) 在谈判中,以坚持立场的方式磋商问题也容易使谈判陷入僵局。一方宣称要做什么,不做什么;另外一方也针锋相对。这就大大缩小了双方回旋的余地,增加了妥协的难度。

(5) 谈判人员心理素质不高同样也可能导致谈判陷入僵局。实际谈判中,许多谈判人员把僵局视为失败的概念,企图竭力避免它,在这种思想指导下,不是采取积极的措施避免和解决僵局,而是消极躲避。特别是当谈判者负有与对方签约的使命时,希望达成交易的心情就更为迫切。这样一来,为避免出现僵局,就事事迁就对方,一旦陷入僵局就会很快地失去信心和耐心,甚至怀疑起自己的判断力,对预先制定的计划方案也产生了动摇。这种心理阻碍了谈判人员更好地运用谈判策略,其结果只能造成对己方更为不利的局面。

应该看到,僵局的出现对双方都不利。如果能正确认识、恰当处理,会变不利为有利。我们不赞成那种把僵局视为胁迫对方妥协的一种策略,但也不能一味地妥协退让。这样,不但僵局避免不了,还会使自己十分被动。只要具备勇气和耐心,在保全对方面子的前提下,灵活运用各种策略、技巧,僵局就不是攻不破的堡垒。

二、缓解商务谈判僵局的策略

（一）避重就轻

当谈判双方在主要交易条件上没有原则性分歧而只是在某一个或几个方面相持不下的时候，可以用横向铺开的方式，先把这些问题避开，转而就双方易于通融的其他问题交换意见。例如，双方在价格条款上互不相让，僵持不下，可以把这一问题暂时抛在一边，洽谈交货日期、付款方式、运输、保险等条款。如果在这些问题处理上，双方都比较满意，就可能坚定了解决问题的信心。如果一方特别满意，很可能对价格条款做出适当让步。

（二）运用休会

谈判出现僵局，双方情绪都比较激动、紧张，会谈一时也难以继续进行。这时，提出休会是一个较好的缓和办法。东道主可征得客人同意，宣布休会。双方可借休会的时机冷静下来，仔细考虑争议的问题，也可以召集各自谈判小组成员，集思广益，商量具体的解决办法。

（三）改变谈判环境

即使是做了很大努力，采取了许多办法、措施，谈判僵局还是难以打破，这时，可以考虑改变一下谈判环境。谈判室是正式的工作场所，容易形成一种严肃而又紧张的气氛。当双方就某一问题发生争执，各持己见，互不相让，甚至话不投机、横眉冷对时，这种环境更容易使人产生一种压抑、沉闷的感觉。在这种情况下，东道主可以建议暂时停止会谈，组织双方人员进行一些娱乐性的活动。这样，在轻松愉快的环境中，大家的心情自然也就放松了。更主要的是，通过活动、休息、私下接触，双方可以进一步熟悉、了解，清除彼此间的隔阂，也可以不拘形式地就僵持的问题继续交换意见，寓严肃的讨论和谈判于轻松活泼、融洽愉快的气氛之中。这时，彼此之间心情愉快，人也变得慷慨大方。谈判桌上争论了几个小时无法解决的问题，在这样的氛围中也许会迎刃而解。

经验表明，双方推心置腹的诚恳交谈对缓和僵局也十分有效。如强调双方成功合作的重要性、双方之间的共同利益、以往合作的愉快经历、友好的交往等，以促进对方态度的转化。在必要时，双方会谈的负责人也可以单独磋商。

（四）利用调解人

当出现了比较严重的僵持局面时，彼此间的感情可能都受到了伤害。在这种情况下，最好寻找一个双方都能够接受的中间人作为调解人或仲裁人。

仲裁人或调解人可以起到以下的作用：提出符合实际的解决办法；出面邀请对立的双方继续会谈；刺激启发双方提出有创造性的建议；不带偏见地倾听和采纳双方的意见；综

合双方观点，提出妥协的方案，促进交易达成。调解人可以是公司内的人，也可以是公司外的人。最好的仲裁者往往是和谈判双方都没有直接关系的第三者。一般要具有丰富的社会经验、较高的社会地位、渊博的学识和公正的品格。总之，调解人的威望越高，越能获得双方的信任，越能缓和双方的矛盾，达成谅解。

（五）调整谈判人员

当谈判僵持的双方已产生对立情绪，并且不可调和时，可考虑更换谈判人员，或者请职位较高的人出面协商问题。

双方谈判人员特别是主要谈判人员如果互相产生成见，那么，会谈就会很难继续进行下去。即使是改变谈判场所，或采取其他缓和措施，也难以从根本上解决问题。形成这种局面的主要原因是：由于在谈判中不能很好地区别对待人与问题，由对问题的分歧发展为双方个人之间的矛盾。当然，也不能忽视不同文化背景下，人们不同的价值观念的影响。在有些情况下，如果大部分条款都已商定，却因一两个关键问题尚未解决而无法签订合同，可由职位较高的负责人出面，表示对僵持问题的关心和重视。同时，这也是向对方施加一定的心理压力，迫使对方放弃原先较高的要求，做出一些妥协，以利于协议的达成。

三、突破商务谈判僵局的策略

谈判僵局的突破策略是谈判者在进入谈判的攻坚阶段以后谈判双方基于共同利益而运用的各种实质性突破僵局的方法。商务谈判突破僵局的策略一般包括以下几个方面：

（一）从客观的角度来关注利益

在谈判陷入僵局的时候，人们总是自觉不自觉地脱离客观实际，盲目地坚持自己的主观立场，甚至忘记了自己的出发点是什么。因此，为了有效地克服困难，打破僵局，首先要做到从客观的角度来关注利益。在某些谈判中，尽管在主要方面双方有共同的利益，但在一些具体问题上双方存在着利益冲突，又都不肯让步。这种争执对于谈判全局而言可能是无足轻重的，但是如果处理不当，由此引发的矛盾激化到一定程度即形成了僵局。由于谈判双方可能会固执己见，又找不到一项超越双方利益的方案，因此很难打破这种僵局。这时，应设法建立一项客观的准则，即让双方都认为是公平的，既不损害任何一方的面子，又易于实行的办事原则、程序或衡量事物的标准，这是一种一解百解的枢纽型策略，实际运用效果较好。在客观的基础上，要充分考虑到双方潜在的利益到底是什么，从而理智地改变希望通过坚持自己的立场来"赢"得谈判的做法。这样，才能回到谈判的原始出发点，才有可能突破谈判的僵局。

（二）从不同的方案中寻找替代

商务谈判过程中，往往存在着多种可以满足双方利益的方案。谈判人员经常简单地采用某一种方案,而当这种方案不能为双方同时接受时,僵局就会形成。这时,谁能够创造性地提出可供选择的方案,谁就能掌握谈判中的主动权。当然,这种替代方案一定既能有效地维护自身的利益,又能兼顾对方的利益要求。不要试图在谈判开始时就确定一个唯一的最佳方案,因为这往往阻止了许多其他可供选择的方案的产生。相反,在谈判准备期间,就能够构思出对彼此有利的更多方案,往往会使谈判如顺水行舟,一旦遇到障碍,只要及时调拨船头,即能顺畅无误地到达目的地。

(三) 从对方的无理要求中据理力争

有时,当商务谈判陷入僵局时,运用客气的商议往往不是唯一的解决问题的好办法。如果僵局的出现是由于对方提出的不合理要求造成的,特别是在一些原则问题上所表现的蛮横无理时,要做出明确而又坚决的反应。因为这时任何其他替代性方案都将意味着无原则的妥协,这样做只会增加对方日后的欲望和要求,而对于自身来讲,却要承受难以弥补的损失。因此,要同对方展开必要的争执,让对方自知观点难立,不可无理强争,对方会清醒地权衡得失,做出相应的让步,从而打破僵局。需要指出的是,当面对对方的无理要求和无理指责时,采用一些机智的办法对付,往往比直接正面交锋要有效。因为这同样可以起到针锋相对、据理力争的作用,这也是谈判的艺术所在。

(四) 从对方的角度看问题

谈判中,双方实现有效沟通的重要方式之一就是要设身处地,从对方的角度来观察问题,这同样是打破僵局的好办法。站在对方的角度思考问题,就能够多一些彼此间的理解。这对消除误解与分歧,找到更多的共同点,构筑双方都能接受的方案,有积极的推动作用。谈判实践告诉我们,当僵局出现时,首先应审视我们所提的条件是否合理,是否有利于双方合作关系的长期发展。然后再从对方的角度看看他们所提的条件是否合理。实践证明,如果善于用对方思考问题的方式进行分析,会获得更多突破僵局的思路。

(五) 从对方的漏洞中借题发挥

在一些特定的形势下,抓住对方的漏洞,小题大做,会给对方一个措手不及,这对于突破谈判僵局会起到意想不到的效果。这就是所谓的从对方的漏洞中借题发挥。从对方的漏洞中借题发挥的做法有时会被看做是无事生非、伤感情的。然而,对于某些谈判者的不合作态度或试图恃强凌弱的做法,运用从对方的漏洞中借题发挥的方法做出反击,往往可以有效地使对方收敛。相反,不这样做反而会招致对方变本加厉地进攻,从而使我们在谈判中进一步陷入被动局面。

(六) 釜底抽薪

谈判陷入僵局时,如果双方的利益差距在合理限度内,即可采用釜底抽薪策略来打破僵局。釜底抽薪与孤注一掷、背水一战相似,是一种有风险的策略。它是指在谈判陷入僵局时有意将合作条件绝对化,并把它放在谈判桌上,明确地表明自己无退路,希望对方能让步,否则宁愿接受谈判破裂的结局。运用釜底抽薪策略解决僵局的前提是:双方利益要求的差距不超过合理限度。只有在这种情况下,对方才有可能忍痛割舍部分期望利益,委曲求全,使谈判继续进行下去。相反,如果双方利益的差距太大,只靠对方单方面努力与让步根本无法弥补差距时,就不能采用此种策略,否则就只能使谈判破裂。需要指出的是,这一策略不可轻易使用,必须在符合上述前提条件时方可运用。但是,当谈判陷入僵局而又实在是无计可施时,这一策略往往是最后一个可供选择的策略。在做出这一选择时,我们必须做好最坏的打算,切忌在毫无准备的条件下盲目滥用这一策略,因为这样只会吓跑对方,结果将是一无所获。另外,在整个谈判过程中,我们应该严格地遵守商业信用和商业道德,不能随意承诺,一旦承诺就要严格兑现。因此,如果由于运用这一策略而使僵局得以突破,我们就要兑现承诺,与对方签订协议,并在日后的执行中充分合作,保证谈判协议的顺利执行。

(七) 有效的退让

对于谈判的任何一方而言,坐到谈判桌上来的目的主要是为了成功达成协议,绝没有抱着失败的目的前来谈判的。因此,当谈判陷入僵局时,我们应清醒地认识到,如果促使合作成功所带来的利益大于坚守原有立场而让谈判破裂所带来的利益,那么有效的退让也是我们应该采取的潇洒的一个策略。实际谈判中,达到谈判目的的途径往往是多种多样的,谈判结果所体现的利益也是多方面的。当谈判双方对某一方面的利益分割僵持不下时,往往容易使谈判破裂。其实,这实在是一种不明智的举动,之所以会出现这样的结果,是因为没有掌握辩证地思考问题的方法。如果是一个成熟的谈判者,这时他应该明智地考虑在某些问题上稍做让步,而在另一些方面争取更好的条件。

案例赏析

有一家百货公司,计划在市郊建立一个购物中心,而选中的土地使用权归张桥村所有。百货公司愿意出价100万元买下土地使用权,而张桥村却坚持要200万元。经过几轮谈判,百货公司的出价上升到120万元,张桥村的还价降到180万元,双方再也不肯让步了,谈判陷入了僵局。看起来,张桥村坚持的是维护村民利益的立场,因为农民失去了这片耕地的使用权,就没有很多选择,他们只是想多要一些钱办一家机械厂,另谋出路;而百货公司让步到120万也是多次请示上级后才定下的,他们想在购买土地使用权上省下一些钱,用于扩大商场规模。冷静地审视双方的利益诉求,则可发现双方对立的立场背后存在着共同利益:失去土地的农民只是要寻找出路,而百货公司规模扩大,就要招募一大批售货员。早些将项目谈成,让购物中心快点建起来,依靠购物中心吸纳大量农村劳动力,既可解决农民谋生问题,又可解决补充售货员的困难,成为双方共同的利益所在。于是,百货公司的谈判代表很快就找到了突破僵局的方案,提出了两个方案。方案之一是:按 120 万成交,但商场建成后必须为张桥村每户提供一个就业的名额;方案之二是:张桥村以地皮价 120 万入股,待购物中心建成后,划出一部分由农民自己经营,以解决生活出路问题。于是双方的需要均得到满足,谈判顺利地突破了僵局,进入两个方案的比较与选择中。不久协议就很容易地达成了。在谈判遇到僵局时,百货公司能本着竞争与和平的态度找到了突破僵局的方案,最终促成了协议的达到。

【扫一扫】
更多信息

学习任务二 | 识别商务谈判威胁战术与陷阱

案例导入

【听一听】 意大利某公司与中国某公司谈判出售某项技术,谈判已进行了一周,但进展不快。于是意方代表罗尼先生告诉中方代表李先生,他还有两天时间可以谈判,希望中方配合,并于次日拿出新的方案。次日上午,中方李先生在分析的基础上制订出了比中方原要求(要求意方降价 40%)改善了 5%(要求意方降价 35%)的方案。意方罗尼先生讲:"李先生,我已降了两次价,达到 15%,还要再降到 35%,实在困难。"双方相互辩论一阵后,建议休会到下午 2:00 再谈。下午复会后,意方先要中方报新的条件,李先生将其定价的基础和理由向意方做了解释并再次要求意方考虑其要求。罗尼先生又讲了一遍其已做出的努力,认为中方要求太高。谈判到下午 4:00 时,罗尼先生说:"我为表示诚意,向中方拿出我最后的价格,请中方考虑,最迟明天中午 12:00 以前告诉我是否接受。若不接受,我就乘下午 2:00 的飞机回国。"说着把机票从包里抽出在李先生面前亮了一下。中方把意方的条件理清后,表示仍有困难,但可以研究。中方研究意方价格后认为还差 15%,但能不能再压价呢?明天怎么答复?李先生一方面与领导汇报,与助手、项目单位商量对策,另一方面派人调查是否有明天下午 2:00 去欧洲的航班。结果该日下午 2:00 没有去欧洲的飞机。李先生认为意方的最后还价和出示机票是演戏,判定意方可能还有条件降价。于是在次日上午 10:00 给意方打了电话,表示:"意方的努力,中方很赞赏,但双方的距离仍存在,需要双方进一步努力。作为响应,中方可以在意方改善的基础上再降 5%,即从 35% 降到 30%。"意方听到中方有改进的意见后没有走,最后双方终于实现一个双赢的谈判结果。

(资料来源:王晓.现代商务谈判[M].北京:高等教育出版社,2007.)

【想一想】 你认为意方采取什么策略想逼迫中方妥协？

【说一说】 请评价中方突破障碍的策略。

【议一议】 在商务谈判过程中,掌握一些谈判的战术并灵活应用,能起到事半功倍、意想不到的效果,取得谈判的成功。

(资料来源：搜狐网)

一、商务谈判中的威胁战术

威胁是商务谈判磋商过程中向对方施加压力的一种手段。威胁作为谈判的一种战术,通常在谈判的较量阶段、磋商无法进行、谈判陷入僵局等情况下使用。例如,如果你方不下调价格,我方将放弃继续销售你方的商品,由此造成的一切损失应由你方负责。威胁是否有效,要看能否被威胁者识破。如果对方嗤之以鼻,则该战术失效。

（一）威胁战术的方式

谈判者通过威胁对对方施加压力的方式主要有三种：

(1) 行动威胁。

是以自身的优势直接向对方施压的一种行为。如谈判人员可能会说"除非你这样做,否则我们将取消贵方的特权,停止继续合作。"

(2) 间接威胁。

间接威胁是通过对对方谈判人员的品格、公正与诚实等提出疑问,甚至有损其自尊,达到施加压力的目的的行为。如"你的做法与贵公司的形象很不相称",迫使对方调整自己的行为,并做出某些让步。

(3) 最后通牒。

最后通牒是指商务谈判在陷入僵局时,一方向另一方亮出最后的条件的行为。如价格、交货期、付款方式,以及规定谈判的最后期限等,表示行则行,不行则罢,迫使对方做出让步,以打破僵局的策略。如"若你方在三天之内还不肯达成协议,我方将退出谈判"。

在商务谈判中,"最后通牒"既可以作为一种谈判策略,也可以作为一种威胁战术使用。当谈判对手总是想象将来对方可能会给己方带来更大的利益,表现出对未来的希望和对现实利益的不肯舍弃,不肯作最后的选择的时候。此时打破僵局,击败犹豫的对手,最有效的手段就是采用最后通牒战术。

（二）应对利用竞争者威胁战术

在商务谈判中,对方以竞争者来威胁己方的情况非常多见,必须做好对付竞争者的准备。应对策略的前提是要清楚有哪些竞争者,清楚自己在竞争中的位置,清楚竞争者的促销手段,清楚自己的优势。总之,要知道一些竞争者的情况,否则会很被动。在谈判时,可以根据不同情况选取不同的战术来应对。

当己方优于竞争者时,可以选择以下战术:

(1) 反驳战术。向对方分析自己的产品和竞争对手的产品的优缺点,通过对自身产品的优势分析,揭示对方利用竞争者威胁战术的实质。

(2) 比较战术。将自己的产品与对方心目中地位最高的产品以及竞争对手的产品进行比较。通过比较,突出己方产品的优点,指出对方心目中地位最高的产品和竞争对手产品的不足,从而阻止对方购买竞争对手的产品。

(3) 验证战术。当竞争变得异常激烈的时候,可以采用直接验证战术来确定竞争产品的优劣。如果己方的产品在实验之后,对方可以看到它的特殊优点,就可以起到说服对方,限制竞争者的作用。

当己方弱于竞争者时,可以选择以下战术:

(1) 尽量回避。当己方明显弱于对方时,聪明的做法就是不主动提及竞争者。如果对方首先说起竞争商品的情况,可以赞扬它几句,然后改变话题,可以回答说:"是的,那种产品很好,但我们的更好。"回避的方法难以将竞争产品在对方脑子里占据的位置驱除,但对方有时害怕谈判者会指出他们的偏爱有问题,因此,回避便可平安无事。

(2) 怀柔策略。有时要想绝对回避竞争者,是不太可能的。但己方明显弱于对方又不便发生猛烈冲撞。所以谈判者就要对竞争者承认但不轻易进攻。把对方提及的竞争者的优点当做和自己没关系一样谈论,让对方感觉你不在意竞争者的存在,你对自己的产品很自信。

(3) 以褒代贬。当双方实力相当时,也不可能是处处相同,而应该是各有所长。谈判者可以摆出一副超然而又公平的姿态,甚至对其产品无可否认的优点也给予承认。但言辞之中却是以褒代贬。如"××牌相机具有多方面的优点,毫无疑问,它很漂亮。如果您不怕画面抖动和维修困难,您一定会选择他。"

二、商务谈判中的"陷阱"

(一) 谈判"陷阱"的类型剖析

虚虚实实是谈判者经常实施的"陷阱"。在谈判过程中,谈判者有时提供、表现出来的"事实",是真真假假、有假有真、亦是亦非的。利用这些真中有假、假中有真的"事实"去引诱对方上当或激发对方的信任,其目的就是削弱对方的判断和决策能力。

1. 声东击西"陷阱"

所谓声东击西"陷阱"是指在谈判中,一方出于某种需要而有意地将该谈判的议题引到对己方并不重要的问题上,借以分散对方的注意力,达到己方的目的。在谈判的过程中,只有更好地隐藏真正的利益,才能更好地实现谈判目标,尤其是在己方不能完全信任对方的情况下,适用这种"陷阱"。

归纳起来,声东击西"陷阱"的主要目的是:

第一,尽管双方所讨论的问题对己方来说是次要的,但实施这种"陷阱"也能表明,己方对这一问题很重视,进而提高该项议题在对方心目中的价值,一旦己方做出让步后,能使对方更为满意。

第二,作为一种障眼法,转移对方的视线。如己方关心的可能是货款支付方式,而对方的兴趣可能是在货物的价格上,这时声东击西的做法是力求把双方讨论的问题引到订货数量、包装、运输上,借以分散对方对前述两个问题的注意力。

第三,为正式谈判铺平道路。以声东击西的方式摸清对方的虚实,排除正式谈判可能遇到的干扰。

第四,议题搁置。把某一议题讨论暂时搁置起来,以便抽出时间对有关的问题作更深入的了解,探知或查询更多的信息和资料。

第五,延缓对方所要采取的行动。如果发现对方有中断谈判的意图,可设置这一"陷阱",做出某种让步的姿态。

总之,声东击西"陷阱"是通过制造假象,引诱对方做出错误判断,然后趁机赢得谈判。为使对方的计划发生混乱,必须采取灵活机动的行动,本不打算争取这一方面,却佯装积极争取;本来决定争取那个方面,却不显出任何争取的迹象。

2. 价格"陷阱"

假如有人对你说,他的那批货物只以成本价卖给你,你先别太高兴,应该马上问道:"成本价是如何算的?"特别是在对外贸易中,由于中外会计规则存在差异,双方对各种数据意义的解释相差很大,所以一定要让对方解释清楚。

假出价,即买主利用报高价的手段(或卖主利用报低价的手段),排除交易中的其他竞争对手,优先取得交易的权利,可是到最后成交的关键时刻,买主便大幅度压价(或卖主大幅度提价),洽谈的讨价还价才真正开始。在这种情况下,一般是假出价的一方占便宜,而另一方只好忍痛割爱。假出价,虽然是不道德的,但在谈判中却屡见不鲜。

日本人往往利用这种手段来占对方的便宜,他先报个低得出奇的价格诱使对方上钩,使对方很高兴和他达成交易。但得到东西之后,对方便常常会发现少了点配套部件,于是,被迫又向他们购买,由于排除了其他竞争对手,他便会漫天要价,逼买主就范。

3. 最后通牒"陷阱"

最后通牒"陷阱"就是指在谈判过程中,规定最后期限,要求最后答复的"陷阱"。这可以有效地督促对方的谈判人员集中精力处理问题,同时也可有效地降低对方的期望值。比如,谈判双方争执不下,对方不愿意做出让步来接受己方的交易条件时,为了逼迫对方让步,最后通牒"陷阱"是一种可行的选择。在这种情况下,往往是谈判对象寄希望于获得更大利益,而对现在的讨价还价不肯放弃,使用这一"陷阱"可以打破对方的高期望,击败犹豫中的谈判对象。

最常见的最后通牒"陷阱"往往表现在:给出谈判的最后期限和给出谈判的最终要价两个方面。

值得提醒的是,最后通牒是一种非常强大的压力,通常是一方以最后通牒式的言行威胁对方同意或答应其条件,否则不惜中断谈判,这一策略有极大的杀伤力,很有可能会引起对方的敌意和抗争,把握得不好就会有谈判失败的风险,所以运用时一定要慎重,并且使用到位。

4. 拖延战术"陷阱"

(1) 清除障碍。

在商务谈判中,拖延战术形式多样,目的也不尽相同,由于它具有以静制动、少留破绽的特点,因此成为谈判中常用的一种战术。

当谈判双方因"谈不拢"造成僵局产生障碍时,有必要采用拖延战术把洽谈节奏放慢,看看到底阻碍在什么地方,以便想办法解决。必须指出的是,这种"拖"绝不是消极被动的,而是要通过"拖"得到时间收集情报,分析问题,打破僵局。如果己方消极等待,结果只能是失败。

(2) 消磨意志。

人的意志就好似一块钢板,在一定的重压下最初会保持原状,但一段时间以后就会慢慢弯曲下来。拖延战术就是对谈判者意志施压的一种最常见的办法,突然的中止或没有答复(或是含混不清的答复),往往比破口大骂、暴跳如雷更令人不能忍受。

(3) 等待时机。

拖延战术还有一种恶意的运用,即通过拖延时间,静待法规、行情、汇率等情况的变动,掌握主动权,要求对方做出让步。一般来说,可分为两种方式:一是拖延谈判时间,稳住对方;二是在谈判议程中留下漏洞,拖延交货(款)时间。

5. 故意犯错"陷阱"

谈判中有人会故意犯错,例如,故意加错或者乘错,歪曲本意,漏掉字句或者作不正确的陈述。他们这么做都是为了一个目的:想骗人或者想让人迷失方向。若不从道德的观念来看,这种故意犯错误的诡计确实可行,对方很容易上当。当谈判者遇到这种情况时,应该一口咬定对方在施诈行骗而强烈抗议,千万不能默认,更没有理由就此放它过去。

还有一种故意犯错"陷阱"是对方故意漏出一个错误,让你错误地认为自己占了很大的便宜,很快与之达成协议。结果,你会发现由于过于仓促,你在另外一方面被对方算计,造成己方的更大损失。

(二) 谈判"陷阱"的应对

在确认对方有意设置"陷阱"的情况下,以静制动、注意观察、伺机行动、少留破绽尤为重要,谈判陷阱的应对策略可以总结为:沉默、耐心、敏感。具体包括:

1. 保持沉默

在紧张的谈判中,没有什么比长久的沉默更令人难以忍受,但是也没有什么比这更重要。另外需提醒自己,无论气氛多么尴尬,也不要主动去打破沉默。

2. 耐心等待

耐心等待有时是应对谈判"陷阱"的有效策略。时间的流逝往往能够使局面发生变化,这一点总是使人感到惊异。等待对方冷静下来,等待问题自身得到解决,对方的"陷阱"就会失去施展的背景和条件,使"陷阱"不攻自破。

3. 适度敏感,随时观察

对方设置谈判"陷阱"总有一定的目的性,施展陷阱的方法、手段以及过程,总会出现组织不够严密、语言不够严谨、心理反应异常等情况。对此,作为己方的谈判人员,就要有适度的敏感性,从小事及细微之处入手,观察分析对方的一切变化,通过分析,确认对方是否设置了谈判"陷阱"及其所采用的"陷阱"类型,以便采取正确的应对策略。

案例赏析

著名的谈判专家郝伯有一次和妻子到墨西哥旅游。妻子去购物的时候,郝伯一个人独自回旅馆。当他走在路上的时候,看到远处站着一个土著居民,走近的时候他看见土著拿着几条披肩在叫卖:"1 200比索。"

"他在向谁叫卖呢?"郝伯想,"肯定不是对我。"于是,郝伯快速从小贩身边走过,并对他说:"朋友,我不想买披肩,你还是到别的地方卖吧!"

小贩点点头表示他明白了。

郝伯继续向前走,却听到身后有脚步声,原来那个小贩一直跟着他,小贩又一次地高叫:"800比索。"

郝伯加快了脚步,但小贩一直跟着他,价钱已经到了600比索了。

这时,他们来到了一个十字路口,郝伯停下了脚步,小贩却依然跟在后面说:"600比索……500比索……好吧……400比索!"

这时郝伯又热又累,小贩的纠缠使他很生气,他气呼呼地说:"告诉你,我不买!"

"好吧,你赢了!"小贩说:"220比索!"

"你说什么?"虽然郝伯并没有买的意思,但是他还是对小贩的报价感到吃惊。

"220比索!"小贩又重复了一遍。

"让我看看",郝伯说。

又是一番讨价还价,终于以170比索成交。

小贩对郝伯说,这是墨西哥新的最低成交纪录。

当他回到旅馆时,对妻子说:"你看,我买了一条挺漂亮的披肩,要价1 200比索,我只花了170比索!我真是世界上最伟大的谈判专家!"

妻子听了笑道:"真有趣,我也买了一条,只花了10比索。"

(资料来源:孙科炎.业务谈判技能案例训练手册2.0[M].北京:机械工业出版社,2013.)

【扫一扫】
更多信息

工作任务八 处理商务谈判僵局训练

【任务要求】 分析购物谈判中出现谈判僵局的原因,有效地处理谈判中的僵局。

【情景设计】 在日常购物中,卖方坚持你不提价他就不卖。对此设计三种可以说服卖主的方案,并选择一种可行性方案进行谈判,打破僵局。

【任务实施】 (1) 以4~5人为一个谈判小组;(2) 分析产生谈判僵局的原因;(3) 运用处理和突破僵局的策略化解僵局。

【任务实施应具备的知识】 谈判让步的原则与策略;处理僵局的技巧,包括让步应用的效果分析。

【任务完成后达成的能力】 培养学生能够运用缓解和突破僵局策略和技巧,提高谈判僵局的处理能力。

【任务完成后呈现的结果】

(1) 各谈判组撰写《实训总结》,并上交作为成绩评定的依据。

(2) 教师对学生撰写的《实训总结》进行点评。

知识宝典

突破谈判僵局实战手册

【走为上策】

在僵持阶段,走开是另一种策略。特别是在出乎意料的时候,突然离席会令对方吃惊并让留在现场的一方非常沮丧,它使未来的状况变得模糊不清、不可预测。

在现实生活中,这种欲擒故纵的方法通常用来向居高临下的人求取恩惠。但是,这种欲擒故纵的策略只对那些不太合作的人有效。

情景解释:

假如双方正在就某一问题进行谈判,谈判进行到实质性阶段,双方争执不下,气氛紧张,出现僵局。这时,对方突然离席。对方的举动使己方很不安,己方应冷静分析目前的状况:对方是否因为愤怒而离开?对方的离开会不会导致谈判破裂?如果谈判破裂,己方是否要采取和解行动以恢复谈判?通常,被动的一方会寻找适当的途径来重新谈判。例如,由真正的决策人出面;向对方保证,他的观点上级已经知道了;更换一个较合适的谈判者。

【以弱取胜】

中国有句古话"大智若愚",即愚笨就是聪明,而聪明却往往是愚笨。那些显得非常果断、能干、敏捷、博学或者理智的人并不见得聪明。如果你能了解得缓慢些,少用一点果断力,稍微不讲理些,也许你反而会得到对方更多的让步和更好的价格。

所以,你不妨试着偶尔去说:"我不知道""我不懂""帮帮我""我不明白你的意思",将这些词句适当插入你的言谈中。

情景解释:

日本航空公司的三位代表和美国公司代表谈判,美国公司代表以压倒性的准备资料淹没了日方代表。会议从早上八点开始,进行了两个半小时,美方代表用了图表解说、电脑计算、屏幕显示,以各种数据资料来询问日方的价钱。在整个谈判过程中,这三个日本代表只是静静地坐在一边,一句话也没说。终于,美方代表讲解完毕,问日方代表:"意下如何?"一位日方代表斯文有礼,面带微笑地说:"我们看不懂。"美方代表的脸色马上变得煞白:"你不懂是什么意思?什么地方不懂?"另一位日方代表也斯文地面带微笑回答:"都不懂。"美方发言人带着心脏病随时会发作的样子问:"从哪里开始不懂的?"第三位日方代表以同样的方式慢慢答道:"当你将会议室的灯关了之后。"美方代表松开了领带,喘着气问:"你们想怎么做?"日方代表同声回答:"请你再重复一遍。"

这时谁是鱼饵?是谁在愚弄谁?谁又可以将秩序混乱而又长达两个半小时的介绍重新来一遍?美国公司终于不惜代价,只求达成协议。

【黑白脸策略】

黑白脸策略又称坏人与好人策略。先是由唱黑脸的人登场,他傲慢无理、苛刻无比、强硬僵死,让对方产生极大的反感。然后,唱白脸的人出场,以合情合理的态度对待谈判对象,并巧妙地暗示:若谈判陷入僵局,那位"坏人"会再度登场。在这种情况下,谈判对象一方面不愿与那位"坏人"再度交手,另一方面被"好人"的礼遇迷惑,因而答应他提出的要求。

情景解释:

美国富翁霍华·休斯生前曾为了大量采购飞机而亲自与飞机制造商的代表进行谈判。休斯要求在条约上写明他提出的34项要求(其中11项是没有退让余地的,但这一点并未向对方宣布)。双方各不相让,谈判中硝烟四起,矛盾迭出,终于发展到休斯被踢出谈判场地的境地。休斯后来派他的私人代表去出面谈判,并告诉这位代表,只要争取到11项非得不可的条件,他就感到满意。该代表经过一番谈判,竟然争取到了休斯所希望的34项要求中的30项,而且还包括那非得不可的11项。当休斯询问怎么样取得如此巨大的胜利时,该代表回答:很简单,每当谈不拢时,我都问对方:"你是希望与我解决这个问题还是留待休斯跟你解决?结果,对方接受了我的要求。"

这是买主使用黑白脸策略的胜利。谈判中的"坏人"可以以各种不同的面目或形式出现在谈判中。他们可能是人,也可能是事情;可能是真的,也可能是假的。估价的人、律师、会计委员会、董事会等都可能会扮演称职的"坏人"。政策、原则、各种各样的程序则扮演不是人的"坏人"。

黑白脸策略往往在以下情景中使用:(1)对方缺乏经验;(2)对方很需要与你达成协议。

【勃然大怒】

勃然大怒在某些情况下能发挥作用,也许是因为人们在日常生活中早已学会忍耐,习惯于将恐惧、愤怒等情绪埋藏于心中。当你毫无顾忌地发泄愤怒之情时,对方往往难以抵挡愤怒巨浪的攻击,不知所措,甚至不战而降。

情景解释:

赫伯先生和他的对手在一家熟悉的饭店里讨论公司计算机的软件计划。双方已经谈到了价格。赫伯问道:"整个软件计划要多少钱?"对方答道:"坦白地说,24万元的价钱应该是合理的。"赫伯勃然大怒,像中风一样地大声吼道:"你说什么?你疯了吗?你怎么能开出24万元的价钱?你把我当成什么?"众人的注视使对方异常窘迫,赫伯却更加提高了音量:"你一定是疯了,这简直是强盗的行为!"在大众的注视下,对方异常窘迫,只求与赫伯尽快达成协议,摆脱尴尬境地。很显然,在这种情况下赫伯必然能以低于24万元的价格成交。

【施放烟雾弹】

谈判中施放烟幕弹,能使谈判无法正常进行。其基本手法有:

(1) 提出某个含糊不清而又不太重要的问题加以讨论;

(2) 将一个本来很简单的问题复杂化,把水搅浑;

(3) 改变计划,突然提出一个新建议,使每件事情又从头做起;

(4) 故意打岔,插进一些毫不相关的讨论内容;

(5) 问东答西,答非所问;

(6) 谎称身体突然感到不舒服,需要休息等。

项目综合练习

一、不定项选择题

1. 从客观上来看,谈判之所以陷入僵局多是因为双方( )的因素所造成。

 A. 双方利益的差别 B. 交易条款要求上的差别

 C. 权利上的差异 D. 心理素质的差异

2. 利用避重就轻策略处理谈判僵局所采取的有效方式是( )。

 A. 横向铺开方式 B. 纵向铺开方式

 C. 集中突破谈判方式 D. 先易后难谈判方式

3. 若对方使用竞争者威胁策略,当己方明显优于竞争者时,可采取( )应对。

 A. 反驳痛斥策略 B. 一比高低策略 C. 对比验证策略 D. 尽量回避策略

4. 故意犯错陷阱的主要方式是( )。

 A. 计算上故意出错 B. 歪曲本意

 C. 故意漏掉字句 D. 故意不正确的陈述

5. 拖延战术陷阱表现为( )。

A. 设置障碍　　　B. 消磨意志　　　C. 等待时机　　　D. 赢得好感

二、辨析题(判断正误并说明理由)

1. 如果对方故意制造僵局阻碍谈判的进行,最好的方法就是大胆直接地揭露对方的诡计。( )

2. 如果己方不了解对方制造僵局的原因,最好的方法就是休会进行相关的了解和调查。( )

3. 对待使用威胁战术的谈判者,唯一有效的方法就是反驳痛斥。( )

4. 声东击西陷阱是通过制造假象,引诱对方做出错误判断,然后趁机赢得谈判。( )

5. 使用最后通牒陷阱,可以打破对方的高期望值,击败犹豫中的谈判者。( )

三、问答题

1. 谈判僵局形成的主要原因有哪些?
2. 威胁战术运用的条件是什么?
3. 当己方弱于竞争者,应怎样应对对方的竞争威胁策略?

四、案例分析题(运用所学知识进行分析)

【案例】　一个中国谈判小组赴中东某国进行一项工程承包谈判。在闲聊中,中方负责商务条款的成员无意中评论了当地的某种习俗,引起对方成员的不悦,当谈及实质性问题时,对方较为激进的商务谈判人员丝毫不让步,并一再流露撤出谈判的意图。

(资料来源:中国大学 MOOC:寻找品牌故事独特性的方式,2022.)

思考分析:

1. 案例中沟通出现的障碍主要表现在什么方面?
2. 这种障碍导致谈判出现了什么局面?
3. 应采取哪些措施克服这一障碍?
4. 从这一案例中,中方谈判人员要吸取什么教训?

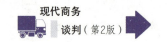

运筹帷幄 九转功成
——商务谈判定局

学习目标

【知识目标】
1. 了解谈判定局的原则；
2. 掌握谈判定局阶段的主要任务；
3. 掌握促成交易的谈判技巧；
4. 掌握合同签订、履行的原则及合同纠纷的处理。

【能力目标】
1. 能够准确把握谈判定局的时机，灵活运用定局信号的表达、接收策略及促成谈判定局的技巧；
2. 能够学会在谈判合同签订之前对相关问题的处理，把握合同履行的原则和纠纷处理的程序；
3. 能够完整理解谈判合作体的交互发展与价值互鉴，增强勇敢大胆、共克时艰、守正创新的责任担当，认同"多元融通、和合共生"的伦理取向。

学习任务提要

★ 谈判定局阶段的谈判原则；
★ 谈判定局阶段的主要任务；
★ 谈判定局意图的表达与接收策略；

★ 谈判定局的催促技巧；

★ 谈判合同的签订；

★ 谈判合同的履行与纠纷处理。

工作任务提要

★ 定局商务谈判训练

建议教学时数

★ 8 学时

学习任务一 ｜ 促成商务谈判定局

案例导入

【听一听】 在某年秋季广交会上，我方谈判人员陈先生与美国进口服装商人王先生进行了关于进出口服装的谈判。当时我方的销售意图是扩大服装出口数量，并使服装卖个好价钱。以下是他们在谈判中的对话。

陈："您好，很高兴见到您！"

王："我也非常高兴见到您！"

陈："昨天您看过我们的样品，感觉怎么样？"

王："总的印象不错，没想到中国的做工如此细致。但不清楚是否有给美国的长裤配额。我想，可否从贵公司订一些长裤？"

然后王告诉他所需长裤的面料、颜色、款式和规格等。

陈："您准备订多少？什么时候要货？"

王："首先看您有多少配额？交货时间大约在 6 月末吧。"

陈："我们首先考虑您是否做非配额品种，如棉麻短裤等。因为您知道，配额数量是很有限的。要扩大贸易必须这样。如果您还有其他非配额品种一起做，我可以给您一些长裤配额。"

王："如果是这样的话，请允许我再联系一下用户，两天以后再谈。"

陈："好吧，我将配额给您保留三天。"

三天后。

王："您好,很高兴又见到您!"

陈："您好!"

陈："您订多少数量?"

王："订1.8万打。"

陈："如果我公司一时没有棉麻面料,可否采取进料加工的贸易方式?"

王："没问题,那么请您报一个价吧?款式不超过12种,颜色在6种以内,交货期在今年6月底以前,4月30日以前上料。"

陈："按照上述条件,每打的费用为80美元,货运到香港。"

王："价格太贵,您要知道这是非配额品种。"

陈："我知道,但是我要给您一些配额品种。"

王："您给我多少长裤配额?"

陈："5 000打。"

王："太少了。"

陈："我还可以给您增加100打配额。"

王："这样吧,如果您能增加3 300打配额,我可以同我的老板商量一下价格。"

陈："很抱歉,我只能给你增加1 000打配额。这也是我对您的让步了。但是,长裤按您上次的条件,每打价格要80美元。"

王："我想我还是不能接受。我再想想吧。"

(资料来源:冯华亚.商务谈判[M].北京:清华大学出版社,2006.)

【想一想】 你预测谈判的结果会如何?

【说一说】 陈先生应如何促使双方签约?

【议一议】 在广交会上,我方某服装公司和美方在洽谈服装出口的交易中,我方厂商销售代表陈先生在谈判过程中试图用配额产品捆绑非配额产品的策略来扩大出口量,但在谈判过程中双方仍然存在一些争议。为尽快达成共识,促成本次谈判,陈先生应如何促成本次谈判定局?他还需要把握哪些定局阶段的技巧?

随着谈判过程的不断深入,谈判双方在越来越多的事项上达成共识,彼此在立场与利益等方面的差异逐步缩小,交易条件的最终确立已经成为双方共同的要求。但是谈判能否最终定局,一方面取决于谈判双方既定目标实现的程度。如果双方的谈判目标已经实现,自然可以定局。另一方面取决于某些枝节问题是否还有分歧。谈判内容是很复杂的,很可能在基本条件上已谈妥,或者各项基本条件一致,但还有细微差距需最后确定。因此,在交易即将达成的洽谈最后阶段即签约以前,有必要对谈判过程进行最后的回顾总结。这种回顾和总结包括:对谈判目标已达程度的评估,全面交易条件的最后确定,谈判记录事宜的核实等内容。

一、商务谈判定局阶段的谈判原则

(一) 力求尽快达成协议原则

谈判定局阶段是谈判者最容易出问题的阶段,同样是决定谈判成败的关键阶段。因为谈判者对某项交易条款所达成的共识,是基于当时的主客观条件,当谈判进入最后关键阶段的时候,由于主客观条件的变化,对原来已商讨过并确定的内容和条件,有可能再次出现反复。所以,对确定的谈判内容如果不尽快以协议的形式确定下来,有可能还要对其进行反复磋商。谈判的成果要靠严密的协议来确认和保证,协议是以法律的形式对谈判成果的记录和确认。所以,在交易达成阶段的首要目的就是尽快将已取得的谈判成果达成协议,并让双方对其加以确认,加强双方的责任感。

(二) 保证已取得的利益不丧失原则

经过长时间紧张的谈判,谈判者认为谈判已大功告成,紧张的情绪松弛下来,此时的精力已不充沛,注意力很容易被分散,判断很容易出现差错和漏洞,给谈判留下隐患。谈判对手也有可能对自己磋商阶段的让步反悔,所以在最后阶段,要尽量保证已取得的利益不丧失。

(三) 争取最后的利益收获原则

通常,在双方将交易的内容、条件大致确定,即将签约的时候,精明的谈判人员往往还会利用最后的机会,争取最后的一点收获。在成交阶段取得最后利益的常规做法是:在签约前,突然提出一个小小的请求,要求对方再做出一点点让步。由于谈判已进展到定局阶段,谈判人员已付出很大的代价,不会为这一点点小利益而伤了友谊,更不想为这点小利益重新回到磋商阶段,因此,往往会很快答应这个请求,尽快定局。

二、商务谈判定局阶段的主要任务

(一) 评估谈判目标已达程度

谈判目标的实现程度是评价谈判是否进入定局阶段的重要标志,决定着谈判是否可以最终定局。例如,依据谈判基本目标、争取目标和可交易目标三个层次。假定某谈判项目范围共有四个要点条件:价格、支付条件、过期罚金和担保条件。其中价格是这笔交易的关键条件,担保是次要条件,罚金和支付条件居中。通过前一个阶段的磋商,各项交易条件谈判目标(基本目标和争取目标)的实现程度如下表所示:

表 9-1　谈判目标达成情况表

内容	基本目标		争取目标	
	计划实现/%	已达程度/%	计划实现/%	已达程度/%
价格	100	100	100	85
支付条件	100	100	100	80
过期罚金	100	100	100	100
担保条件	100	0	100	0

从上表可以看出,在过期罚金一项上,基本目标、争取目标的实现程度都是100%,说明谈判双方这一点已没有分歧;在担保条件一项上,对方根本就不接受,这时,谈判者就要作出决定:在全面交易条件的最后确定中,如果对方继续坚持不让步,己方是放弃谈判还是在这一次要条件上让步,以求得整个谈判的成功,这要根据整个谈判对谈判者的意义来决定;在支付条件一项上,基本目标已完满实现,争取目标实现了80%,实现程度较高,可以说基本上已达到了己方所期望的谈判目标;在价格一项上,虽然基本目标已达到,但争取目标实现的程度还有差距,而价格是这一谈判的关键条件,因此,在全面交易的最后确定中,价格问题仍应是争取解决的重要问题。谈判者应制定相应的策略与技巧,以求遗留问题的妥善解决。

(二) 梳理交易条件达成情况

在对谈判目标已达程度进行评估之后,谈判者要对全面交易条件进行最后的判定,以便促使谈判尽快定局。

1. 从谈判涉及的交易条件来判定

(1) 考察交易条件中尚余留的分歧。

从内容上看,如果交易条件中最关键最重要的问题都已经达成一致,留下的只是一些非实质性的问题,就可以判定谈判已进入定局阶段。

从数量上看,如果双方绝大多数交易条件已达成一致,所剩的分歧数量仅占极小部分,可以大概判定谈判已进入定局阶段。

(2) 考察谈判对手交易条件是否进入己方成交线。

如果对方认同的交易条件已经进入己方成交线范围内,谈判自然进入定局阶段。因为双方已经存在最高限度达成交易的可能,只要继续努力维护或改善这种状态,就能实现谈判的成功。因此,当谈判交易条件已进入己方成交线时,就意味着定局阶段的开始。

(3) 考察双方在交易条件上的一致性。

谈判双方在交易条件上全部或基本达成一致,而且个别问题如何进行技术处理也达成共识,可以判定为定局的到来。首先,双方交易条件达成一致,不仅指价格,而且包括对其他相关的问题都有了共识;其次,个别问题的技术处理也应使双方认可。如果个别问题的技术处理不恰当,就会使谈判者在协议达成后提出异议,使谈判重燃战火,甚至使达成的协议被推翻。

2. 从谈判时间来判定

按照谈判议程的安排,在开始谈判前,谈判双方就确定了所需的时间,并根据这个时间安排谈判程序和内容。正常情况下,当所规定的谈判时间到来,谈判也应结束。所以,谈判时间的结束也意味着谈判进入定局。

3. 从谈判者的行为来判定

如果谈判者的行为出现以下信号,即表明谈判已进入定局阶段。

(1)谈判者用最少的言辞阐明自己的立场。交谈中表现出一定承诺的意愿,并且这种意愿是诚恳的,不含有故意、陷阱、讹诈的含义。

(2)谈判者使用折中策略处理遗留问题。在经过严谨的分阶段谈判后,双方立场均有所改善,交易条件日趋公平、合理。这时,如果谈判的双方对最后尚存的细节条件、数字条件等有分歧,建议以折中的方式进行解决,就可以判定谈判已进入定局阶段。

(3)谈判者所提的建议是完整的、明确的,并暗示如果他的意见不能被接受,只好终止谈判。

(4)谈判者使用一揽子交易策略。即将所有谈判存在的分歧提出有进有退的条件,实行"好坏搭配""一揽子交易"。

(三)核实谈判记录事宜

在商务谈判过程中,做好谈判记录以及核实谈判记录事宜是谈判过程必不可少的工作。在谈判的定局阶段,核实谈判记录的主要内容包括:每一次洽谈之后,向双方公布的报告或纪要;双方已对多方面的内容和条款进行协商达成共识的意见等。

谈判者通常要争取自己一方做记录。谁保存着会谈记录,谁就握有一定的主动权。如果对方向你出示他们的会谈记录,己方就必须认真核查,并将双方的记录加以比较核实。比较核实的要点包括两个方面:一方面核实双方的洽谈记录是否一致;另一方面查看对双方洽谈记录的重点是否突出,发现偏差要及时指出并要求修正。

商务谈判的过程是复杂的,涉及的谈判内容项目较多,对于形成共识的问题双方所作的记录,在谈判的最后阶段应逐一核查核对,一方面可以避免含混不清的问题发生,另一方面也为交易合同的签约和谈判总结提供客观翔实的资料。

三、商务谈判定局意图的表达与接收策略

(一)定局意图的表达策略

1. 直接表达策略

直接表达策略,是谈判的一方直率、明确地向对方提出成交的建议或要求的策略。主

要有：

(1) 语言请求策略。

语言请求策略，是指商务谈判的一方用明确、完整的语言直接了当地向谈判对方提出成交的建议或要求的一种成交意图表达的策略。正确地使用语言请求策略，可以节省谈判时间，提高谈判工作的效率。可以充分利用各种成交机会，有效地促成交易。

运用语言请求策略的技巧及应注意的问题：

① 在提出成交时，应表现得自然诚恳、不慌不忙、不亢不卑，主动而不过分激动，更不能冲动；语言要恰当，不能是央求或乞求。过分的请求和紧张不利于双方达成交易，甚至会增加成交的困难。

② 应针对对方真实的谈判动机，直接提示对方的需求问题。提出成交时，必须直接指出对方的需求如何，直接提出解决问题的办法，只有这样才能使对方作出成交反应。如果忽视了对方的真实动机，再强有力的提示也难以打动对方。

③ 应看准成交时机，抓住适当的成交机会。如果成交时机不成熟，谈判者的成交请求就会变成一种障碍；不适当的成交机会，会使对方产生一种高度紧张的心理状态，引起对方的反感，不利于成交。

(2) 演示请求策略。

演示请求策略，是指商务谈判的一方用具体的成交动作或书面材料直接了当地向谈判对方提出成交的建议或要求的一种成交意图表达的策略。演示请求策略比口头表达更为明确、真实、生动，创造出一种真实可信的成交情景，增强了己方成交的可信性。

运用演示请求策略的技巧及应注意的问题：

① 必须选择最佳的成交时机，使己方的成交意图被对方所了解、接受。如果操之过急，强加于人，则会引起谈判对方的反感，增加成交的困难。

② 在演示时动作表情应自然，动作与语言要连续，既不过紧，也不过松。

③ 填写契约书、订货单时要边写边念，演讲配合，进行立体化提示。

2. 间接表达策略

间接表达策略，是谈判的一方在恰当的时机和场合，用委婉含蓄的语言或行为等引导提示对方领悟己方的成交意图的策略。主要有：

(1) 暗示式提示策略。

暗示式提示策略，是指商务谈判的一方在恰当的时机和场合以隐蔽含蓄的语言、动作或提示物等向对方表示己方成交意向的策略。暗示方式传达己方成交意图比明示更具有说服力和感染力。在有些情况下，暗示更切合商务谈判的实际需要。

运用暗示式提示策略的技巧及应注意的问题：

① 应使用适宜的提示媒介物，并注意传递手法和时机。以使对方更好地领悟己方的成交意图，进而促成交易。

② 暗示时应自然、生动、逼真并与暗示的目的保持一致。保持自然的成交态度，使己方

的成交意图被对方所了解、接收。

③ 必须善于分析谈判对手,视合适的谈判对手而采用此策略。

(2) 意会式提示策略。

意会式提示策略,是指商务谈判的一方不明说自己的成交意图,而是通过隐语、委婉语句或其他间接方式启发引导对方领悟,并提示对方采取成交行动的成交意图表达的策略。

意会式提示策略表达成交意图,不同于直接请求成交那样直接了当,又不同于暗示式那样含蓄。采用意会式提示策略传递给对方的成交意图是明白无误的,它不会引起理解障碍甚至歧义。在许多特定情况下,为了避免直接明示或暗示给对方带来的不利影响,使用意会式提示策略表达己方成交意图能起到某些特殊的作用。

运用意会式提示策略的技巧及应注意的问题:

① 应注意表达的时机和场合;

② 要有针对性地使用意会式提示法;

③ 掌握好意会的分寸,营造有利的成交气氛。

表9-2 定局信号表

正	负
询问跟交易内容有关的问题	不问跟交易有关的具体问题
提出商品价格问题	离谱地杀价
提出有关的要求	保持沉默
仔细地研究商品	用铅笔轻轻地敲击桌子
请求对商品进行操作示范	坐在椅子上辗转不停
认真地看目录表、销售合同	打哈欠
微笑	皱眉
态度、表情转好	情绪不佳
接受你的重复约见	不接受你的约见
主动向你介绍该企业业务主管或有关人员	不主动介绍有关人员
不再接见其他企业的谈判人员	继续接见
仍提出一些异议	使用讽刺、挖苦的语言
下意识地点头	不时地看钟表
赞成你的意见	捏造借口

(二) 定局信号的接收策略

1. 判断接收策略

判断接收策略是谈判的一方通过察言观色,根据谈判对方的谈话、面部表情、行为举止、谈判的进展形势等判断分析成交信号的策略方法。主要有:

(1) 谈吐判断策略。

谈吐判断策略,是指商务谈判的一方通过谈判对方的言辞来判断分析其成交意向的策略。谈判者可通过注意倾听对方的言辞,用心地为对方的话语作设身处地的构想,以及认真研究对方的话语背后的动机,还要对对方的讲话作归纳判断,从而达到及时捕捉对方成交信号,据以采用相应的对策,有效促成交易的目的。

运用谈吐判断策略的技巧及应注意的问题:

① 讲究听话技巧,善于分析判断;

② 既注意听取对方的言辞,又要细心领会其言外之意;

③ 主动对谈判对方的话进行反馈。

(2) 表情判断策略。

表情判断策略,是指商务谈判的一方通过对谈判对方的面部表情、情绪等行为的观察、分析,来判断其成交意向的策略。

谈判不仅是语言的交流,同时也是情绪、表情等行为的交流。当各项交易条件已较明朗时,谈判对方的成交意图也会通过表情、情绪等流露出来。谈判者要掌握谈判心理学的知识,遵循谈判者成交心理规律,洞察谈判对手情绪和表情,及时发现对方的成交意图,在此基础上实施相应的策略和方法,促成交易。

运用表情判断策略的技巧及应注意的问题:

① 要因人而异,辩证地分析判断对方表情的含义;

② 既注意观察对方的表情,又要认真听取对方的言辞;

③ 应结合对方的发言、所写的书面材料等综合分析判断对方的成交意向。

(3) 情势判断策略。

情势判断策略,是指商务谈判的一方通过对谈判的情形、局势的观察、分析,来判断谈判对方的成交意向的策略。

由于在实际谈判过程中,用假象迷惑对方被认为是商务谈判中的常见手段。因此,为及时获取对方的成交信号,不仅要从对方的谈吐、表情去判断,还必须通过谈判进展中的情形、局势的变化去判断。

运用情势判断策略的技巧及应注意的问题:

① 根据对方的需求、动机进行分析判断;

② 观察局势要全面细致,结合对方的言行综合考虑;

③ 善于分析谈判情景和谈判气氛。

2. 试探接收策略

试探接收策略,是谈判的一方向对方提出成交前需要最后确定的有关问题或建议,通过对方的反应来确定其成交意向的策略。

当谈判活动进行到一定程度时,谈判对方既有成交的愿望,也有一些疑虑的心理。谈判者为了更好地探明谈判对方成交决心的虚实,更好地敦促对方拍板成交,用试探接收策略使对方做出肯定而具体的回答,不仅可以刺激对方成交的欲望,把对方引导到具体的成交方向上去,也可以探知对方的成交意图,进而准备下一步骤的谈判行为。

运用试探接收策略的技巧及应注意的问题:

(1)谈判者要正确地了解分析确定对方的真正需求,才能有针对性地确定可供回答的问题,以使对方容易作出回答;

(2)谈判者应提出一个有效的回答范围,可供回答的问题应尽量减少,使其在小范围内选择回答,才能达到有效试探的目的;

(3)谈判者在提出问题时,表情要自然,不要咄咄逼人,语言要关切,音量要适中,切忌使用怀疑与傲慢的语气,才能营造有利成交的气氛。

四、商务谈判定局的催促技巧

谈判定局的催促是一种比较微妙的活动。催促的一方为了尽快地达成交易,一方面要使对方能够准确地接收到催促定局的信号;另一方面,又不至于给对方造成急于求成的印象和制造可乘之机。这不仅需要谈判者正确地选择定局的最佳时机,而且还要掌握各种定局的催促技巧,并适时地加以运用。

(一)主动暗示

主动暗示有直接暗示和间接暗示两种方式。比如,"接受还是不接受"或"这是我最后一次提出的不可更改的价格",这一类言语为直接暗示。直接暗示向对方传递定局的直接信息,防止对方再做还盘。又如,"请不要错过这次机会,现在订货,我们可能在本月内交货,您需要多少数量的货物?"或"今年春天来得早,天气早暖,对吗?如果您现在作出决定,我们可在三个月内把冷冻设备安装好,您需要多大的冷冻面积?"属于间接暗示。间接暗示向对方间接传递了欲定局的信息,其目的仍然是达到直接表达的愿望。

采用主动暗示应该尽量使用短句和带有结论性的语调,尽可能减少论据,对对方的问题则予以简洁的回答,促使对方作出积极的反应。

(二)提供选择

通过提供两种或两种以上的不同选择,引导对方选择成交方案。采用这种技巧的目的,是通过把成交的主动权交给对方来催促对方消除疑虑,下定决心,作出定局的决定。运用"提供选择"的技巧,可以在不损失己方基本利益的前提下采取单一条款的不同选择、多项条款的不同选择和提供一个与原有方案大同小异的,而且又容易被对方接受的选择方案。

(三)分段决定

为了避免谈判在定局时产生大的矛盾和阻力,可以把谈判的定局工作分段进行,即把

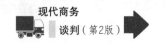

需要决定的较大规模的买卖或重要的条件分成几部分，让对方分段决定。如"上次我们已经谈妥了交易的主要条件，这次我们又全面讨论了各个条款的情况，下次，我们是否可以讨论合同条款的书写问题？"

（四）诱导反对

当谈判的一方对交易发生了浓厚的兴趣，但仍犹豫不决时，心中必有某种反对意见。另外，当谈判接近尾声时，成交的一方往往总是要提出某种反对意见，或增加谈判筹码，或作为一种成交前的表示。因此，对于另一方来说，只有及时启发、诱导他们尽早说出这些意见，才有可能解决问题，促成交易。运用"诱导反对"技巧的关键是正确地认识对方的有关的种种表现形式，适时行动。一般来说，当对方有以下几种表现时，都可采用"诱导反对"的技巧：

（1）对方对交易无任何肯定意见或否定意见，并明确表示暂缓交易；
（2）对方对交易有肯定意见，已产生兴趣，但仍表示要"等一等"；
（3）对方象征性地再次提出以前谈判中提出过或已经基本解决的反对意见；
（4）对方提出自己权力有限，不能决定，要向上级请示。

当然，采用"诱导反对"技巧，有时能够解决问题，促成交易。有时却不一定能够直接解决问题。但它在充分了解对方定局前的真实想法和隐藏的真正动机，进一步促成定局方面有着积极作用。

（五）利益劝诱

谈判的一方可以通过许诺给对方以某种利益来催促对方接受定局。如可以告诉对方，现在订约，给对方诸如价格折扣、免付利息、附加赠品、提前送货、允许试用等特定的优惠，以诱使对方尽快作出最后决定。采用这种技巧，一要注意强调这种利益的许诺是与最后定局紧密联系的，以对方同意定局为条件，通常应安排在最后时刻作出；二要注意这种利益许诺的尺度，一般不宜过大，要使对方感到这是谈判讨价还价之外的优惠；三是可以寻找适当的机会，如最后谈判由对方管理部门的重要高级人员出面谈判，而不是以前本企业与之洽谈过的一般谈判人员时，采用这种技巧，效果可能更佳。

（六）结果比较

在定局阶段，一方可以为对方分析签约与不签约的利害得失，并强调现在的时机是有利的。例如，卖方可以向买方分析物价即将上涨的背景，如果拖延时间，迟迟不能成交，这将会给买方或双方造成损失。只要语言得当，不让对方产生受威胁感，就能赢得买方的信赖和感激，从而在物价波动前夕获得大批订单。再比如，欲使外商尽快下决心对我国的某个项目或企业投资，可以在定局前分析现在进行投资的环境和条件如何宽松和优惠，投资效率如何的高，如果丧失现在投资的良机，将会损失多少利益等，以促使外商尽快定局。

（七）最后通牒

如果在谈判时出现以下情况，一方可以采用"最后通牒"的技巧：

（1）当你不想再和对方交易时；

（2）当对方无法负担失去这项交易后的损失时；

（3）当所有的客户都已习惯于付出这个价钱时；

（4）避免对某个客户减价而导致对所有的客户减价；

（5）当你已经把价格降到无法再降时。

因此，采用"最后通牒"技巧，可以有多种理由，采用多种方式，如：时间紧迫，必须限期完成交易；成本太高，价格无法再降；按此方案成交符合惯例，否则今后将无法再与其他客户进行交易等。

"最后通牒"技巧在一般情况下不要轻易使用，否则容易使谈判前功尽弃，造成谈判破裂。假如你不得不采用这种技巧，要尽量设法降低对方的敌意。首先，你必须尽可能地委婉提出，因为单单是这种语气就能使人冒火。倘若能够引用法律、公平交易法、印刷的价目表或者商业惯例，有时就容易使对方接受。其次，时间是很重要的因素，一是注意提出的最好时机；二是让对方有讨论的时间，因为任何改变都需要一段适应的时间。最后，要事先与有关领导取得联系，并与谈判小组成员取得一致意见，做好采取这一技巧所产生的各种结果的防范措施，否则，就可能是"鸡飞蛋打"，自找麻烦。

案例赏析

在某项重大的技术改造项目中，我方有部分工程项目初步确定与 A 国和 B 国合作。当我方认为应当结束实质性谈判时，A 国和 B 国的外商在工程的总造价上坚决不让步。于是，我方经过反复商议，决定到中国香港考察由 C 国负责的香港同类工程。中国香港的这个工程是目前世界上经营得最成功的。由于我方决定去香港考察，而 C 国方面又对我方表现出相当的热情与兴趣，因此一直关注这一切的 A 国和 B 国终于按捺不住了，预感到如再不做出最后让步就要失去这个项目了。于是，A 国负责这个项目的总经理先是打电话给我方要求安排会谈，而后又带了三个人赶到中国香港欲和我们接触；而 B 国公司也派了两个人紧急来港，并一再要求会见我方代表，我方则多次以日程安排得紧张为由予以婉拒。最后，我方代表在离港前才在机场大厅单独与 A 方代表会见。A 国和 B 国唯恐项目被 C 国抢去，很快主动提出以优惠条件签约。

【扫一扫】
更多信息

（资料来源：彭庆武.商务谈判[M].大连：东北财经大学出版社，2011.）

学习任务二 签订商务谈判合同

案例导入

【听一听】 甲公司是一家经营规模不大的木材企业,由于承接了一项工程,需要某种木材规格板500平方米,于是向异地的木材企业乙公司采购。2006年7月1日双方面谈后口头约定,由乙公司于2006年7月15日向甲公司供货全部木材规格板,单价为40元/平方米,先发货后付款,运输由甲公司承担。约定之后,甲公司代表当场支付了2 000元的定金,并留下字据。字据内容为:今收到甲公司定金2 000元,余款18 000元将在7月15日发货后由甲公司支付。等到7月15日,乙公司表示由于货源不足,现只有该规格板400平方米,并表示等10天后立即补货,但甲公司必须先支付全部余款。甲公司由于工程工期紧,急需这些木材,所以也就答应了乙公司的条件。可是10天之后乙公司没有如约补货,甲公司为了赶工期只得向其他木材企业购置。一个月后甲公司的工程完工,但是乙公司仍没有补货,甲公司考虑到再接收余货已没有价值,于是要求乙公司退款。谁知乙公司不但不退款也不再补发余货了。由此甲、乙两公司发生了经济纠纷。可是此时甲公司却陷入了口说无凭的窘境。当初没有签订相关的合同,只有收取定金后立的字据,而字据中只有总金额,对木材数量没有提及,更没有木材的相关规格及质量标准。最后甲乙双方对簿公堂,但由于没有相应的合同就无法对双方的债权、债务加以确认,无奈甲公司只有吃了哑巴亏,蒙受一切损失。

【想一想】 签订商务合同的重要性是什么?

【说一说】 你理解的商务合同应包括哪些重要内容?

【议一议】 甲公司和乙公司就购买木材一事达成一致,并支付定金。由于乙公司货源不足,只能先交付400平方米,由于甲公司急需用材,草率地答应了对方,并付清了尾款。最后,乙方也没有补货,双方对簿公堂,甲方却苦于没有证据。可见,双方一旦达成共识,尽快订立合同,合同既能约束双方,又能有效保障双方的权利。

谈判一旦定局,即交易的各项重要内容完全达成协议以后,为了确认彼此的权利和义务,应签订经济契约,即通过合同的形式来确立、变更、终止经济权利和义务关系。因而,签约工作的正确与否以及合同履行的完全与否,关系到整个商务谈判的成败,它是整个谈判过程的重要组成部分。

一、商务谈判合同的签订

(一) 合同签订前应注意的问题

1. 审查对方当事人的签约资格及资信情况

为防范合同欺诈,降低交易风险,在签订合同之前,应严格审查对方当事人的主体资格、履约能力及信用情况等。

双方当事人应具有签约资格,否则,即使签订了合同,也是无效的。所以,在签约时,应调查对方的资信情况。首先,可以通过工商、税务机关和银行等单位进行了解,确定对方的主体资格;其次,应当要求对方出示有关法律文件,证明其合法资格。具体到签约的身份问题时,应要求其出具有效的授权证明、身份证明等,以了解对方的合法身份和权限范围。

2. 对技术及商务等交易条件进行梳理

在双方都确认可以签订合同之前,双方应对所列的所有条款进行全面的梳理。特别是以下所列各项应尤其给予重视:

(1) 合同履行问题。

关于合同履行问题,要注意合同中是否明确提到一旦己方或对方解除合同的解决方法;是否对履约有明确的解释;合同的履行是否分阶段进行;是否明确规定了各阶段的条件;合同的履行过程中,如果遇到干扰如何解决等。

(2) 价格问题。

在履行合同期间,价格是否受汇率变动的影响;如果原材料价格波动,成交价格是否需要变化;价格是否受供求关系的影响,如果行情发生了变化,成交的产品价格是否也随之发生变化;价格是否包括各种税款、运费、保险或其他法定的费用。

(3) 标准化问题。

合同中的条款是否参考了国家标准或某些国际标准的规格,合同中的产品规格是否做了明确的规定。

(4) 仓储及运输问题。

仓储及运输问题由哪方负责;一些永久性或临时性的工作由谁来负责安排与处理。

(5) 索赔的处理。

是否确定了索赔范围和金额,是否确定了索赔方案,索赔的法律依据、索赔地点等事项。上述这些问题,适用于各种谈判。对于这些问题及其他有关问题,谈判双方在最终签订合同时应彻底检查,以保证双方理解真正达成一致。否则,草率签订合同,会给双方带来极大的风险。

3. 适用法律是否正确

适用法律是否正确是对合同的合法性进行审查。可以从下面几个角度进行考虑:首先,此次的谈判活动是否完备;其次,合同的内容是否合法,有无与法律、法规或国际惯例相悖之处。如果此次谈判活动或程序上有问题，应立即纠正，手续不全的应立即补办，否则合同即使签署也是无效的，有的还会产生不必要的法律后果。如果合同内容与相关法律法规或国际惯例相违背，应立即删改，否则合同也难以成立。

4. 条款是否完备

商务谈判合同必须具备主要条款。合同的主要条款即合同的基本内容，它确定了当事人之间具体的权利和义务，是当事人履行合同和承担法律责任的依据。在签订合同时，要特别注意如下几点：条款要完备、周到，不能疏漏；内容要合法、具体，责任明确；文字要确切、肯定，切忌模棱两可、前后矛盾，以免产生歧义。依国家法律规定，合同的内容一般包括以下主要条款：

(1) 合同名称；

(2) 标的内容、范围和要求；

(3) 履行的计划、进度、期限和地点、地域或方式；

(4) 技术情报和资料的保密；

(5) 风险责任的承担；

(6) 技术成果的归属和分享；

(7) 验收标准和方法；

(8) 价款、报酬或者使用费的支付方式

(9) 违约金或者损失赔偿的计算方法

(10) 解决争议的方法。

(11) 名词解释和术语解释

(12) 补充协议

当事人可以参照各类合同的示范文本订立合同。

5. 合同效力的约定

(1) 当事人对合同的效力可以约定附加条件。

附加生效条件的合同，自条件成就时生效；附加解除条件的合同，自条件成就时失效。

当事人为自己的利益不正当地阻止条件成就的，视为条件已成就；不正当地提出条件成就的，视为条件不成就。

(2) 当事人对合同的效力可以约定附加期限。

附加生效期限的合同，自期限截止时生效；附加终止期限的合同，自期限届满时失效。

总之，在合同签订之前，谈判者要对与合同签订相关的所有内容和事项进行梳理、审查和确定。在最后审查合同时，应结合谈判原始文件，看是否有遗漏、不一致、相抵触或未真实表达谈判原意之处，并且要审查合同的文字，看它是否准确明了地表达了原意。对那些重要项目谈判所订的合同，不仅谈判人员应反复审查，还应交有关专家审查，如法律专家、语言专家等相关专家，从各个角度严把合同关，减少不必要的损失。

（二）合同签订的程序

谈判合同的签订要经过一定程序。商务谈判合同的签订必须经过要约和承诺两个阶段。

1. 要约阶段

所谓要约是指签订合同的当事人一方以缔结合同为目的，向另一方当事人提出建议的意思表示，即由一方当事人向对方表示愿意与其签约。要约人首先应该表示要订立合同的决心。同时，要明确提出拟定合同的主要条款和要求对方作出答复的期望等，以便让对方具体考虑是否同意签约。因此，要约的内容必须具体、明确、肯定和清楚，不可含混不清或产生歧义和误解。要约的方式有书面和口头两种，应视情况而定。要约是一种法律行为，其法律后果主要表现为要约人在一定时期内要受自己提议的约束，否则，由此造成对方的损失，要约人应负责任。当然，要约人可以在得到对方答复之前改变或撤销自己的提议，对于逾期或已撤销的要约，要约人不承担任何责任。

2. 承诺阶段

所谓承诺，即受要约人对要约的全部内容做出完全同意的意思表示。关于先期谈判中的允诺的效力，需要重新定义。关于先期谈判中的允诺的效力，需要牢记两点：一是承诺人在表示愿意签约的同时，对原要约的主要内容或条件做了修改、变更，或增加了其他内容和条件，就应该看作是向对方提出的新要约；二是虽然承诺一方做出同意签约的答复，但却是超过约定的期限做出的，也应看作是新的要约。承诺可以有口头和书面两种形式。承诺也是当事人的法律行为，当事人要受其约束。

（三）合同的担保

担保是合同双方当事人为了保证合同的条款得以切实履行，共同采取的保证合同履行的一种法律手段。在实践中，商务谈判合同的担保一般采取以下几种形式：

1. 合同保证

保证是保证人与合同当事人一方达成协议，由保证人担保当事人一方履行合同义务的全部或部分。当债务人不履行被保证的义务时，债权人有权向保证人请求履行或赔偿损失。

2. 合同定金

定金是签约一方为了保证合同的履行，在未履行合同之前，预付给对方一定数额的货币或有价物作保证。如果双方履行了合同，定金可以收回或抵作价款；若对方不履行合同则应该双倍返回定金。至于定金的数额，应当定在合同规定的应支付价款或报酬的数额之内。

3. 合同留置权

留置权是合同当事人一方因合同关系以留置对方当事人的财物，作为担保合同履行的一种方式，一般适用于加工承揽谈判合同、货物运输谈判合同和仓储保管合同。

4. 合同抵押

抵押是债务人用自己的财产为债权人设定抵押权，以确保合同的履行。当合同的债务人不履行债务时，债权人可以从抵押财产的价值中优先取得偿还。如果抵押财产的价值不够补偿债务时，由债务补足；如有剩余，则剩余部分应退还给抵押人。

5. 违约金

违约金是指合同当事人一方不履行或不适当履行合同时，必须付给对方一定数量的货币资金。违约金又分为赔偿金和罚金两种。违约金必须明确规定，有法律规定的按法律规定执行，否则由双方当事人参照有关规定商定。《民法典》第585条第1款规定：当事人可以约定一方违约时应当根据违约情况向对方支付一定数额的违约金，也可以约定因违约产生的损失赔偿额的计算方法。所以，违约金具有惩罚性的特征，它不以非违约方遭受损失为前提。

（四）合同鉴证

谈判合同的鉴证是指有关合同管理机关根据双方当事人的申请，依据国家法律、法令和政策，对商务谈判合同的合法性、可行性和真实性等进行审查、鉴定和证明的一种制度。由于鉴证是管理、保证合同履行的一种重要手段和有效方法，因此，一旦签订了商务谈判合同，必须进行鉴证。

办理合同鉴证的程序如下：

1. 提出鉴证申请

合同双方当事人在签订合同后，根据自愿原则，有鉴证的要求，就可以向协议签订地或合同履行地的工商行政管理部门提出鉴证申请。若仅有一方当事人要求鉴证，程序亦相同。申请鉴证也可以委托他人办理。

2. 向鉴证机关提交证明材料

当事人双方或一方在向鉴证机关申请鉴证的同时，要提供一系列的证明材料，以便鉴证人审查。这些材料包括谈判合同的正副本、营业执照或副本、签约企业法定代表人或委托人的资格证明及其他有关证明材料。与此同时，还应向鉴证机关按规定标准交纳鉴证费。

3. 鉴证机关对合同进行审查鉴证

在办完以上手续后，工商行政管理部门即着手对合同进行鉴证，经过审查，符合鉴证条件要求的，即予以鉴证。由鉴证人员在合同文本上签名，并加盖工商行政管理部门的鉴证章。

（五）合同的公证

所谓合同的公证，即指公证机关根据当事人的申请，依法对谈判合同进行审查，证明其真实性、合法性，并赋予法律上的证据效力的一种司法监督制度。通过合同的公证，对于保护当事人的合法权益、预防纠纷、防止无效合同、促进合同的履行有着重要作用。

办理合同的公证,也有一定的程序。当事人申请公证应向单位所在地或合同签订地的公证处提出口头或书面申请。申请时提供营业执照、谈判合同文本等有关资料和文件。如果委托别人代理,代理人则必须有申请人委托代理的证明,表明委托的事项和权限。公证机关接受公证后,要对当事人的身份、行使权利和履行义务的能力,以及谈判合同进行审查。经过审查,如果该合同符合公证条件要求,即出具公证书给当事人;否则拒绝公证,并向有关当事人说明拒绝的理由。如果当事人对拒绝公证不服,可向上级行政司法机关提出申诉,由受理机关处理决定。申请公证需要按规定交费。

二、商务谈判合同的履行与纠纷处理

(一)合同的履行

谈判合同是义务合同,当事人双方均有履行合同的义务,只有当事人各方都全面完成了各自的合同义务,才能相互满足对方的合同权利,达到各自在订立合同时所追求的经济利益,使彼此间订立合同而缔结的经济法律关系得以按时圆满终止。

合同的履行是指合同当事人对于合同中所规定的事项全部或适当地完成。换言之,即合同当事人按照合同所规定的适当的人、地点、方式和时间等,完成合同规定的义务。

1. 谈判合同履行的原则

(1) 实际履行原则。

实际履行原则是合同一方在对方违约并支付违约金和赔偿损失以后,仍有权继续要求其履行合同。这又包括两层含义:一是要求违约方履行合同义务,而不是以货币或其他等价物代替;二是要求违约方继续按合同的规定在客观可能的条件下、限度内全面和适当地履行。

(2) 全面履行原则。

全面履行原则,即当事人一方或双方及其保证人应在履行期限和履行地点内,按照合同约定的数量和质量要求,全面完成其任务并经验收合格后全部被对方接受。其目的就是指导和督促当事人保质、保量、按时、全面履行自己的合同义务,防止质次、量少等情况发生,借以保护当事人双方的合同权利及其所追求的经济利益得以圆满实现,使因该合同所发生的经济法律关系得以如期终止,同时也为判定谈判合同是否履行,解决该合同纠纷提供全面的法律标准。

(3) 协作履行原则。

协作履行原则要求,任何一方当事人首先必须保证自己按时、按地、实际、全面地完成合同义务,为对方的履行创造条件。双方应该互相关心,介绍履行情况,必要时相互督促、检查,发现问题及时协商解决。一方履行遇到困难,对方应在法律允许的范围内尽力予以帮助,不能坐视不顾。一方过错违约,对方应尽快地协助纠正并设法防止,以减少损失。发生分歧后,双方应从大局出发,根据法律合同的有关规定和实际情况及时协商解决。

2. 不履行谈判合同的几种情况及其法律后果

(1) 不履行。

不履行即谈判合同生效后,当事人不经对方同意,无故不按约履行谈判合同的行为。不履行合同的行为属于违约行为,要承担违约责任。

(2) 不完全履行。

不完全履行即当事人没有按约定全部履行谈判合同内容的行为,也就是说,它只是部分地履行了合同条款。不完全履行同样属于违约行为,也要承担违约责任。

(3) 履行延迟。

履行延迟即谈判合同到了约定履行期限而不按时履行或过期履行,又叫到期不履行。履行延迟要承担违约责任。过期后违约方是否还要交付标的物,由对方决定。如果需要,就交付;如果不再需要,对方可以拒收。还有一种情况,谈判合同到了约定履行的期限,一方不接受对方交付的标的物或不按约定协助对方履行合同,致使对方无法履行义务,这叫到期不受领。这也是到期不履行的另一种表现形式,同样要承担违约责任。

(4) 不能履行。

不能履行即特定的标的物灭失,实际履行在事实上已成为不可能。这种不可能,只限于火灾、地震、战争等不可抗力的客观原因造成的不能履行。这种情况下,由于当事人在主观上没有过错,如果让其承担经济责任显然不合理。为此,可由当事人一方及时向对方通报,并取得有关机关证明,可以部分或全部免予承担违约责任。

(二) 谈判合同纠纷的处理

顺利履行签订的合同是谈判双方共同的愿望。但是,由于经济活动的复杂性,在履行合同的过程中,各种因素会导致双方发生争议和纠纷,引发由纠纷而产生的索赔。这就需要一定的方式加以处理、解决。索赔的处理,或者说买卖双方争议的解决方式主要有协商、调解、仲裁和诉讼,其后果就是某一方承担违约责任。

1. 协商

协商是解决谈判双方争议、纠纷的一种有效方式。协商是在争议发生后,由双方当事人自行磋商,各方都做出一定的让步,在各方都认为可以接受的基础上达成谅解,以求得问题的解决。它的优点是简便易行,能及时、迅速地解决问题。而且由于双方在磋商过程中,不用第三者介入,因而有利于维护和发展双方的良好关系。当双方自行协商解决不成功时,任何一方都可以向国家规定的合同管理机关申请调解或仲裁,也可以直接向法院起诉。

2. 调解

调解即由第三者从中调停,促使双方当事人和解,求得合同纠纷的解决。调解是由第三者做双方的说服工作。目的是希望双方互谅互让,平息争端,自愿让步而达成协议。

3. 仲裁

仲裁是仲裁机构就纠纷、索赔问题依照合同或双方达成的仲裁协议,居中做出的判断和裁决。在发生合同争议时,如果当事人不愿意协商解决,或者协商、调解不成,则可以向仲裁机构申请仲裁。我国的仲裁机构是国家市场监督管理总局和地方各级市场监督管理局设立的仲裁委员会。

4. 诉讼

谈判合同纠纷问题若经协商、调解仍不能解决时,任何一方当事人都可以向人民法院提出诉讼。法院在受理诉讼过程中,首先本着调解的原则,进行司法调解,尽可能使签约双方再次考虑团结合作、互谅互让。在调解无效的情况下,人民法院应当及时判决。若对判决结果不服的,谈判当事人可在一定期限内向上一级法院上诉。上诉后做出的二审判决为终审判决具有了强制性,当事人必须执行。

5. 违约责任

当事人一方违反谈判合同,就要负法律责任,要赔偿另一方当事人因此而受到的损失,情节严重者还要受行政的或刑事的制裁。谈判当事人一方承担违约责任主要有继续履行、采取补救措施或赔偿损失等方式。

案例赏析

某造船厂与某机械厂于2020年7月1日签订了一份加工承揽合同,合同规定:由造船厂提供设计图纸,委托机械厂制造某型号的液压船台小车10辆,每辆造价3.5万元,共35万元。合同签订后20日内,由造船厂付5万元预付款,当年10月5日再支付5万元。当年12月31日造船厂在机械厂交付全部的10辆液压船台小车时,付清全部价款。

合同签订后,造船厂于同年7月20日向机械厂汇去5万元。同年9月20日,机械厂给造船厂去函,称由于原材料价格急剧上涨,需要提高造价的10%,即每辆液压船台小车的价格为3.85万元。造船厂于9月30日复函,表示拒绝。同年10月5日,造船厂又向机械厂汇去了5万元。

同年12月31日,机械厂将10台液压船台小车运至造船厂交付,造船厂却称因为机械厂曾经提高标的物的造价,不知是否还会继续履行合同,所以没有准备好资金。遂提出机械厂将货物留在造船厂,他们将在3天内筹集资金支付。机械厂原来就对该合同的价款过低有意见,听造船厂这么一说,立刻将货物运回本厂,并宣布解除合同。2021年1月3日,造船厂函告机械厂已准备好资金,请求再次发货。机械厂却称合同已经解除。造船厂遂向法院起诉,要求机械厂继续履行合同。

【扫一扫】
更多信息

该案例告诉我们,企业一方面要熟读最新的《民法典》,这样在合同履行阶段才能有的放矢;另一方面,合同签订后,双方都应该本着诚实守信的原则,这样才能确保合同的顺利履行。

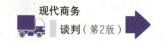

工作任务九 定局商务谈判训练

【任务要求】 分析谈判定局的时机,灵活运用定局信号表达、接收策略,以锻炼谈判定局的掌控能力。

【情景设计】 一位从事全包旅游旅行社的采购主管,正与桂林一家酒店就下个旅游旺季的客房预订问题进行谈判。对方要价是每人每周 1 000 元,比现行价格 700 元高出许多。由于旅客增多的原因,桂林的酒店下个旅游旺季的预订价格都不同程度地提高了。下个旺季桂林的酒店预订会更加紧张。经过若干回合的谈判,酒店提出一个折中方案,将价差各让一半,旅行社仍不同意这个方案。经过反复的讨价还价,最后,酒店说如果低于 850 元就不签了,请你们另找酒店。

【任务实施】 (1)教师组织学生温习本任务所述谈判定局的相关内容;(2)将学生分成若干训练小组,以 2~3 人为一小组,阅读分析背景资料;(3)分别扮演旅行社代表和酒店代表谈判,并最终完成定局。

【任务实施应具备的知识】 定局意图的表达;定局信号的接收策略;定局的催促技巧。

【任务完成后达成的能力】 培养学生把握谈判定局的能力、谈判的专业能力及职业核心能力,培养学生的创新意识为今后的实际谈判工作打下良好的基础。

【任务完成后呈现的结果】

(1)各小组撰写训练总结材料。

(2)教师对总结材料批阅点评。

知识宝典

【买卖合同签订中的反欺诈】

1. 签订买卖合同前的反欺诈

在签订买卖合同前的反欺诈措施主要有:审查对方的民事行为能力;审查对方的信誉;审查对方的履约能力;审查合同承办人的资格。

2. 签订买卖合同时的反欺诈

签订买卖合同时的反欺诈措施主要有:

(1)审查买卖合同的主要条款。具体包括以下内容:

① 审查合同的首部,主要包括买卖双方的名称、合同编号、签订时间和签订地点;

② 审查标的物条款,主要审查标的物的性质是否合法;

③ 审查质量条款,主要审查产品的质量标准是否模糊不清,有无缺陷和错误;

④ 审查数量条款,主要审查数字、计量单位、计量方法;

⑤ 审查价格条款,主要审查价格表述是否模糊;

⑥ 审查包装条款,主要审查包装材料、包装费用的负担和包装物的回收等;

⑦ 审查交货条款,主要审查验货地点、检验标准、验货方法等;

⑧ 审查结算条款,主要审查结算方式、结算时间和结算地点;

⑨ 审查违约责任条款,主要审查违约金的比例是否在合同中做出具体约定。

（2）对其他有关手续进行审查。

【民法典】

2020 年 5 月 28 日,十三届全国人大三次会议表决通过了《中华人民共和国民法典》,自 2021 年 1 月 1 日起施行。婚姻法、继承法、民法通则、收养法、担保法、合同法、物权法、侵权责任法、民法总则同时废止。《民法典》被称为"社会生活的百科全书",是新中国第一部以法典命名的法律,在法律体系中居于基础性地位,也是市场经济的基本法。内容包括总则、物权、合同、人格权、婚姻家庭、继承、侵权责任,以及附则,共 1260 条。

1. 关于商事合同纠纷的规定

根据《民法典》第五百九十条【不可抗力】当事人一方因不可抗力不能履行合同的,根据不可抗力的影响,部分或者全部免除责任,但是法律另有规定的除外。因不可抗力不能履行合同的,应当及时通知对方,以减轻可能给对方造成的损失,并应当在合理期限内提供证明。当事人迟延履行后发生不可抗力的,不免除其违约责任。

第五百九十二条【双方违约和与有过失】当事人都违反合同的,应当各自承担相应的责任。当事人一方违约造成对方损失,对方对损失的发生有过错的,可以减少相应的损失赔偿额。

第五百九十三条【第三人原因造成违约时违约责任承担】当事人一方因第三人的原因造成违约的,应当依法向对方承担违约责任。当事人一方和第三人之间的纠纷,依照法律规定或者按照约定处理。

2. 关于合同纠纷诉讼时效的规定

诉讼或者仲裁时效是权利人请求法院或者仲裁机构解决争议,保护其权益而提起诉讼或者申请仲裁的法定期限。法律规定诉讼时效的目的,在于促使当事人尽早行使权利,尽快解决当事人间的纠纷。

一般的合同纠纷按照《民法典》的规定,诉讼时效为 3 年,几类特殊的争议,如租赁合同中延付或拒付租金的争议,保管合同中寄存物被丢失或损毁的争议的诉讼时效为一年。

由于合同的复杂性、地域性,因此,因国际货物买卖合同和技术进出口合同争议提起诉讼或者申请仲裁的期限为四年。其他法律规定了特别时效的,依照其规定,如《海商法》规定的货运赔偿请求权的时效为一年。诉讼时效的起算时间,自当事人知道或者当应知道其权利受到侵害之日起计算。

《中华人民共和国民法典》第一百八十八条【普通诉讼时效、最长权利保护期间】向人民法院请求保护民事权利的诉讼时效期间为三年。法律另有规定的,依照其规定。

诉讼时效期间自权利人知道或者应当知道权利受到损害以及义务人之日起计算。法律另有规定的,依照其规定。但是,自权利受到损害之日起超过二十年的,人民法院不予保护,有特殊情况的,人民法院可以根据权利人的申请决定延长。

3. 关于当事人可以解除合同的条件

《民法典》第五百六十三条,有下列情形之一的,当事人可以解除合同:(一)因不可抗力致使不能实现合同目的;(二)在履行期限届满前,当事人一方明确表示或者以自己的行为表明不履行主要债务;(三)当事人一方迟延履行主要债务,经催告后在合理期限内仍未履行;(四)当事人一方迟延履行债务或者有其他违约行为致使不能实现合同目的;(五)法律规定的其他情形。以持续履行的债务为内容的不定期合同,当事人可以随时解除合同,但是应当在合理期限之前通知对方。

【电子商务合同】

2018年8月31日,第十三届全国人民代表大会常务委员会第五次会议表决通过了《中华人民共和国电子商务法》(以下简称"中国《电子商务法》"),并于2019年1月1日起开始施行。中国《电子商务法》抓住了中国数字经济发展的核心要素,构建了电子商务活动的全新市场规范。中国《电子商务法》从多个方面开创了电子商务法治的先河,突破了法国民法典、德国民法典、日本民法典以来传统民事商事法治的惯例,首创"电子商务合同",突破了传统合同法治的线下束缚,在网络时代重塑了电子商务合同法律关系的全新时代。

第一,在合同主体方面,中国《电子商务法》"推定"所有人均具备民事行为能力,突破了传统民法年龄、健康的限制。中国《电子商务法》第3章第48条"电子商务合同的订立与履行"运用中国《电子签名法》,规定"在电子商务中推定当事人具有相应的民事行为能力。但是,有相反证据足以推翻的除外"。主体推定的极简规定,恰恰极大地呼应了电子商务的便利性,在传统民法学看来,这可谓是惊世骇俗。同时,围绕电子商务合同进行主体约束,针对各类主体规定其履行电子商务合同的责任,特别是中国《电子商务法》第二章规定的电子商务经营者义务,在极大程度上承托了上述"推定"民事行为能力的买方保护。

第二,在合同缔结方面,中国《电子商务法》突破了以往主体之间诚信宽松与后置约束的状态,变诚信义务为事先法治管制。中国《电子商务法》将经贸合同由线下搬到线上,在第49条规定"电子商务经营者发布的商品或者服务信息符合要约条件的,用户选择该商品或者服务并提交订单成功,合同成立"。换言之,该法确立只要网上点击订单"确认"按钮即合同成立的新规定,突破了传统民法要约、承诺、反要约、再承诺、合同形式等诸多繁琐规定。

第三,在合同履行方面,中国《电子商务法》最大特色是将合同交付(Delivery)融入到电子商务场景下的快速履约状态中,开创性确立商品交付时间、服务交付时间以"签收快递"为界点。其第51条规定:"合同标的为交付商品并采用快递物流方式交付的,收货人签收时间为交付时间。合同标的为提供服务的,生成的电子凭证或者实物凭证中载明的时间为交付时间;前述凭证没有载明时间或者载明时间与实际提供服务时间不一致的,实际提供服务的时间为交付时间。合同标的为采用在线传输方式交付的,合同标的进入对方当事人指定的特定系统并且能够检索识别的时间为交付时间。"

第四,在争端解决方面,中国《电子商务法》创新确立了电子商务争议解决机制"差评 or 点赞"的实时线上公示模式,该法第四章"电子商务争议解决"除了规定消费者权益保护、服务质量担保机制、先行赔偿义务、公开投诉举报机制、传统诉讼仲裁机制以外,特别确立了"在线解决机制""制定并公示争议解决规则"。这一机制迅速与网上营销能力直接挂钩,发挥出了强大的诚信倒逼、违约纠错功能,使得绝大多数的电子商务合同得以无争议地顺利履行。这完美地契合了WTO公正、透明原则,实现电子商务平台经营者与消费者的诚信交流,让每一位电子商务消费者都变成了交易监督者和规则维护者。

项目综合练习

一、不定项选择题

1. 核实谈判记录事宜通常包括(　　)。

A. 每一次洽谈之后,向双方公布的报告或纪要

B. 双方对多方面的内容和条款进行协商达成的共识

C. 双方的洽谈记录是否一致

D. 双方的反对意见

2. 当对方有(　　)表现时,可采用"诱导反对"的技巧,尽快促成谈判定局。

A. 对交易无任何肯定意见或否定意见,并明确表示暂缓交易

B. 对交易有肯定意见,已产生兴趣,但仍表示要"等一等"

C. 象征性地再次提出以前谈判中提出过或已经基本解决的反对意见

D. 提出自己权力有限,不能决定,要向上级请示

3. 谈判合同签约之前,对技术及商务等交易条件梳理的内容包括(　　)。

A. 合同履行问题　　　　　　　B. 价格问题

C. 标准化问题　　　　　　　　D. 仓储、运输及索赔问题

4. 谈判合同履行的原则包括(　　)。

A. 实际履行原则　　B. 全面履行原则　　C. 协作履行原则　　D. 选择履行原则

5. 如果合同履行中发生争议和纠纷,可以通过(　　)的方式解决。

A. 协商　　　　B. 调节　　　　C. 仲裁　　　　D. 诉讼

二、辨析题(判断正误并说明理由)

1. 谈判目标的实现程度是评价谈判是否进入定局阶段的重要标志,决定着谈判是否可以最终定局。(　　)

2. 如果交易条件中最关键最重要的问题都已经达成一致,留下的只是一些非实质性的问题,就可以判定谈判已进入定局阶段。(   )

3. 要约的内容必须具体、明确、肯定和清楚,不可含混不清或产生歧义和误解。
(   )

4. 所有的合同签订以后,都必须进行担保、鉴定和公证。(   )

5. 谈判合同生效后,当事人不经对方同意,无故不按约履行谈判合同的行为属于违约行为,要承担违约责任。(   )

三、问答题

1. 定局意图的表达和接收的策略主要有哪些?
2. 谈判合同签订之前,重点审查和梳理的问题有哪些?
3. 对合同履行中的纠纷应怎样处理?

四、案例分析题(运用所学知识进行分析)

【案例】 振华百货公司与张某签订了一份委托代理合同,委托张某订购一批新款流行时装,并给了张某一些空白合同纸(盖有振华百货公司的合同专用章),合同规定授权期限为6个月,价款不得超过50万元,张某的酬金是1万元。张某持百货公司的介绍信到苏州寻找货源,不久即与当地一家服装制品有限责任公司签订一份买卖合同,约定总价款为1万元,服装公司分两次供货,由振华百货公司自提。合同订立后,张某不想在此地久留,于是委托其原来的合作伙伴李某代为订购,并将空白合同书留给他一些,称自己去另一地考查,请李某订立合同后立即与他联系,但价款不能超过40万元。服装公司通知振华百货公司来提第一批500件服装,这批服装提回公司后,振华百货公司认为张某购买的服装不属于流行的新款,表示不承认这份合同,并通知张某撤销其委托授权,要其即日将所剩空白合同书及介绍信送回。张某不同意百货公司的说法,认为这是百货公司授权不明造成的。张某接通知后第三日,李某给张某来电称已与新兴服装公司订立了价款为40万元的合同,10日后将货送至振华百货公司。张某将此事告知百货公司,百货公司称张某是于代理权终止后做出的行为,应由其自己承担。10日后,服装公司来送货,百货公司拒收,与此同时,服装公司再次通知提第二批货,百货公司也拒绝提货。

(资料来源:李品媛.商务谈判[M].北京:高等教育出版社,2015.)

思考分析:

1. 张某转托李某订购服装的行为是何性质?
2. 振华百货公司可否拒收新兴服装公司送来的服装?为什么?
3. 振华百货公司能否要求张某承担赔偿责任?
4. 振华百货公司撤销委托授权的通知是否有效?为什么?
5. 因振华百货公司不来提货而给苏州服装公司造成的损失,振华百货公司是否应承担责任?张某对此是否有责任?为什么?